La santé psychique des écrivains et de leurs personnages

Patrick Lemoine
Sophie Viguier-Vinson

La santé psychique des écrivains et de leurs personnages

Odile Jacob

3, rue Auguste-Comte, 75006 Paris

www.odilejacob.fr

ISBN : 978-2-4150-1196-3

Introduction

Merteuil et Valmont, Œdipe et Peau d'Âne, « *To be, or not to be* », « les sanglots longs des violons de l'automne » : la littérature nous a laissé des formules, des personnages, des représentations qui ont valeur de références partagées. Même pour ceux qui en oublient la lettre, il reste quelque chose des grandes œuvres du patrimoine littéraire que nous avons souvent fréquentées à l'école. Elles nous habitent tous, avec plus ou moins de force. Comme des tubes, leur musique réveille nos neurones et agite nos émotions. Il y a des phrases, des vers, des métaphores qui sont proprement des *lieux communs*, des « mèmes » culturels.

Pourquoi ces textes nous touchent-ils tant ? Pourquoi nous marquent-ils à vie ? Ils sont beaux et justes, c'est peut-être une raison suffisante. Mais il est toujours intéressant d'y revenir et de les relire en cherchant l'implicite, comme « l'onde sous l'onde en une mer sans fond[1] », aurait dit Victor Hugo. En essayant de décrypter le travail alchimique qu'opère sur notre psyché cette « œuvre au noir » de la littérature.

1. Victor Hugo, « La prière pour tous » (IV), *Les Feuilles d'automne*, Charles Gosselin, 1831.

Car il est paradoxal.

À bien y regarder, en effet, nos bibliothèques ressemblent plus à une galerie des horreurs, fascinante de souffrance et de noirceur, qu'à une promenade enchantée. Le moindre conte de fées nous renvoie à des situations et des peines à terrasser les plus solides, au-delà de l'aventure trépidante et des happy ends de surface.

Comment pouvons-nous plonger avec tant de délectation dans ces pages noircies, dans tous les sens du terme ? À quoi bon ? On s'étonne de ne pas être plus meurtris, choqués, par tous ces bleus à l'âme… Et si c'était justement cela, une promenade de santé ?

La littérature est un reflet de la complexité du monde et de ce qu'en perçoit, à chaque époque, chacune des sociétés humaines. Mais elle expose aussi, et c'est assez intemporel, l'intime et ses failles. Celles des personnages, celles aussi de l'auteur, notre « frère », pour renverser la formule inaugurale des *Fleurs du Mal* de Charles Baudelaire, interpellant le lecteur comme son double. Si la littérature dévoile ainsi les méandres souvent tortueux de la vie intérieure des personnages de fiction, n'est-ce pas parce qu'elle renvoie aux nôtres ? Tout littérateur pourrait faire sienne la devise de Montaigne défrichant les chemins de la modernité : « C'est moi que je peins. » Et, me peignant, c'est toi aussi, lecteur, et c'est l'humain tout entier que je donne à voir.

Nous y voilà. Il y a dans la littérature une épreuve de vérité. Celui qui écrit nous tend un miroir, celui qui lit s'y voit et s'y retrouve… plus ou moins ?

Pour plonger sans réserve dans les divagations d'un Don Quichotte affabulateur, dans la morosité d'un spleen baudelairien, dans le vice d'une Merteuil, ou dans la compulsion sensuelle des acheteuses d'*Au Bonheur des Dames*, serions-nous tour à tour un peu dépressifs, mythomanes, pervers, victimes d'addictions et pour le moins voyeurs ? Peut-être. En tout cas, les grands textes de la littérature sont une caisse de résonance pour nos penchants et nos propres tempêtes intérieures. Nous nous y retrouvons.

De même, le psy y retrouve souvent ses patients : untel et ses manies, tel autre avec ses obsessions, ses névroses, ses culpabilités. Beaucoup d'écrivains ont d'ailleurs été à l'avant-garde de la psychiatrie moderne, pour ne pas dire visionnaires. Certains auteurs du XIXe siècle ont ainsi fréquenté les médecins aliénistes de leur temps et ont pu les devancer parfois par la finesse de leur description clinique, comme Dostoïevski ou Maupassant. D'autres ont eu plusieurs siècles d'avance, comme Cervantès ou Shakespeare. Chaque époque s'accompagne d'un lot de souffrances particulières et de manifestations qui lui sont propres, mais il y a aussi des constantes des malheurs humains dont le traitement littéraire offre des archétypes fondateurs.

Voici donc le propos de ce livre : mettre en regard ce que nous disent l'écrivain et son personnage, et ce qu'en dit le psychiatre. Dans ce que vit le héros de roman confronté aux embûches, dans ce que nous livre de lui le poète – et, comme on sait depuis Musset, « les plus désespérés sont les chants les plus beaux » –, faut-il voir une (més)aventure ordinaire de la vie ou une franche pathologie ? Don Quichotte est-il fou et de quelle folie ? Et Maupassant, Poe, Dostoïevski ?

L'idée est de mettre en parallèle traitement littéraire et traitement psychiatrique. Car la beauté des textes et l'émotion esthétique qu'ils produisent participent du travail existentiel, thérapeutique peut-être, et plus encore lorsqu'on est vraiment acteur de sa lecture, comme les patients sont de plus en plus souvent invités à être acteurs de leur cure.

Il s'agit donc de proposer ici, en nous appuyant sur le patrimoine littéraire, une sorte d'anthologie clinique, en guise d'armoire à pharmacie. C'est la raison pour laquelle nous avons puisé dans l'immense réservoir des grands classiques pour y sélectionner des pépites et offrir des extraits conséquents, des portes d'entrée assez larges pour susciter une expérience intérieure immédiate, un électrochoc peut-être, et donner envie de prolonger la lecture. Nous les avons commentés, situés en leur temps et pensés à l'aune de notre époque, en nous efforçant d'expliquer la pathologie qu'ils illustrent, explicitement ou implicitement, d'apporter un diagnostic et, aussi – même s'il est difficile de guérir des personnages de fiction… –, une prescription. Voire plusieurs possibles, tant les textes restent ouverts à différentes interprétations. Ils sont finalement aussi complexes que les (vrais) patients, toujours uniques et difficiles à cerner en consultation.

On ne trouvera donc ici ni un manuel de littérature à la façon du Lagarde et Michard, ni un manuel diagnostique à destination des psychiatres, mais un ensemble d'études de cas ordonnées selon des types de troubles, où la littérature parle à sa façon de la vie et de la santé mentale.

Quand l'écrivain souffre lui-même ou malmène ses personnages jetés dans des mondes souvent chaotiques, le psychiatre pourrait-il les sauver de leurs penchants et de leurs failles ? Et nous sauver des nôtres ?

I

LES DÉPRESSIONS QUI BROIENT

« Enfoncement, cavité, zone de basses pressions… » La définition géographique et climatique de la dépression en dit long sur le sentiment de vide, d'effondrement intérieur et sur la sensation d'écrasement caractéristiques de la maladie psychique du même nom. Déjà, dans l'Antiquité, le médecin Hippocrate s'était penché sur ce trouble de l'humeur, vu comme une prédominance de la bile noire caractéristique de la mélancolie (*mélas* pour « noir », *khōl* pour « bile », donnant *melankholía*), placée sous le signe de la planète Saturne. Si la médecine moderne l'a décrit de façon plus symptomatique, par la tristesse constante, la baisse du plaisir et de l'entrain, des troubles du sommeil, une perte ou prise de poids, etc., l'imaginaire saturnien nous habite toujours. N'a-t-il pas été véhiculé par les représentations artistiques au fil des siècles, telles que la sombre gravure *Melencolia* de Dürer au XVIe siècle, personnifiant le trouble par une femme à l'air tourmenté, voûtée, aux ailes repliées, sous un ciel nocturne froidement éclairé par Saturne ou une comète ? À chaque artiste – peintre, graveur, poète, dramaturge, romancier… – d'en proposer, selon le contexte, une nuance de noir.

CHAPITRE 1

De la mélancolie à la dépression saisonnière : le spleen chez Charles Baudelaire

« Spleen » (1851)

Quand le ciel bas et lourd pèse comme un couvercle
Sur l'esprit gémissant en proie aux longs ennuis,
Et que de l'horizon embrassant tout le cercle
Il nous verse un jour noir plus triste que les nuits ;

Quand la terre est changée en un cachot humide,
Où l'Espérance, comme une chauve-souris,
S'en va battant les murs de son aile timide
Et se cognant la tête à des plafonds pourris ;

Quand la pluie étalant ses immenses traînées
D'une vaste prison imite les barreaux,
Et qu'un peuple muet d'infâmes araignées
Vient tendre ses filets au fond de nos cerveaux,

Des cloches tout à coup sautent avec furie
Et lancent vers le ciel un affreux hurlement,
Ainsi que des esprits errants et sans patrie
Qui se mettent à geindre opiniâtrement.

– Et de longs corbillards, sans tambours ni musique,
Défilent lentement dans mon âme ; l'Espoir,

Vaincu, pleure, et l'Angoisse atroce, despotique,
Sur mon crâne incliné plante son drapeau noir.

(Charles Baudelaire, *Les Fleurs du Mal*, 1857.)

L'expérience du spleen

Comme une triste petite musique de nuit, les premiers vers du célèbre poème « Spleen » de Charles Baudelaire nous reviennent les mauvais jours, quand le cœur est lourd, que le temps pluvieux s'attarde à la saison froide. Réalité minante ou métaphore de la morosité. Issus du recueil à scandale *Les Fleurs du Mal*, publié pour la première fois en 1857, ces mots nous hantent toujours des générations plus tard, pour les avoir simplement découverts en classe, et si souvent relus, entendus avec fascination. Ils sont tapis dans l'esprit, inscrits dans la chair, et surgissent tel un retour d'expérience affreux et beau. Mais par quelle transmission d'esprit à esprit, de corps à corps, entre l'auteur et le lecteur que nous sommes ?

VERTIGE

C'est dans une descente aux enfers intérieurs que nous entraîne le poète. De vers en vers, nous tombons avec lui, suivant le mouvement descendant du ciel plombé. Comme si le vertige ne suffisait pas à décrire le mal-être, la dynamique verticale se double du resserrement de l'horizon jusque dans un « cachot », une « prison » étrangement « vaste » pour mieux s'y perdre et sentir la morsure de la solitude, mais cernée de barreaux. De quoi illustrer l'origine étymologique même du mot « angoisse » tiré d'*angustia* en latin, signifiant « resserrement ». Personnifiée ou sacralisée par la majuscule, l'émotion négative est érigée en allégorie triomphante à l'avant-dernier vers. L'esprit est ici à lui-même sa propre prison et son bourreau étrangleur. « Vanité des vanités, tout est vanité », de l'Ecclésiaste à Baudelaire en passant par la tradition picturale qui met en scène la contemplation du crâne.

Dans cette vision macabre, tout est sombre, même le jour plus que la nuit, dans ce cachot. Et tout est morne, d'abord, privé des grandeurs sublimes et tragiques de l'imaginaire romantique par la référence triviale et domestique au simple « couvercle » qui étouffe. L'impression de langueur est aussi exacerbée par une phrase unique interminable qui occupe les premières strophes, allongée par trois subordonnées circonstancielles de temps (Quand [...] Quand [...] Quand [...]), tandis qu'un rythme binaire, marqué aux hémistiches, renforce la monotonie. On progresse à pas lourds. Seul le bestiaire gothique et repoussant anime le lieu fantomatique, en référence au monde littéraire fantastique d'Edgar Poe si cher à Baudelaire, son premier traducteur. Chauve-souris, araignées, esprits errants... tout y est dans le tableau très construit de cette crypte intérieure.

L'image n'est pas sans ancrage sensitif. C'est aussi en mobilisant tous nos sens que le poète nous permet d'expérimenter son spleen : par l'odeur du pourrissement que l'on devine ; par le toucher, mobilisé par les fluides suintants, par la pluie qui ruisselle, par l'humidité pénétrante et les larmes finales... Par l'ouïe, enfin, activée par les « gémissements », le « hurlement », les cloches furieuses qui précèdent le silence mortifère.

Avant cela, le malaise va crescendo, jusqu'au point de rupture à la quatrième strophe, quand la douleur explose à coups de cloches, à l'image des martèlements de la migraine dont souffrait tant Baudelaire. Insupportable ! Tout est souffrance avant le triomphe de l'Angoisse sur l'Espoir, de la mort dans l'âme, dans tous les sens du terme. Le corbillard passant dans le dernier tableau évoque un poète clivé, assistant à sa propre fin.

On ne peut oublier cette expérience esthétique, sensorielle, existentielle de l'ennui et de la crise dépressive perçue comme une annihilation. Elle s'imprime en nous pour nous suivre. Le poète avait d'ailleurs prévenu dans son incipit « Au lecteur » :

Dans la ménagerie infâme de nos vices,

Il en est un plus laid, plus méchant, plus immonde ! [...]
Il ferait volontiers de la terre un débris
Et dans un bâillement avalerait le monde ;

C'est l'Ennui ! – l'œil chargé d'un pleur involontaire,
Il rêve d'échafauds en fumant son houka.
Tu le connais, lecteur, ce monstre délicat,
– Hypocrite lecteur, – mon semblable, – mon frère !

L'ennui est ce monstre fascinant, séduisant et destructeur, mais dont la mise en scène est salvatrice. Car dans sa noirceur, le poème illustre la victoire de la création. Ce drapeau noir planté sur le crâne incliné à la fin du poème, n'est-ce pas la plume dans son encrier ? Elle est l'emblème d'une écriture maîtrisée par la structure équilibrée des strophes, les rimes croisées, les alexandrins si conformes à l'esthétique classique, et s'articule parfaitement bien avec une modernité revendiquée.

« Rien n'est si baudelairien que *Phèdre*, rien n'est si digne de Racine [...] que *Les Fleurs du Mal* », et « si Baudelaire veut s'inspirer d'Horace, il le surpasse », a dit de lui Marcel Proust[1]. Cette écriture ciselée assure la séduction du mal-être devant le temps qu'il fait, le temps qui passe, ou l'inconsistance des temps modernes. Alors même que l'Espérance si chrétienne s'en est enfuie, déguisée en chauve-souris (au début du poème dominé par un « nous » collectif), que l'Espoir individuel plus moderne est vaincu (dans la dernière strophe recentrée sur le « je »), il ne reste que la fécondité littéraire. L'Ennui et l'Angoisse sont ainsi ces Fleurs du Mal que l'on respire irrésistiblement pour mieux sentir le parfum interdit du vice et le vertige des maux de l'esprit. Mais sans succomber, l'écriture et la lecture se faisant antidotes.

« Le beau est horrible et l'horrible est beau. Volons dans le brouillard... le brouillard et l'air impur », auraient ajouté les trois sorcières de *Macbeth* (acte I, scène 1), pièce de Shakespeare à laquelle Baudelaire fait référence dans « L'Idéal », autre poème de la même section du recueil.

Il n'en faut pas plus pour susciter l'incompréhension de nombreux contemporains de l'auteur et la condamnation sans appel des *Fleurs du Mal* par le critique Gustave Bourdin du *Figaro*, juste après la publication du recueil : « On ne vit jamais gâter si follement d'aussi brillantes qualités. Il y a des moments où l'on doute de l'état mental de M. Baudelaire ; il y en a où l'on n'en doute plus : – c'est, la plupart du temps, la répétition monotone et préméditée des mêmes mots, des mêmes

1. Marcel Proust, « À propos de Baudelaire », *La Nouvelle Revue française*, 1er juin 1921.

pensées. – L'odieux y coudoie l'ignoble ; – le repoussant s'y allie à l'infect. [...] Ce livre est un hôpital ouvert à toutes les démences de l'esprit, à toutes les putridités du cœur ; encore si c'était pour les guérir, mais elles sont incurables », écrit-il le 5 juillet 1857. Le mois suivant, le 20 août 1857, le poète est finalement condamné pour « délit d'outrage à la morale publique et aux bonnes mœurs », en raison de « passages ou expressions obscènes et immorales », à 300 francs d'amende et à la suppression de certains textes.

Et pourtant : « Il haïssait le mal comme une déviation à la mathématique et à la norme, et, en sa qualité de parfait gentleman, il le méprisait comme inconvenant, ridicule, bourgeois et surtout malpropre. S'il a souvent traité des sujets hideux, répugnants et maladifs, c'est par cette sorte d'horreur et de fascination qui fait descendre l'oiseau magnétisé vers la gueule impure du serpent ; mais plus d'une fois, d'un vigoureux coup d'aile, il rompt le charme et remonte vers les régions les plus bleues de la spiritualité. Il aurait pu graver sur son cachet *Spleen et Idéal* », assure Théophile Gautier dans un bel éloge funèbre, où il ne doute pas de l'état mental du poète à l'œuvre[2].

Alors malade, Baudelaire ? Pour le moins torturé... Depuis longtemps il souffre de « cette maladie cruelle, la nostalgie, dont les effets sont si néfastes », reconnaît sa propre mère. « C'est un homme blessé et amer, un cruel bretteur, un fou génial, un agitateur d'insomnies », analyse aussi Antoine Compagnon, professeur au Collège de France[3]. Il se sent vite incompris d'un

---

2. Théophile Gauthier, *Baudelaire*, éditions Rivages Poche-Petite Bibliothèque, 2013.
3. Antoine Compagnon, *Un été avec Baudelaire*, Éditions des Équateurs, 2015.

milieu bourgeois étriqué, et surtout du général Aupick que sa mère a épousé en secondes noces. Collégien, il déroute ses pairs et ses enseignants par ses accès de mélancolie. Au lycée Louis-le-Grand, il est jugé « excentrique », « bizarre », et se fait renvoyer mais obtient malgré tout son baccalauréat de justesse. Inquiets devant son irrésistible attirance pour la poésie et la bohème, sa mère et son beau-père détesté l'expédient à 20 ans sur le *Paquebot des Mers du Sud* pour l'envoyer en Inde, le « divertir » et le ramener à la raison. De Maurice et de l'île Bourbon, après un périple avorté, il revient au contraire plus sûr de sa vocation littéraire, habité d'un imaginaire exotique qui colorera son œuvre et contrastera avec une autre facette plus sombre de sa création. Car « Baudelaire fut le poète du crépuscule, de l'ombre, du regret, de l'automne », précise Antoine Compagnon[4], comme en témoignent tant de poèmes consacrés à cette saison.

De retour au gris Paris, il commence, dès lors, la rédaction des premiers textes des *Fleurs du Mal*, et s'initie aux paradis artificiels. Dandy aux goûts de luxe, vite endetté, il commence à dilapider son héritage paternel sitôt majeur, avant d'être placé sous tutelle et limité dans ses ressources. Première humiliation. Il menace de se suicider et de léguer son héritage à sa maîtresse Jeanne Duval. Mais il se met au travail et produit, traduit, critique, publie – bien qu'il s'accuse de paresse – et s'engage en politique sur les barricades lors de la révolution de 1848. Il poursuit ses expériences ambivalentes de l'opium, du haschisch qui lui inspirent des poèmes, et plus tard du laudanum utilisé à des fins plus thérapeutiques contre ses migraines. Il ne cache pas non plus ses accès de mélancolie, son fameux spleen qu'il métabolise en

4. *Ibid.*

matière poétique. La condamnation des *Fleurs du Mal* l'ébranle, bien sûr. Il est poursuivi par les dettes, les angoisses, son rejet à l'Académie française en 1862 – autre humiliation –, et aurait à nouveau songé au suicide. Sa santé physique et psychique est fragile, elle se dégrade dans les années 1860. « Les uns y voient l'effet des drogues et surtout [des] fatigues, [des] ennuis, [des] chagrins et [des] embarras de toute sorte, inhérents à la vie littéraire », comme le souligne Théophile Gautier ; d'autres, la conséquence de la syphilis qu'il aurait contractée très tôt, dès l'âge de 18 ans. Il meurt à demi paralysé et aphasique, dans une maison de santé pour aliénés, le 31 août 1867. Il a 46 ans.

Diagnostic du psychiatre

LA DÉPRESSION SAISONNIÈRE

La première chose à venir sous la plume du clinicien est cette étonnante réactivité au temps qu'il fait. « Le ciel bas et lourd, la nuit, la pluie », tout évoque l'automne et son cortège de tristesse. Pour Baudelaire, le spleen est automnal, comme l'est aussi la nostalgie de Brigitte Bardot chantant : « sur la plage abandonnée, coquillages et crustacés[5]... ».

À la latitude de Paris, cette étrange fatigue concerne aujourd'hui un peu plus de la moitié de la population, et s'impose donc un peu comme une norme. Il s'agit d'une maladie majoritairement féminine puisqu'elle ne touche pas moins de cinq femmes pour un homme.

---

5. « La Madrague », paroles de Jean-Max Rivière.

QUELS EN SONT LES SYMPTÔMES ?

- L'anergie saisonnière : à partir du dernier week-end d'octobre (passage à l'heure d'hiver) apparaissent les symptômes « physiques » du SAD[6], frilosité, diminution de la vigilance, somnolence diurne souvent associée à une insomnie, boulimie sucrée avec des envies incoercibles de chocolat, donuts, cookies, bonbons et autres pâtes à tartiner. Parfois l'alcool ! La conséquence est une prise de poids. Ces symptômes forment une pseudo-hibernation ; à l'image de la marmotte, on mange et on grossit en automne avant de somnoler pendant tout l'hiver.
- La dépression saisonnière : là c'est une vraie maladie, qui se manifeste par la tristesse, les pleurs, l'anxiété, une créativité en berne, la perte du désir.

En région tempérée, 12 % des femmes présentent un subsyndrome dépressif et consultent, tandis que 5 % sont carrément malades avec traitement et arrêt de travail. La fréquence des troubles augmente avec la latitude : plus de dépressions saisonnières à Lille qu'à Marseille... avec certaines nuances, comme dans les régions montagneuses où le ciel est lourd et bas à l'automne, comme autour de Pau ou dans le Chablais (Thonon-les-Bains). C'est même dans ce petit coin de Haute-Savoie qu'a été forgé un mot de patois pour décrire l'anergie d'automne : la « molle du lac » !

6. SAD : *seasonal affective disorder* ; « trouble affectif saisonnier » (TAS).

DES SYMPTÔMES LIÉS À LA LUMIÈRE DU JOUR (PHOTOPÉRIODE)

Les symptômes sont d'autant plus importants que la luminosité est faible, ce qui signifie que le moral suit le temps qu'il fait avec une amélioration de l'humeur quand le soleil brille, et rebonjour Tristesse lorsque la pluie revient. Les symptômes s'aggravent d'autant plus que les jours raccourcissent, et disparaissent quand ils s'allongent. La phrase « je déteste les fêtes de fin d'année » est le signe quasi inéluctable d'une dépression saisonnière à traiter d'urgence !

La maladie se renforce entre équinoxe d'automne et solstice d'hiver. Par la suite, à partir de « la Sainte-Luce, où les jours s'allongent d'un saut de puce », les symptômes disparaissent progressivement jusqu'à la guérison complète, parfois au prix d'une euphorie exagérée et de dépenses un peu excessives à Pâques.

Les psychiatres, avec une pointe de sexisme, ont qualifié d'épisodes maniaques ces périodes de joie de vivre. Cela est une erreur, car le SAD n'a rien à voir avec le trouble bipolaire. D'ailleurs, si le traitement par la lumière a été prescrit dès le début de l'automne, ce faux virage pseudo-maniaque n'existe pas. Il s'agit selon moi d'une « juste compensation » : mettons-nous à la place de ces personnes qui depuis la Toussaint subissent l'appel conjugué de la couette et du chocolat associé à l'horreur de la balance ; on comprend aisément que lorsque les beaux jours reviennent, accompagnés de la bonne humeur retrouvée, elles aient envie de répondre au doux chant de leur carte de crédit.

SAD ET SURVIE DE L'ESPÈCE

Mais quel rapport entre cette anergie saisonnière et la survie de notre espèce ? Revenons à nos ancêtres Cro-Magnon. À cette époque, en l'absence de pilule et de préservatif, les femmes étaient probablement souvent enceintes ou allaitantes à l'automne. Selon ma théorie, la pseudo-hibernation (somnolence, boulimie sucrée, prise de poids) de nos aïeules les plaçait dans un état de torpeur favorable au maintien de la grossesse et à la fabrication de graisse pour tenir le coup pendant la mauvaise saison sans faire de fausse couche ni tarir leur lait. Si cette vraie-fausse hibernation augmentait les chances de fécondation et de maintien de la grossesse, elle aurait favorisé la survie du clan chez nos ancêtres et aurait donc constitué une adaptation avantageuse pour l'espèce… mais rassurez-vous, je ne suis pas en train de démontrer que Baudelaire y a contribué… Il s'est contenté de sa fécondité poétique et ce n'est pas rien !

Mais avec ce diable de poète, rien n'est simple et il serait absurde de réduire ses symptômes à une simple saisonnalité, un syndrome le plus souvent bénin et qui peut se superposer à n'importe quelle autre maladie. Il n'aura vécu que quarante-six ans, certes, mais il a quand même eu le temps d'exprimer bien d'autres souffrances.

Il convient d'abord d'éliminer d'éventuelles complications psychiatriques de sa syphilis. En effet, il arrivait qu'après des dizaines d'années d'évolution apparaisse une neurosyphilis qui elle-même pouvait revêtir deux formes. La première, le tabès, est essentiellement neurologique avec des douleurs insupportables et une perte de la coordination des mouvements entraînant entre autres une démarche très particulière. Rien ne permet d'évoquer dans ce texte cette pathologie car souffrance psychique ne signifie pas douleur physique, même si l'on sait qu'il a beaucoup souffert de maux de tête et de douleurs intestinales. En revanche, l'autre forme de syphilis tertiaire est la paralysie générale ou PG (méningo-encéphalite syphilitique) qui provoquait un incroyable délire mégalomaniaque. Le seul que j'ai rencontré alors que j'étais au tout début de mes études de médecine affirmait haut et clair qu'il venait d'acheter 58 627 vélos et qu'il allait créer le plus extraordinaire commerce de tous les temps. Peu après, il sombra dans la démence et mourut. Les signes neurologiques, tremblements, problèmes de contraction des pupilles à la lumière, etc., foisonnaient. Là encore, rien ou presque ne permet d'évoquer ce syndrome aujourd'hui disparu, car le moins que l'on puisse dire est que la mégalomanie est absente de son œuvre.

La grande question en réalité est celle de la probabilité d'un trouble bipolaire tant sa créativité, son mépris des convenances occupent le devant de la scène. Ses périodes maniaques – insomnie complète, dépenses excessives et dilapidation rapide de son héritage avec pour conséquence une mise sous tutelle – et ses moments mélancoliques d'abattement accompagné de culpabilité morbide et d'une intense autodépréciation sont également évocateurs de ce trouble majoritairement génétique. En témoignent aussi ses idées noires, suicidaires, exprimées dans sa lettre testamentaire au notaire Narcisse Anselme, où il dit clairement son projet de mettre fin à ses jours. Un autre argument repose sur sa tendance à la toxicomanie, haschich, opium, très répandue chez les maniaco-dépressifs.

Sa phrase « tout enfant, j'ai senti dans mon cœur deux sentiments contradictoires : l'horreur de la vie et l'extase de la vie[7] » est une illustration à peu près parfaite des deux pôles de la… bipolarité ! Flaubert ne s'y était pas trompé, en décrivant les deux tendances opposées du poète : « Vous êtes résistant comme le marbre et pénétrant comme un brouillard d'Angleterre[8]. » Même ses ennemis les plus féroces ont pointé ses oppositions en forme d'oxymore : Jules Vallès en parle comme du créateur d'un monde où « les anges avaient des ailes de chauve-souris avec des faces de catins ».

L'ordonnance

Alors, bipolaire, toxicomane, syphilitique, déprimé saisonnier ? Le grand Charles est probablement tout cela… et plus encore ! Et c'est lui, encore une fois, qui saura le mieux tourner ma conclusion diagnostique : « Pour ne pas sentir l'horrible fardeau du temps qui brise vos épaules et vous penche vers la terre, il faut vous enivrer sans trêve. Mais de quoi ? De vin, de poésie, ou de vertu à votre guise, mais enivrez-vous ! » (« Enivrez-vous », in *Le Spleen de Paris*).
Comme dans un dossier médical officiel, mon diagnostic principal est : trouble bipolaire (F31 pour la classification de l'OMS dite *CIM-10*, c'est-à-dire la 10e édition de la *Classification internationale des maladies*). Diagnostics associés : dépression saisonnière, addictions, migraines et syphilis.
Je prescris donc :
- pour le trouble bipolaire : lithium toute la vie en essayant de se contenter d'une posologie minimale afin de ne pas stériliser toute

7. Charles Baudelaire, *Mon cœur mis à nu. Journaux intimes*, 1887.
8. Gustave Flaubert, lettre du 13 juillet 1857.

créativité, ce qui nécessite que persistent non plus des tempêtes de l'humeur, mais quand même un peu de houle... ;

- pour les addictions, je le référerais à un addictologue car c'est un des nombreux domaines qui échappent à ma compétence ;
- pour la syphilis, une pénicilline retard ;
- pour les migraines, il convient de tâtonner parmi les nombreux traitements de la crise et du fond en évitant absolument tous les produits addictifs, comme les morphiniques et/ou les benzodiazépines ;
- pour le trouble saisonnier, le plus important dans ce texte, c'est l'exposition quotidienne à une lumière blanche, brillante, sans UV, trente minutes par jour, de la Toussaint à Pâques. Magique !

CHAPITRE 2

La dépression réactionnelle : Albert Camus et les effets du confinement

La Peste *(1947)*

Le roman se présente comme la chronique d'événements se déroulant à Oran, en Algérie, au cours de l'année « 194. » (sans plus de précision du narrateur). Après la découverte de rats malades ou morts, un mal étrange s'empare des habitants, bientôt identifié comme la peste. La ville est alors coupée du reste du monde pour contenir l'épidémie, et le docteur Rieux organise la lutte contre le fléau, avec l'aide de quelques citoyens engagés.

Extrait de la deuxième partie :

> À partir de ce moment, il est possible de dire que la peste fut notre affaire à tous. Jusque-là, malgré la surprise et l'inquiétude que leur avaient apportées ces événements singuliers, chacun de nos concitoyens avait poursuivi ses occupations, comme il l'avait pu, à sa place ordinaire. Et sans doute, cela devait continuer. Mais une fois les portes fermées, ils s'aperçurent qu'ils étaient tous, et le narrateur lui-même, pris dans le même sac et qu'il fallait s'en arranger. C'est ainsi, par exemple, qu'un sentiment aussi individuel que celui de la séparation d'avec un être aimé

> devint soudain, dès les premières semaines, celui de tout un peuple, et, avec la peur, la souffrance principale de ce long temps d'exil.
> [...]
> À ce moment, l'effondrement de leur courage, de leur volonté et de leur patience était si brusque qu'il leur semblait qu'ils ne pourraient plus jamais remonter de ce trou.
>
> (Albert Camus.)

L'effondrement global

La Peste rencontre un immense succès, dès sa parution en 1947 au lendemain de la Seconde Guerre mondiale ; puis au fil des décennies dans le monde entier ; et tout récemment encore dans le contexte de la crise sanitaire. On lit et on relit avec la même fascination l'histoire d'une épidémie qui réveille toujours la peur viscérale des grandes catastrophes : d'une épidémie de peste au maudit bacille, comme de la « peste brune », plus idéologique, qui a décimé aussi sûrement les populations au XXe siècle. On tremble devant une situation extraordinaire et on aime ça, sûrement. Mais, plus encore, on revit là, intimement, un moment d'effondrement à la fois individuel et collectif, ainsi que la tentation du désespoir, de l'inaction, de la paralysie dépressive que l'on peut éprouver dans des contextes très divers, comme tout récemment au moment des confinements de 2020 et 2021. Parce qu'il y est question « de ce que tout le monde connaît », avait expliqué Camus[1].

1. Albert Camus, interview donnée en 1950 à la Radiodiffusion française (REDF).

Pour mieux réagir... à toutes les formes de peste ? L'œuvre qui nous présente le mal et son antidote ne s'inscrit pas par hasard dans le « cycle de la révolte » de l'auteur.

« Déclarez l'état de peste. Fermez la ville » : c'est sur cette décision des autorités que le piège se referme sur les Oranais, à la fin de la première partie du roman, juste avant l'extrait choisi. « Pris dans le même sac », dans un « trou », « prisonniers » – confinés, dirions-nous aujourd'hui –, ils se retrouvent ensemble mais seuls, coupés du monde extérieur et comme en exil. Les références à l'emprisonnement sont nombreuses dans le texte, en lien avec toutes les privations de libertés que les Français occupés connaissent pendant la guerre, au moment où Camus se lance dans la rédaction du texte en 1942. Lui-même et les siens se voient coincés « comme des rats », écrit-il dans ses carnets, quand la zone sud est envahie et qu'il ne peut plus regagner l'Algérie.

Si le temps de l'enfermement est marqué par un point de départ souligné à deux reprises (« ce moment »), la condition des « exilés » repose ensuite sur l'effacement de tous repères spatio-temporels, imposant de vivre « sans direction », sans passé ni avenir, seulement dans le regret, dépourvu d'ancrage dans une quelconque réalité. C'est l'effondrement (terme deux fois répété dans un même paragraphe qui suit notre extrait), la mort intérieure caractérisée par « les yeux baissés » et l'image fantomatique des « ombres errantes », sans vie, lobotomisées par la privation de toute mémoire devenue inutile, et forcément en souffrance. Une belle illustration de perte de sens – géographique autant qu'existentielle – si constitutive de l'état dépressif. Le passage du « nous » au « ils » indifférencié pourrait aussi marquer une distance déshumanisante avec la population zombifiée. Et pourtant, quand la peste devient justement « notre affaire à tous », le texte appelle à la mobilisation, à l'action, à la résistance intérieure et collective, comme on le devine en filigrane. Ce combat ne peut être refusé, prévient le narrateur. C'est se priver de l'antidote contre l'effondrement. Pour sortir de l'abattement, la seule solution est donc de se projeter dans des jours meilleurs, et surtout de lutter ensemble pour le retour à une forme de vie libre, comme va le faire le docteur Rieux, rejoint par Tarrou, Grand, Rambert… exerçant ensemble leur métier d'homme. « Voilà le paradoxe : c'est au moment où ils se retrouvent aux prises avec un fléau déshumanisant que les protagonistes acquièrent une conscience aiguë de ce qui fait leur humanité. Comme s'il fallait la perdre pour la retrouver », analyse la philosophe Marylin Maeso[2].

Quand Albert Camus se lance dans la rédaction de ce récit, en 1942, il séjourne dans le village du Chambon-sur-Lignon pour soigner sa tuberculose, avant de rejoindre la Résistance active dans la région et de prendre la direction du journal *Combat* l'année suivante. Il aura ainsi vécu doublement la peste comme la maladie : au sens physique du terme – même si ce n'est pas la même chose – et comme ennemi idéologique et militaire à éradiquer. Il s'en explique dans une lettre à Roland Barthes en 1955, assumant que « *La Peste* puisse servir à toutes les résistances contre toutes les tyrannies ». Et la lutte n'est jamais finie, prévient-il à la fin du roman. Avec le

2. Marylin Maeso, « *La Peste* d'Albert Camus (1947) », *in* Sébastien Le Fol (dir.), *La Fabrique du chef-d'œuvre*, Perrin, 2022.

docteur Rieux, il sait que le bacille peut rester longtemps tapi, qu'un jour « la peste réveillerait ses rats et les enverrait mourir dans une cité heureuse ». Avant lui, en 1941, Bertolt Brecht n'a-t-il pas prédit que « le ventre de la bête est toujours fécond, d'où a surgi la bête immonde », dans sa pièce *La Résistible Ascension d'Arturo Ui* ? Camus s'en inquiète sûrement quand paraît son livre, deux ans après la fin de la guerre. Il ne parvient pas à goûter à des lendemains qui chantent. « En témoignera "Le Siècle de la peur", texte qui, un an après *La Peste*, dressera le portrait autopsie d'une époque rongée par l'angoisse et par la violence, tout juste sortie d'une guerre mondiale et déjà prête à se jeter dans une bataille idéologique non moins délétère. Les charniers sont encore chauds que, déjà, la guerre froide se prépare », précise Marylin Maeso[3].

Depuis, nous avons connu les drames annoncés, ainsi qu'une belle épidémie mondiale nous faisant vivre au premier degré les chroniques d'Oran, au point de faire dire à l'universitaire Jean-Yves Guérin, spécialiste d'Albert Camus, que « *La Peste* est le roman du Coronavirus. On a l'apparition d'une pandémie, le déni des autorités, les ravages inégaux selon les quartiers, le désarroi de la municipalité et des préfets, les gourous qui disent n'importe quoi[4]... ». Tout y est, même les masques ! Ou presque... Plus de soixante ans après la décolonisation et la fin de la guerre d'Algérie, ne peut-on voir aussi le bacille sommeiller... au cœur même des pages de l'œuvre de Camus ? À son insu.

---

3. *Ibid.*
4. Interview de Jean-Yves Guérin par Matthieu Garrigou-Lagrange dans l'émission « La politique, l'Europe et le théâtre d'Albert Camus », *La Compagnie des auteurs*, France Culture, 24 septembre 2020.

Où sont donc les Arabes musulmans, les Kabyles, les Juifs, etc., à Oran ? Ne meurent-ils pas de la peste comme les chrétiens d'origine européenne (même lointaine…), omniprésents dans le roman ? Ils sont absents du récit, tout juste mentionnés par le journaliste Rambert, venu enquêter sur « la condition de vie des Arabes » et « leur état sanitaire », ce qu'il ne pourra pas faire en raison de la pandémie. Ces questions ne se posent même pas en 1947, au moment de la parution du roman, pas plus qu'en 1942 quand paraît *L'Étranger*, où le seul Arabe mentionné est une victime sans nom et sans famille. Personne n'a prêté alors attention à ce que l'on a appelé l'« effacement des indigènes », dénoncé bien après la mort de Camus dans les années 1980, note Martine Mathieu-Job, professeure de littérature à l'université Bordeaux-Montaigne[5]. À la limite, on pourrait le justifier au nom de la portée universaliste de l'œuvre. *La Peste* symbolisant « toutes les tyrannies », l'intrigue pourrait se passer de particularités ethnographiques. Sauf que l'Algérie est extrêmement présente, palpable par l'architecture particulière, la lumière, la mer, la force de tous les éléments propres à cette terre. Alors pourquoi ne pas faire une place à tous ses habitants… dont la majorité préexistante est alors victime d'une forme bien spécifique de tyrannie, celle de la colonisation ? Pour l'intellectuel américano-palestinien Edward W. Saïd, « on doit lire les textes pour la richesse de ce qui s'y trouve, non pour ce qui en a été éventuellement exclu. Mais justement. Je voudrais souligner

5. Interview de Martine Mathieu-Job par Matthieu Garrigou-Lagrange dans l'émission « Camus et l'Algérie », *La Compagnie des auteurs*, France Culture, 23 septembre 2020.

qu'on trouve dans les romans de Camus ce qu'on en croyait autrefois évacué : des allusions à cette conquête impériale spécifiquement française, commencée en 1830, poursuivie de son vivant et qui se projette dans la composition de ses textes[6] ». Au point d'être finalement ce qu'ils dénoncent… par défaut et de manière inconsciente ?

Moins sévère, Martine Mathieu-Job rappelle que Camus n'écrit que sur ce qu'il connaît, et qu'il ignore le mode de vie des autres groupes dans leur intimité[7]. Même les Français les plus pauvres, dont il fait partie, ne cohabitent pas avec les Arabes souffrant de la même misère, ce qui en dit long sur le « séparatisme » instauré par les colons. Le dénonce-t-il implicitement ? Étonnamment et avec courage, il le fait en tant que journaliste dans un article « Misère de la Kabylie » de 1939, preuve qu'il en sait tout de même long… Mais rien n'apparaît dans son œuvre littéraire. Il encourage plutôt les écrivains arabes et berbères « à prendre la plume en leur nom[8] ». Il a enfin ses contradictions : il s'affiche anticolonial, s'insurge contre le massacre de Sétif en 1945, il prêche pour une plus grande justice sociale et politique, ainsi que pour l'instauration d'un parlementarisme local, mais il n'imagine pas l'indépendance de l'Algérie, jusqu'à sa mort prématurée en 1960, avant la fin de la guerre de décolonisation. Il aura été « un homme moral dans un monde immoral », selon Edward W. Saïd.

---

6. Albert Camus, *Culture et impérialisme*, Le Monde diplomatique-Fayard, 2000.
7. Martine Mathieu-Job, article « Algérie », *in* Jean-Yves Guérin (dir.), *Dictionnaire Albert Camus*, Robert Laffont, coll. « Bouquins », 2009.
8. *Ibid.*

Et où sont aussi les femmes dans *La Peste* ? Aucune n'occupe un rôle de premier plan dans la lutte contre le fléau. Autre temps, autres mœurs patriarcales, pourrait-on dire. Mais pour le coup, Albert Camus les connaît, il les a forcément vues à l'œuvre dans la Résistance pendant la Seconde Guerre mondiale. Seule la mère de Rieux, venue remplacer sa bru partie se faire soigner en montagne avant la fermeture de la ville, a droit à quelques passages, auréolée de sa discrète douceur maternelle. La récente vague #MeToo impose ce questionnement et interroge, peut-être, sur la difficulté de voir « l'autre » – les Arabes, les femmes… – dans ces pages. Comment y trouver le réconfort, et surtout l'antidote pour lutter contre toutes les tyrannies à notre tour ? Avec beaucoup de virulence aujourd'hui, l'essai à charge d'Olivier Gloag, *Oublier Camus*[9], souligne tous ces manquements. Mais très (trop) sévèrement, de façon décontextualisée et en occultant la part de lumière de l'œuvre.

Contre Camus, enfant de la colonisation malgré lui, mais avec Camus l'humaniste, n'est-ce pas à nous, lecteurs, de déplacer le débat dans notre temps ? Les médias ont, par exemple, récemment rendu visible l'impact inégal de la crise sanitaire – notre peste « sars-covidienne » – selon l'origine sociale et les conditions de logement. Celles-ci ont été plus défavorables aux populations pauvres, souvent issues de l'immigration, de fait plus exposées au virus, notamment dans le département du « 9-3 » où elles sont surreprésentées. Là où l'hôpital Avicenne de Bobigny a d'ailleurs été construit dans les années 1930

9. Olivier Gloag, *Oublier Camus*, La Fabrique, 2023. Olivier Gloag est *associate professor* à l'université de Caroline du Nord (UNC) à Asheville.

pour les musulmans exclusivement, soignés et surveillés séparément du reste de la population à l'époque... Face à cela, les sentiments d'indignation et d'injustice se sont ajoutés à celui d'impuissance pour un grand nombre de nos contemporains. Certains ont lutté, participé à des maraudes pour aller porter secours aux plus démunis dans la rue, à des collectes alimentaires, cousu des masques, fait des gâteaux pour les soignants... Au même moment, beaucoup ont aussi protesté contre les lois sur la sécurité globale (2020) et sur le séparatisme (2021) qui permettaient de faire diversion, en profitant de l'angoisse de mort aiguisée par l'épidémie, pour agiter la névrose identitaire aux extrêmes et faire accepter des mesures sanitaires impopulaires. À chacun de faire sa part à sa manière, en attendant la libération.

Mais les plus grands combats sont encore à mener pour un égal respect de tous, sans jamais céder, en faisant face à toutes les formes de peste, à l'effondrement personnel et collectif. L'indignation, plutôt que la dépression !

Diagnostic du psychiatre

Pandémie, confinement et angoisse : l'épisode mondial de covid a laissé des traces qui, du point de vue psychiatrique, ont pris parfois des allures de catastrophe sanitaire, avec une forte augmentation de l'insomnie et de la dépression, et, dans leur sillage, de la consommation des hypnotiques, anxiolytiques et autres antidépresseurs. Nos responsables scientifiques, sans doute trop focalisés sur l'urgence immédiate – masques (?), respirateurs, saturation hospitalière, etc. – pour se soucier de dégâts qui paraissaient probablement collatéraux, auraient pourtant pu s'inspirer utilement de *La Peste* du grand Albert – qui est d'ailleurs redevenu à cette occasion un succès de librairie. Dans une situation inédite et intrinsèquement génératrice de stress, rappeler quelques conseils relevant presque du bon sens – télétravaillez aux heures de bureau ; ne netflixez pas après 23 heures – aurait peut-être permis de limiter les conséquences psychologiques néfastes de cette crise.

Il faut savoir en effet que la dépression est avant tout une anomalie, un dérèglement des rythmes temporels, ce que dans le jargon chronobiologique on appelle un « retard de phase », comme une sorte de décalage horaire qui amènerait les personnes à vivre en France comme si elles se trouvaient à Tokyo. En se couchant très – trop – tard pour suivre des séries et en se levant très – trop – tard pour télétravailler à n'importe quelle heure du jour et de la nuit, la France a été placée dans de véritables conditions expérimentales pour provoquer en masse des dépressions et des insomnies.

Nous avons en effet dans notre cerveau une horloge appelée « noyau suprachiasmatique », véritable chef d'orchestre qui synchronise les minihorloges de chacune de nos cellules. L'horloger principal, celui qui quotidiennement met nos pendules à l'heure, c'est l'alternance jour/nuit : si notre rétine n'est pas exposée tous les matins à la lumière du jour, il en résulte une désynchronisation de nos rythmes, laquelle est délétère pour notre humeur. Il existe des synchroniseurs sociaux secondaires essentiels par exemple pour les aveugles : sonnerie du réveil, heures des repas, horaires de travail, etc. « Pour finir, le seul moyen d'échapper à ces vacances insupportables était de faire marcher à nouveau les trains par l'imagination et de remplir les heures avec les carillons répétés d'une sonnette pourtant obstinément silencieuse » : en grand génie qu'il était, Albert Camus avait parfaitement pressenti la nécessité de retrouver des repères temporels pour sortir du marasme psychologique où ses héros étaient plongés.

Dans la pandémie covidienne comme dans *La Peste* de Camus, on assiste de manière évidente à une perte de tous les repères dans le temps et dans l'espace ; il n'y a plus de passé ni d'avenir, on vit dans un présent aussi terne que grisâtre ; il n'y a plus non plus d'ailleurs, le héros est confiné dans les murs de son appartement ou de la ville d'Oran. La dépression est alors dans ses conditions optimales de déclenchement, d'où l'idée de suicide qui rôde.

Mon diagnostic : état dépressif caractérisé d'intensité moyenne (F32.1 selon la *CIM-10*).

L'ordonnance

Outre l'accompagnement psychothérapique indispensable (thérapie cognitive et comportementale), une resynchronisation dans le temps est le préalable à tout autre traitement : même si c'est dur, le sujet doit accepter de se lever nettement plus tôt, entre 6 h 30 et 7 heures, horaire à moduler en fonction de ses habitudes antérieures à la dépression, quand tout allait bien et qu'il travaillait. S'exposer à la lumière du soleil dès le réveil ou à une lampe spéciale en hiver ; un peu d'exercice physique au saut du lit, suivi d'une douche très chaude ; le soir, se coucher quand on a très sommeil en bannissant tous les écrans après dîner (seule la télévision qui est plus à distance est autorisée) ; une heure de marche par jour a démontré être particulièrement efficace dans ce type d'affection. La consommation d'oméga-3, soit dans son alimentation (poissons gras des mers du Nord type sardines, harengs, maquereaux, saumon, thon...), soit en compléments alimentaires, est également efficace à long terme.

Enfin, il faut savoir que les antidépresseurs sont peu ou pas efficaces dans ce type de dépression alors que des cocktails de plantes comme safran + rhodiole ou millepertuis + rhodiole représentent une aide très utile.

CHAPITRE 3

De la culpabilité à la dépression : le *Macbeth* de William Shakespeare

Macbeth (*vers 1606*)

La tragédie met en scène l'histoire romancée du règne de Macbeth, général écossais du XIe siècle. Trois sorcières lui annoncent qu'il régnera, au prix du meurtre de son roi, puis de son ami Banquo et d'autres rivaux… Plus déterminée encore, sa femme, Lady Macbeth, y veillera jusqu'à leur perte.

Acte I, scène 5 :

Inverness. Dans une salle du château de Macbeth. Entre Lady Macbeth, lisant une lettre de son mari, général victorieux à ce moment de l'intrigue, qui lui rapporte sa rencontre avec les sorcières.

LADY MACBETH. – « Elles sont venues à ma rencontre au jour du succès, et j'ai appris par la plus complète révélation qu'elles ont en elles une connaissance plus qu'humaine. Quand je brûlais du désir de les questionner plus à fond, elles sont devenues l'air même, dans lequel elles se sont évanouies. J'étais encore ravi par la surprise quand sont arrivés des messagers du roi, qui m'ont proclamé thane de Cawdor, titre dont venaient de me saluer les sœurs fatidiques en m'ajournant aux temps à venir par ces mots : “Salut à toi, qui seras roi !” J’ai trouvé bon de te confier cela, compagne chérie de ma grandeur, afin que tu ne perdes pas ta part légitime de joie, dans l’ignorance de la grandeur qui t’est promise. Garde cela dans ton cœur, et adieu ! »

Tu es Glamis et Cawdor, et tu seras ce qu’on t’a promis... Mais je me défie de ta nature : elle est trop pleine du lait de la tendresse humaine pour que tu saisisses le plus court chemin. Tu veux bien être grand ; tu as de l’ambition, mais pourvu qu’elle soit sans malaise. Ce que tu veux hautement, tu le veux saintement : tu ne voudrais pas tricher, et tu voudrais bien mal gagner. Ton but, noble Glamis, te crie : « Fais cela pour m’atteindre. » Et cela, tu as plutôt peur de le faire que désir de ne pas le faire. Accours ici, que je verse mes esprits dans ton oreille, et que ma langue valeureuse chasse tout ce qui t’écarte du cercle d’or dont le destin et une puissance surnaturelle semblent t’avoir couronné !

[...]

Le corbeau lui-même s’est enroué à croasser l’entrée fatale de Duncan sous mes créneaux. Venez, venez, esprits qui assistez les pensées meurtrières ! Désexez-moi ici, et, du crâne au talon, remplissez-moi toute de la plus atroce cruauté ; épaississez mon sang ; fermez en moi tout accès, tout passage au remords. Qu’aucun retour compatissant de la nature n’ébranle ma volonté farouche et ne s’interpose entre elle et l’exécution ! Venez à mes mamelles de femme, et changez mon lait en fiel, vous, ministres du meurtre, quel que soit le lieu où, invisibles substances, vous aidiez à la violation de la nature. Viens, nuit épaisse, et enveloppe-toi de la plus sombre fumée de l’enfer : que mon couteau aigu ne voie pas la blessure qu’il va faire ; et que le ciel ne puisse pas poindre à travers le linceul des ténèbres et me crier : « Arrête ! arrête ! »

[...]

Quatre actes plus tard, les meurtres sont accomplis. Le fantôme de Banquo a ressurgi, Macbeth est reparti en guerre pour défendre son trône mal acquis. Pendant ce temps, son épouse erre à Dunsinane. Son médecin et sa dame de service entrent en scène.

Acte V, scène 1 :

> LE MÉDECIN. – J'ai veillé deux nuits avec vous ; mais je ne puis rien apercevoir qui confirme votre rapport. Quand s'est-elle ainsi promenée dernièrement ?
> LA DAME DE SERVICE. – Depuis que sa majesté est entrée en campagne. Je l'ai vue se lever de son lit, jeter sur elle sa robe de nuit, ouvrir son cabinet, prendre du papier, le plier, écrire dessus, le lire, ensuite le sceller, et retourner au lit ; tout cela pourtant dans le plus profond sommeil.
> LE MÉDECIN. – Grande perturbation de la nature ! Recevoir à la fois les bienfaits du sommeil et agir comme en état de veille. Dans cette agitation léthargique, outre ses promenades et autres actes effectifs, par moments, que lui avez-vous entendu dire ?
> LA DAME DE SERVICE. – Des choses, Monsieur, que je ne veux pas répéter après elle.
> [...]
> *(Entre Lady Macbeth, avec un flambeau.)*
> Tenez, la voici qui vient ! Justement dans la même tenue ; et, sur ma vie, profondément endormie. Observez-la ; approchez.
> [...]
> LE MÉDECIN. – Vous voyez, ses yeux sont ouverts.
> LA DAME DE SERVICE. – Oui, mais ils sont fermés à la sensation.
> LE MÉDECIN. – Qu'est-ce qu'elle fait là ? Regardez comme elle se frotte les mains.
> LA DAME DE SERVICE. – C'est un geste qui lui est habituel, d'avoir ainsi l'air de se laver les mains. Je l'ai vue continuer à faire cela pendant un quart d'heure.

LADY MACBETH. – Il y a toujours une tache.
[...]
Va-t'en, tache damnée ! va-t'en, dis-je... Une ! deux ! Alors il est temps de faire la chose !... L'enfer est sombre !... Fi ! monseigneur, fi ! un soldat avoir peur !... À quoi bon redouter qu'on le sache, quand nul ne pourra demander de comptes à notre autorité ? Pourtant qui aurait cru que le vieil homme eût en lui tant de sang ?
[...]
Le thane de Fife avait une femme ; où est-elle à présent ?... Quoi ! ces mains-là ne seront donc jamais propres ?... Assez, Monseigneur, assez ! Vous gâtez tout avec ces frémissements.
[...]
Il y a toujours l'odeur du sang... Tous les parfums d'Arabie ne rendraient pas suave cette petite main ! Oh ! oh ! oh !
LE MÉDECIN. – Quel soupir ! Le cœur est douloureusement chargé.
[...]
Cette maladie échappe à mon art ; cependant j'ai connu des gens qui se sont promenés dans leur sommeil et qui sont morts saintement dans leur lit.
LADY MACBETH. – Lavez vos mains, mettez votre robe de nuit, ne soyez pas si pâle... Je vous le répète, Banquo est enterré, il ne peut pas sortir de sa tombe.
LE MÉDECIN. – Serait-il vrai ?
LADY MACBETH. – Au lit ! au lit ! on frappe à la porte. Venez, venez, venez, venez, donnez-moi votre main. Ce qui est fait ne peut être défait : au lit ! au lit ! au lit !
(Sort Lady Macbeth.)
[...]
LE MÉDECIN. – D'horribles murmures ont été proférés... Des actions contre nature – produisent des troubles contre nature. Les consciences infectées – déchargent leurs secrets sur les sourds oreillers. – Elle a plus besoin du prêtre que du médecin.

> – Dieu, Dieu, pardonne-nous à tous !... Suivez-la. – Éloignez d'elle tout ce qui peut être nuisible, – et ayez toujours les yeux sur elle... Sur ce, bonne nuit, – elle a confondu mon âme et effaré mes regards. – Je pense, mais je n'ose parler.
> [...]

Un peu plus tard, dans la cour du même château.

Acte V, scène 3 :

> MACBETH. – Comment va votre malade, docteur ?
> LE MÉDECIN. – Elle a moins une maladie, Monseigneur, – qu'un trouble causé par d'accablantes visions – qui l'empêchent de reposer.
> MACBETH. – Guéris-la de cela. – Tu ne peux donc pas traiter un esprit malade, – arracher de la mémoire un chagrin enraciné, – effacer les ennuis inscrits dans le cerveau, – et, grâce à quelque doux antidote d'oubli, – débarrasser le sein gonflé des dangereuses matières – qui pèsent sur le cœur ?
> LE MÉDECIN. – En pareil cas, c'est au malade – à se traiter lui-même.
> MACBETH. – Qu'on jette la médecine aux chiens, je ne veux rien d'elle...
>
> (William Shakespeare. Traduction de F.-V. Hugo, éditions Pagnerre, 1866.)

La culpabilité dévorante

Les brumes de l'Écosse médiévale du monde de Macbeth pourraient nous sembler bien lointaines. Qui tremble aujourd'hui devant les sorcières ricanantes, émergeant de la lande pour prédire grandeur et décadence, devant des meurtres en série, un fantôme ensanglanté… On en a vu d'autres. C'est loin de nous… et pourtant toujours tellement présent dans notre imaginaire. Dans les tréfonds de notre conscience.

Créée à l'aube du XVIIe siècle et publiée en 1623, la pièce de Shakespeare n'a cessé d'être jouée sur les plus grandes scènes du monde. Elle a été portée au grand écran par Orson Welles (1948), Roman Polanski (1971), Justin Kurzel (2015) et Joel Coen (2021). Verdi, Strauss et, plus récemment, Pascal Dusapin l'ont mise en musique. Elle a été adaptée par Pina Bausch en 1978[1], dans un spectacle mêlant théâtre et danse qui transpose l'intrigue dans un appartement dévasté, inondé, où aucune tache de sang n'est jamais lavée. Marque indélébile de toute culpabilité. La pièce *Macbeth* a décidément quelque chose d'universel à nous dire, de très intime et d'amer, au-delà du folklore et de l'intrigue politique de son temps. Elle nous révèle, avec une stupéfiante modernité, l'origine du mal, du désir coupable, et le prix à payer pour tous les désordres de l'esprit.

Rêver de grandeur, comme Macbeth se voyant roi – calife à la place du calife à l'instar d'Iznogoud ! –, c'est tellement humain. Mais ici, le désir trouve un prétexte surnaturel : la prophétie de trois sorcières, rapportée dans la lettre que lit Lady Macbeth dans l'extrait choisi. Si les forces de l'invisible le prédisent, rien ne peut empêcher le général ambitieux d'arriver à ses fins. C'est dit, ce n'est donc pas sa faute. Macbeth est

1. Pina Bausch, *Er nimmt sie an der Hand und führt sie in das Schloss, die anderen folgen* (« Il la prend par la main et la conduit au château, les autres suivent »), 1978.

ainsi l'Élu, certes, mais des Enfers. Après tout, ne croit-on pas aux sorcières et au démon, au moment où la pièce est écrite ? « En 1597, le roi lui-même avait publié un dialogue savant intitulé *La Démonologie*, initiative tout à fait inhabituelle. Shakespeare connaissait fort probablement cet ouvrage, deux fois réédité à Londres en 1603. Dans ce traité, Jacques Ier reconnaissait que les sceptiques étaient nombreux ("Il est de nombreuses personnes qui ne croient pas que la sorcellerie existe"), mais il affirmait qu'un tel déni constituait un premier pas vers l'athéisme et la damnation. Car les sorcières existaient bel et bien, et représentaient un véritable danger pour le royaume », explique le critique littéraire Stephen Greenblatt[2]. Non qu'elles aient de vrais pouvoirs magiques sur la matière, pensait-on déjà, mais elles séduisent, brouillent les perceptions et trompent l'esprit au point d'entraîner les hommes à leur perte, en provoquant indirectement le chaos, comme le font ici les « sœurs fatidiques ».

Elles pourraient aussi symboliser la force du fantasme, mot dont la racine étymologique grecque *phantasma* (« fantôme, hallucination visuelle ») est proche de *phantastikos* (renvoyant à ce qui est « irréel, imaginaire »). D'où le trouble de Macbeth et de Banquo qui leur demandent : « Au nom de la vérité, êtes-vous fantastiques, ou êtes-vous vraiment ce qu'extérieurement vous paraissez ? » Qu'importe, ils finissent par croire ce qu'ils veulent, pris dans un élan peut-être plus « psychopathologique » – dirait-on aujourd'hui – que proprement démoniaque, au premier degré. Macbeth « brûle de désir », avoue-t-il à sa « compagne chérie ». Un petit mot

2. Stephen Greenblatt, *Will le Magnifique*, Flammarion, 2014.

des sorcières à peine réelles – « Salut, Macbeth, qui plus tard seras roi ! » – et c'en est fait. Au-delà de l'écran de fumée, du paravent fantastique, l'intrigue doit donc bien se lire à un niveau pleinement humain et dans le secret de l'intériorité telle qu'elle est révélée dans les monologues.

Si une quelconque magie pouvait d'ailleurs opérer directement, il suffirait de laisser la prophétie s'accomplir d'elle-même. Macbeth n'est justement pas dupe et s'interroge après la rencontre : « Pourquoi cédé-je à une suggestion dont l'épouvantable image fait que mes cheveux se dressent et que mon cœur si ferme se heurte à mes côtes, malgré les lois de la nature ? L'inquiétude présente est moindre que l'horreur imaginaire. Ma pensée, où le meurtre n'est encore que fantastique, ébranle à ce point ma faible nature d'homme que ses fonctions sont paralysées par une conjecture ; et rien n'est pour moi que ce qui n'est pas. » Parce que tout n'est encore que chimère, opacité, que rien n'a justement de réalité, de consistance, Macbeth se pose la question du choix, de la responsabilité. Sans l'assumer pleinement, se trouvant paralysé, il finit par trancher en se confiant à sa femme dans sa lettre. Son fantasme – désir fou et encore flou – va se préciser et s'incarner dans la volonté de sa Lady. C'est elle qui sera son glaive, en inversant toutes les représentations du féminin et du masculin. Ils font la paire : il est le Moi, que la loi fait encore hésiter et trembler, elle est le Ça libéré de tout interdit, pourrait-on schématiser en s'inspirant du modèle freudien. Non contente de castrer son mari en soulignant sa paralysie, son insuffisance, Lady Macbeth invoque les ténèbres pour se débarrasser de son propre sexe (« Désexez-moi ») et s'investir des attributs virils de la cruauté (« changez mon lait en fiel [...] couteau aigu »).

La nature une fois « violée », tous les repères éclatent. Le temps du chaos est venu. Le masculin et le féminin se confondent puis s'inversent, tout comme les rapports hiérarchiques traditionnels entre mari et épouse, entre suzerain et vassal. La vie elle-même n'est plus séparée de la mort dans les apparitions fantomatiques qui poursuivent le félon, ni la veille du sommeil par les perturbations somnambuliques de la tentatrice. Les époux maudits dysfonctionnent ainsi comme une seule et même personnalité scindée, malade. Ils se perdent aussi sûrement l'un que l'autre. Lady Macbeth constate que « la folie n'a rien laissé de l'homme » quand celui-ci crie au fantôme, et se voit finalement rattrapée par ses propres hallucinations dans un sommeil sans repos, sans pouvoir laver ses mains souillées d'un sang imaginaire, emblème de sa culpabilité. Ils sont malades, et c'est bien un médecin qui apparaît à la fin de la pièce. Sans avoir les clés de la médecine de l'âme, il observe, impuissant, Lady Macbeth qui semble tout droit sortie d'un hôpital psychiatrique. Privée du « sommeil innocent, – le sommeil qui démêle l'écheveau embrouillé du souci, – le sommeil, mort de la vie de chaque jour, bain du labeur douloureux, – baume des âmes blessées, second service de la grande nature, – aliment suprême du banquet de la vie ! » (acte II, scène 2), elle apparaît coupée de ses sens (la vue) comme du sens commun. Elle affabule, elle se trahit. Qu'on la soigne, demande Macbeth, s'informant auprès du médecin de « sa malade ». Celui-ci ne peut rien pour cette « conscience infectée ». Le médecin invoque bien Dieu en dernier recours, mais nul prêtre n'intervient finalement ici. Sans secours, les deux coupables courent donc à leur mort dans un élan suicidaire. Et s'il faut jeter la médecine de l'époque « aux chiens », qu'on en invente une autre... !

Cette autre médecine de l'âme, de la psyché, Shakespeare pourrait l'avoir annoncée en filigrane, et le cas Macbeth a suscité la curiosité de bien des thérapeutes ultérieurs. Déjà, au XIXe siècle, le médecin physiologiste Ernest Onimus en a décrit la nature : « Comment mieux mettre en évidence à la fois les troubles de l'âme et le supplice moral du criminel ? [...] Par quel effort de génie, par quelle intuition mystérieuse, Shakespeare, à une époque où médecins et public croyaient encore que les affections nerveuses dépendaient de puissances occultes, est-il arrivé à se débarrasser complètement de ces préjugés et à indiquer la vraie cause de ces maladies[3] ? » D'après lui, les Macbeth ne sont ni des criminels d'une seule pièce ni des malades au sens technique du terme, mais ils accumulent « toutes les circonstances favorables à l'éclosion du trouble : la peur, le réveil de la conscience et de la reconnaissance, l'obscurité, l'isolement ». Comme toujours, Shakespeare avance sur une ligne de crête pour dire la complexité de la psyché humaine. N'est-ce pas ce qui complique tant le diagnostic des praticiens d'aujourd'hui ?

Du peu que l'on connaisse de la vie du dramaturge, rien n'indique que cet intérêt pour les maux de l'âme renvoie à des fragilités personnelles. Peut-être à des peurs, laisse penser son biographe Stephen Greenblatt, pour avoir grandi dans

---

3. Ernest Onimus, *La Psychologie dans les drames de Shakespeare*, Imprimerie J. Claye, 1876.

une époque élisabéthaine marquée par les complots, la répression des papistes, les tortures exposées sur la place publique, puis avoir exercé son art au temps de la chasse aux sorcières. Hypothèse… En la matière, tout incite en effet à la prudence ; car si la folie excuse – qu'elle soit surjouée par les fous attitrés, feinte par Hamlet ou subie par Ophélie et les Macbeth –, elle permet aussi de dire à moindre risque de pénibles vérités. « Lear, après l'acte fou de livrer son royaume, tombe dans la vraie folie mais, fou à lier, il voit clair. La déraison révèle le déraisonnable, l'injustice, l'avarice, l'hypocrisie », analyse Michael Edwards, membre de l'Académie française et professeur honoraire au Collège de France[4]. À nous de nous perdre « dans cette contrée de l'esprit où notre rationalité est désarmée ». Pour mieux voir le vrai en nous-mêmes.

Diagnostic du psychiatre

La marque du génie repose sur une capacité à exercer une rupture avec les conventions, les idées reçues et une capacité à radicalement changer de paradigme, à faire table rase des évidences du passé. Au temps de Shakespeare, les sorcières, les démons, les fantômes constituaient des réalités aussi sûres, aussi scientifiques que les microbes ou le réchauffement climatique de nos jours. Ne pas y croire pouvait même être un péché, la marque du diable, et conduire le mécréant, l'hérétique au bûcher. La description clinique fouillée du comportement de Lady Macbeth constitue donc une attaque en règle

4. Michael Edwards, « La folie Shakespeare », *Revue des Deux Mondes*, mai 2016.

des certitudes du temps. La conclusion de l'extrait en est la preuve éclatante :

> MACBETH. – Guéris-la de cela. – Tu ne peux donc pas traiter un esprit malade, – arracher de la mémoire un chagrin enraciné, – effacer les ennuis inscrits dans le cerveau, – et, grâce à quelque doux antidote d'oubli, – débarrasser le sein gonflé des dangereuses matières – qui pèsent sur le cœur ?
> LE MÉDECIN. – En pareil cas, c'est au malade – à se traiter lui-même.
> MACBETH. – Qu'on jette la médecine aux chiens, je ne veux rien d'elle…

Il est ici *affirmé* que Lady Macbeth n'est pas possédée mais malade – oh scandale ! – et que le médecin doit réagir comme le ferait aujourd'hui non pas un psychiatre, mais un psychanalyste, c'est-à-dire ne rien prescrire mais simplement aider sa patiente. Étonnante préfiguration de la psychanalyse : on ne peut pas la guérir par une prescription, dit le médecin, mais seulement l'aider à accoucher de sa propre guérison dans une sorte de maïeutique inversée – ce qui provoque, comme c'est encore souvent le cas aujourd'hui, l'incompréhension et la haine du conjoint de la malheureuse. Combien d'analysants ont divorcé du fait de la jalousie de leur conjoint confronté au transfert amoureux à l'égard du psy… Cette approche quasi psychanalytique du symptôme constitue, n'ayons pas peur de le répéter, une véritable révolution pour la pensée de l'époque.

Mais, au fait, puisqu'on en parle, quelle est donc la nature de ce fameux syndrome si précisément décrit dans ce texte prophétique pour la médecine ? À l'évidence, il s'agit d'un trouble du sommeil : Lady Macbeth déambule en dormant, a des gestes automatiques simples de frottement des mains, n'entend ni ne voit rien de ce qui l'environne, tous ces éléments permettant éventuellement de poser le diagnostic de somnambulisme ; pourtant, certains éléments ne collent pas. Le somnambulisme concerne la plupart du temps les enfants et il est exceptionnel chez l'adulte, surtout si celui-ci commence à être âgé. Dans le somnambulisme, il s'agit de mouvements automatiques simples qui se produisent au cours du sommeil lent profond (*delta sleep* des Anglo-Saxons) et absolument jamais pendant le sommeil paradoxal, stade de tous les rêves ou presque. Ici, les gestes sont symboliques (lavage des mains identique à celui de la femme de Barbe-Bleue traduisant une culpabilité), paroles proférées mais non dénuées de sens, tout cela ne pouvant jamais se produire lors d'un épisode de somnambulisme, au cours duquel le cerveau est vide de toute imagerie, où n'existe pas le moindre rêve. Essayez de réveiller un somnambule, il ne vous racontera rien. Il sera juste hébété.

En revanche, il existe un autre trouble, assez récemment découvert, qui s'appelle « trouble du comportement en sommeil paradoxal » (TCSP). Il concerne des personnes d'un certain âge et est très souvent le signe avant-coureur d'une maladie neurologique grave, comme un cancer du cerveau, une maladie de Parkinson, un Alzheimer, etc.

Il faut savoir que nous, les mammifères, avons dans le cerveau une petite structure joliment appelée *locus cœruleus* qui nous paralyse complètement chaque fois que nous rêvons, ce qui prouve que la nature est bien faite puisque nous ne sommes pas capables de mettre en action nos songes.

Et heureusement, sinon il n'y aurait plus sur la planète de belles-mères, de contrôleurs des impôts, de flics verbalisateurs, de voisins bruyants, de bébés hurleurs… j'en passe et des pires ! Or cette maladie neurologique, le TCSP, détruit les mécanismes d'inhibition des mouvements au cours des rêves. C'est ainsi qu'une vidéo célèbre montre un homme âgé et retraité de la police de Los Angeles en train de procéder à une arrestation violente, étranglement, clé du bras, menottes, tout cela sur… sa malheureuse épouse paisiblement allongée auprès de lui dans le lit conjugal.

Pour une fois, je vais être pessimiste : je pense que Lady Macbeth souffre d'un TCSP, qu'elle exprime en effet des rêves qui sont la marque d'une culpabilité refoulée, qu'elle vit physiquement ses rêves et que malheureusement pour elle, son pronostic vital est engagé car il est fort probable que se profile à son horizon proche une maladie neurologique, comment dire, bien ennuyeuse !

L'ordonnance

Traitement :

- IRM du cerveau, en surveillant la probable éclosion d'une maladie neurologique ;
- mélatonine à libération prolongée sous forme de complément alimentaire, la seule approche à ma connaissance susceptible d'atténuer nettement les symptômes et qui a l'immense avantage d'être sans risque et très bien tolérée. En effet, le Circadin, seul médicament allopathique à base de mélatonine, n'a pas d'indication officielle dans ce trouble et n'est pas remboursé par la Sécurité sociale, alors qu'il coûte très cher. Heureusement, il existe des compléments alimentaires en vente libre quasi identiques, nettement moins chers !

II

LA PERSONNALITÉ ET SES TROUBLES

Qui n'a pas sa part d'ombre, poussant à quelques dérapages ou excès, compliquant par moments la relation à l'autre, un lien d'amitié, le quotidien familial ou professionnel ? Mais parfois les épisodes grinçants se répètent et s'intensifient. Une simple tendance, un trait de caractère devient ingérable et force le décalage durable, profond, avec la vie en société. La frontière avec la maladie mentale caractérisée peut être difficile à cerner, et l'on parlera de personnalité narcissique, évitante, dépendante, paranoïaque, obsessionnelle, histrionique, schizotypique ou excentrique, antisociale, borderline, on disait jadis hystérique, mais cette notion a disparu des classifications. Un vrai bonheur pour les auteurs en quête de personnages forts, déroutants, inquiétants, toujours porteurs de rebondissements et d'émotions fortes, mais suffisamment cohérents pour que le lecteur s'y retrouve… en eaux troubles.

CHAPITRE 4

Ma vie de héros : Don Quichotte, rêveur ou mythomane ?

L'Ingénieux Hidalgo Don Quichotte de la Manche *(1605)*

C'est l'histoire d'un hidalgo très pauvre, passionné de romans de chevalerie, au point de tout quitter, un beau jour, pour prendre la route et aller tenter l'aventure. Alors qu'il se prend pour un chevalier errant médiéval, redresseur des injustices du monde et pourfendeur des enchanteurs maléfiques, il est accompagné de son fidèle écuyer Sancho Panza, paysan bien pragmatique. Tous deux cheminent ainsi, en quête d'exploits, et dans l'esprit de Don Quichotte à l'imagination déréglée, des moulins deviennent des géants spectaculaires, une simple auberge se transforme en château, des troupeaux de brebis en armées ennemies…

Partie I, chapitre 8 – Du beau succès qu'eut le valeureux Don Quichotte dans l'épouvantable et inimaginable aventure des moulins à vent, avec d'autres événements dignes d'heureuse souvenance.

En ce moment, ils découvrirent trente ou quarante moulins à vent qu'il y a dans cette plaine, et, dès que Don Quichotte les vit, il dit à son écuyer : « La fortune conduit nos affaires mieux que ne pourrait y réussir notre désir même. Regarde, ami Sancho, voilà devant nous au moins trente démesurés géants, auxquels je pense livrer bataille et ôter la vie à tous tant qu'ils sont. Avec leurs dépouilles, nous commencerons à nous enrichir ; car c'est prise de bonne guerre, et c'est grandement servir Dieu que de faire disparaître si mauvaise engeance de la face de la terre. – Quels géants ? demanda Sancho Panza. – Ceux que tu vois là-bas, lui répondit son maître, avec leurs grands bras, car il y en a qui les ont de presque deux lieues de long. – Prenez donc garde, répliqua Sancho ; ce que nous voyons là-bas ne sont pas des géants, mais des moulins à vent, et ce qui paraît leurs bras, ce sont leurs ailes, qui, tournées par le vent, font tourner à leur tour la meule du moulin. – On voit bien, répondit Don Quichotte, que tu n'es pas expert en fait d'aventures : ce sont des géants, te dis-je ; si tu as peur, ôte-toi de là, et va te mettre en oraison pendant que je leur livrerai une inégale et terrible bataille. » En parlant ainsi, il donna de l'éperon à son cheval Rossinante, sans prendre garde aux avis de son écuyer Sancho, qui lui criait qu'à coup sûr c'étaient des moulins à vent et non des géants qu'il allait attaquer. Pour lui, il s'était si bien mis dans la tête que c'étaient des géants que non seulement il n'entendait point les cris de son écuyer Sancho, mais qu'il ne parvenait pas, même en approchant tout près, à reconnaître la vérité. Au contraire, et tout en courant, il disait à grands cris : « Ne fuyez pas, lâches et viles créatures, c'est un seul chevalier qui vous attaque. » Un peu de vent s'étant alors levé, les grandes ailes commencèrent à se mouvoir ; ce que voyant Don Quichotte, il s'écria : « Quand même vous remueriez plus de bras que le géant Briarée, vous allez me le payer. » En disant ces mots, il se recommande du profond de son cœur à sa dame Dulcinée, la priant de le secourir en un tel péril ; puis, bien

couvert de son écu, et la lance en arrêt, il se précipite, au plus grand galop de Rossinante, contre le premier moulin qui se trouvait devant lui ; mais, au moment où il perçait l'aile d'un grand coup de lance, le vent la chasse avec tant de furie qu'elle met la lance en pièces, et qu'elle emporte après elle le cheval et le chevalier, qui s'en alla rouler sur la poussière en fort mauvais état.
Sancho Panza accourut à son secours de tout le trot de son âne, et trouva, en arrivant près de lui, qu'il ne pouvait plus remuer, tant le coup et la chute avaient été rudes. « Miséricorde ! s'écria Sancho, n'avais-je pas bien dit à votre grâce qu'elle prît garde à ce qu'elle faisait, que ce n'était pas autre chose que des moulins à vent, et qu'il fallait, pour s'y tromper, en avoir d'autres dans la tête ? – Paix, paix ! ami Sancho, répondit Don Quichotte ; les choses de la guerre sont, plus que toute autre, sujettes à des chances continuelles ; d'autant plus que je pense, et ce doit être la vérité, que ce sage Freston qui m'a volé les livres et le cabinet a changé ces géants en moulins, pour m'enlever la gloire de les vaincre ; tant est grande l'inimitié qu'il me porte. Mais en fin de compte son art maudit ne prévaudra pas contre la bonté de mon épée. »

(Miguel de Cervantès. Traduction de Louis Viardot, Librairie Hachette et Cie, 1836.)

Le réel à l'épreuve du rêve

« Se battre contre des moulins à vent » : cette expression populaire, inspirée de la célèbre scène du roman de Cervantès écrit à l'aube du XVIIe siècle, est restée pour évoquer les causes perdues et l'impuissance des idéalistes. Depuis son « siècle de fer » jusqu'à l'ère de l'atome, Don Quichotte a ainsi traversé les époques et nous habite toujours. Pièces de théâtre, comédie musicale américaine reprise par Jacques Brel dans *L'Homme de la Mancha*, ballets de Marius Petipa régulièrement donnés à l'Opéra, etc., tout un ensemble de créations ranime et entretient le mythe du chevalier errant, qui se perd dans l'imaginaire médiéval. Cela paraît si loin. Mais pourquoi cette figure est-elle restée si proche de nous, envers et contre toutes les absurdités des aventures fantasmées d'un autre âge et d'un autre ordre, dans lequel on a bien du mal à se retrouver de prime abord ?

« Mais il est fou ! » C'est bien l'idée qui vient à la lecture de l'épisode des moulins à vent et que laisse clairement penser le narrateur depuis le début du récit, évoquant sa « folie » (*dixit*) presque à chaque page : « À force de dormir peu et de lire beaucoup, il se dessécha le cerveau, de manière qu'il vint à perdre l'esprit. Son imagination se remplit de tout ce qu'il avait lu dans les livres, enchantements, querelles, défis, batailles, blessures, galanteries, amours, tempêtes, et autres extravagances ; et il se fourra si bien dans la tête que tout ce magasin d'inventions rêvées était la vérité pure, qu'il n'y eut pour lui nulle autre histoire plus certaine dans le monde », écrit-il au premier chapitre.

Après s'être ruiné par l'achat de livres de chevalerie qui l'ont exalté, le gentilhomme crée son personnage de toutes pièces. Il se rebaptise Don Quichotte. Il se pare de l'armure branlante de ses ancêtres et d'un heaume en carton renforcé. Il fait de son vieux cheval un fier destrier renommé Rossinante. Il voue sa quête à Dulcinée, paysanne qu'il anoblit dans ses rêves, et s'affuble d'un écuyer « comme dans les livres ». Ainsi paré de tous les attributs de la chevalerie, il devient cet être de papier longiligne, sur son cheval efflanqué, stylisé plus tard par Picasso, d'un trait fin et rapide, rappelant le graphisme d'une écriture accidentée. Comme échappé des pages d'un livre, il est prêt à combattre tous les géants maléfiques dans son monde, tandis que Sancho Panza tentera inlassablement de le ramener à la réalité de son temps. Il met la littérature et ses belles histoires à l'épreuve de la réalité, confronte le mot et la chose irréductiblement séparés, ce qui vaut à l'œuvre de Cervantès de passer pour le premier roman moderne.

Deux niveaux de perception cohabitent ainsi dans « l'aventure des moulins à vent », comme dans toutes celles qui suivront. De la même manière que Don Quichotte s'est inventé et métamorphosé en chevalier errant, de simples ailes mécaniques s'animent sous ses yeux comme des bras gigantesques dans une vision anthropomorphique délirante. Il n'y croit pas seulement, il les voit ! Quels géants ? lui demande pourtant Sancho Panza. Avec le narrateur qui confirme bien son point de vue, l'écuyer terre à terre nous ramène sans cesse au principe de réalité, à l'explication naturelle du vent qui actionne les moulins. Rien de plus. Qu'importe, son maître campe sur ses positions. Et une fois confronté à l'évidence, après avoir été blessé, il renverse l'ordre des possibles en faisant du réel décevant, le fruit d'un enchantement, de la magie. Beau subterfuge pour rester cohérent dans son délire ! En parfait malade ?

« Le personnage de Don Quichotte se situe très précisément dans la culture du XVIe siècle et la culture médicale » de son temps, observe Michel Foucault dans un entretien donné peu de temps après la publication de son œuvre phare *Histoire de la folie à l'âge classique*. Le philosophe s'étonne de trouver des définitions quasi médicales de la folie du personnage, que l'on identifiait alors à la mélancolie, et « en particulier cette idée qu'il délire sur un seul point – les romans de chevalerie –, mais que, pour le reste, il est dans son entier bon sens[1] ».

Au-delà du cas médical, le chevalier improbable joue pleinement le rôle du fou en tant que bouffon, et l'on a beaucoup ri de ce héros grotesque, ridicule, qui entend sauver le monde avec des outils inadaptés. Il tombe, se blesse, se relève, repart comme un pantin et n'écoute rien. On se moque de lui, il est manipulé et ne parvient même pas à mourir en héros, au détour de l'une de ses aventures. Pathétique ! Il est tout aussi *has been* quand paraît le récit de ses aventures, le public de l'époque s'étant déjà détourné du genre épique au profit du roman pastoral. Tout est fait pour créer le décalage et souligner l'inadaptation du personnage à son époque. Cela inspirera plus tard Flaubert, faisant de Madame Bovary un Don Quichotte en jupons, essayant avec autant de force et d'illusion de transposer l'idéal des romans d'amour dans sa vie médiocre.

Mais pas seulement. « Don Quichotte, comme les fous des romans de cette époque, est chargé de dire la vérité », rappelle aussi Michel Foucault[2]. « Il y a une manifestation paradoxale de la vérité par la bouche du fou, en particulier quand Don Quichotte donne des conseils de gouvernement, sorte d'esquisse de Constitution pour l'île de Sancho Panza. Ce sont les idées politiques de Cervantès lui-même », affirme-t-il. Pour le coup, l'auteur a vécu des aventures bien réelles avant

---

1. Michel Foucault, « Plein feu sur les spectacles du monde », France Culture, 18 septembre 1961.
2. *Ibid.*

d'écrire celles de Don Quichotte ; il a été blessé, fait prisonnier, esclave des Barbaresques, il a connu la cour des grands de son temps… Il pouvait avoir conçu une certaine idée d'un monde plus juste. Et il invite l'écuyer, futur gouverneur, à la sagesse, à la mesure, à la justice, à la protection des plus faibles, au contentement. Quoi de plus… raisonnable ?

C'est ce qui autorise une autre lecture du chevalier errant : « Figure mythique de la "réaction" à l'ordre (ou au désordre) du monde comme il va, Don Quichotte a été dans la première moitié du XXe siècle la figure tutélaire de ceux qui rejetaient, au nom d'un idéal moral et spirituel, le devenir hégémonique du "monde moderne" issu de la rationalité scientifique et de la révolution industrielle », explique l'universitaire Danielle Perrot-Corpet, maître de conférences en littérature générale et comparée à l'université Paris-Sorbonne[3]. L'idée a été magnifiquement portée par le poète et philosophe Miguel de Unamuno : « C'est la peur sanchopancesque et elle seule qui nous fait tomber à genoux devant les géants démesurés de la mécanique et de la chimie en implorant d'eux miséricorde. Et pour finir le genre humain rendra son esprit exténué de fatigue et de dégoût au pied d'une colossale usine d'élixir de longue vie. Et Don Quichotte l'éreinté vivra, parce qu'il rechercha le salut en lui-même et osa donner l'assaut aux moulins[4]. » S'il est pathétique, c'est d'abord un pur. De quoi

---

3. Danielle Perrot-Corpet, « Cervantès lecteur de Kafka : sur la construction d'une certaine exemplarité du *Quichotte* depuis la Seconde Guerre mondiale », *in* Alexandre Gefen *et al.* (dir.), *Littérature et Exemplarité*, Presses universitaires de Rennes, 2007.
4. Miguel de Unamuno, *Vida de don Quijote y de Sancho Panza* [1905], traduction de Danielle Perrot-Corpet, Alianza Editorial, 1987.

toujours nous pousser à la même indignation face à la folie du monde moderne, note la philosophe Manola Antonioli : « Comme Don Quichotte, nous ne disposons que de vieux livres qui contiennent des histoires et des savoirs qui ne peuvent plus expliquer le monde qui nous entoure. Comme lui, nous croyons parcourir le monde et nous restons prisonniers de notre région, nous avons des armes dérisoires face à un monde dont les frontières s'élargissent de nouveau et nous sommes entourés d'une foule de Sancho Panza qui ne cessent de nous rappeler la dure réalité de la vie et qui nous invitent à travailler sagement et à fermer nos livres inutiles. » L'essayiste fait référence à l'association bien nommée Les Enfants de Don Quichotte qui a pour mission de faire connaître les conditions de vie des personnes sans domicile fixe et qui gère des centres d'hébergement. Lutter contre la misère est-il donc aussi fou que d'affronter des moulins à vent ? Peut-être pas. Ou alors pour le meilleur. « Tout le monde est Don Quichotte », rappelait Jacques Brel, à l'époque où il jouait *L'Homme de la Mancha*. « C'est le triomphe du rêve, qu'il gagne ou qu'il ne gagne pas, poursuit-il. Un homme qui rêve gagne toujours. Un homme qui ne rêve pas perd toujours, car, à ce moment-là, la lucidité l'oblige à un certain nombre de constats. Pour Cervantès, la folie suprême n'est-elle pas de voir la vie telle qu'elle est, et pas telle qu'elle devrait être[5] ? »

Il faudrait pouvoir rêver, agir, sans réellement se mentir… Un peu comme Don Quichotte, finalement, capable de décrire sa Dulcinée idéalisée d'un « rang, pour le moins princesse,

5. Jacques Brel, entretien enregistré à Bruxelles en octobre 1968 au théâtre royal de la Monnaie.

puisqu'elle est souveraine de [ses] pensées[6] ». Point de généalogie mensongère ici, mais la vérité du cœur qui permet de « rêver un impossible rêve [...] pour atteindre l'inaccessible étoile[7] ».

Diagnostic du psychiatre

Chaque fois qu'un de mes patients me raconte des histoires qui à l'évidence ne correspondent pas à la réalité, je me pose trois questions : est-ce tout simplement un menteur ? Délire-t-il ? Est-il mythomane ?

En cas de mensonge, comportement tout à fait normal, qui peut vous arriver comme à moi, il existe en règle générale un objectif utilitaire, se sortir d'un mauvais pas, trouver une bonne raison pour manquer un rendez-vous, le travail, être poli, etc. Le mensonge par omission est le plus répandu : « Bonjour, ta cravate est immonde » ou bien « Ta cuisine est immangeable » ne sont pas des discours nécessaires ; s'abstenir a bien des avantages sociaux. Chez les enfants, le mensonge est un signe d'intelligence jusqu'à ce qu'ils soient en mesure de se défendre autrement, car mentir signe généralement le fait qu'on se sent plus petit, moins fort que celui à qui est destiné le mensonge. Le mensonge concerne souvent les individus non dominants. Chez l'animal, le sommet du mensonge organisé et utilitaire est atteint par le cercopithèque. Observons une troupe de ces singes particulièrement intelligents... et bavards. Une petite

6. Miguel de Cervantès, *Don Quichotte de la Manche*, traduction de Louis Viardot, Librairie Hachette et Cie, 1836, partie I, chapitre 13.
7. « La Quête », chanson du spectacle *L'Homme de la Mancha*, paroles originales de Mitch Leigh et Joseph Jo Darion.

femelle, donc un individu tout en bas de la hiérarchie, repère un œuf abandonné par terre. Elle sait que si elle le ramasse, elle prendra une raclée avant de se le faire voler. Alors elle émet une phrase – vous avez bien lu – composée de trois mots : « Serpent venimeux proche. » Tout le monde détale. Notre petite guenon peut récolter l'œuf et s'en régaler en toute impunité, sans compter qu'elle démontre sa capacité à émettre un discours volontairement erroné, à se mettre à la place des autres et à anticiper leurs réactions. Aussi incroyable qu'efficace, non ?

Dans tous les cas, le menteur sait qu'il ment. Tous ceux qui souffrent d'une addiction, les alcooliques, les toxicomanes, les fumeurs, mais aussi les anorexiques, les joueurs, les acheteurs compulsifs, les drogués du sexe, du travail, tous mentent et le savent, vous dis-je !

Pour sa part, Don Quichotte est un pur, un preux chevalier, le mensonge lui est parfaitement inconnu. Il se veut dominant, pas dominé, même si on peut se poser quelques questions sur l'état réel de son narcissisme, avec son ego visiblement en complète déconfiture.

La métaphore ou parabole est proche du mensonge, sauf que tout le monde est conscient qu'il s'agit d'une fiction. Il s'agit de créations qui visent à enseigner, comme l'*Histoire comique des États et Empires de la Lune* rédigée par Cyrano de Bergerac et destinée à critiquer les Terriens de manière plaisante, ou comme certains sermons de Jésus-Christ, par exemple la parabole du fils prodigue ou celle de la brebis égarée. Jésus et Cyrano ne sont pas des menteurs, juste de remarquables pédagogues.

Le délire procède d'un tout autre mécanisme. Il est en général persécutoire et signe la psychose dont il est un des principaux symptômes. Il peut revêtir plusieurs mécanismes comme par exemple l'interprétation : « Vous, Lecteur, oui, vous qui me lisez en tripotant un stylo que vous pointez vers moi, c'est la preuve que vous me haïssez » ; « Il y a un cheveu blond sur ton épaule gauche, c'est donc que tu me trompes ». La conviction du délirant est telle qu'il ne sert à rien d'argumenter, de démontrer par A + B que tout est faux, il n'en démordra en aucun cas. S'il est aigu, transitoire, il peut être dû à la prise de substances illicites ; s'il est chronique, c'est qu'il s'agit d'une schizophrénie ou d'une paranoïa. Don Quichotte n'est pas psychotique, il ne délire pas, il se raconte juste des histoires.

Tout autre est la mythomanie. Le baron de Münchhausen que les cours d'Europe s'arrachaient tant il les faisait hurler de rire avec ses voyages sur la Lune à cheval sur des boulets de canon, Tartarin de Tarascon et ses trophées imaginaires de lions qui ne l'étaient pas moins, Serge le Mytho, dans la série télé, qui fait s'esclaffer en inventant n'importe quoi, Jean-Claude Romand qui assassine en série pour ne pas voir dévoilé son faux titre de médecin sont des exemples de véritables mythomanes. Ici, le sujet n'est ni fou ni normal ; il ment tellement qu'il finit par croire à ses histoires. Enfin presque.

Comme ils ont du mal à le faire entrer dans une case, les classificateurs le rangent avec réticence au sein des états limites ou du trouble borderline. Et même dans cette non-case, sa seule place – plutôt un strapontin – le range parmi les « autres troubles spécifiques de la personnalité » (F608 de la *CIM-11*, 11e édition de la *CIM*[8]). Quant à l'autre grande classification américaine, le *DSM*[9], elle l'omet tout simplement. C'est dire à quel point la psychiatrie est désarmée devant ces personnes qui ne viennent jamais consulter, qui n'admettent pas qu'elles sont malades et qui souvent deviennent la risée – ou l'horreur – du quartier. Un dévoilement brutal de leurs mensonges peut parfois entraîner des réactions d'une violence extrême. C'est ainsi qu'un de mes patients, carabine en main, transforma mon service en Fort Chabrol le jour où une infirmière, par inadvertance, dévoila le pot aux roses en tombant sur un papier qui traînait près de sa table de nuit et qui révélait qu'il n'avait jamais été marié et n'était donc ni veuf ni en deuil de sa fillette. Je me souviens qu'à chaque visite les regards des soignants étaient captés, fascinés par les photos des deux disparues, dans leurs cadres pieusement barrés d'un ruban de crêpe noir. Cette histoire m'avait tellement sidéré que je l'ai racontée dans ma thèse de médecine où elle a également sidéré les membres du jury.

L'ordonnance

Il n'y en a pas, et pour cause, puisque ce n'est pas vraiment une maladie, mais un trouble du comportement ou de la personnalité, et que de toute manière ces personnes ne frappent jamais à la porte du cabinet du psychiatre, à moins d'y être légalement contraintes bien sûr.

8. *CIM* : *Classification internationale des maladies* de l'OMS.
9. *DSM* : *Manuel statistique et diagnostic des troubles mentaux* de l'Association américaine de psychiatrie (APA).

Il n'existe aucun médicament, sauf en cas de dangerosité, aucune psychothérapie car les mythomanes, ces (pas toujours) doux rêveurs, ne viennent jamais ou presque demander de l'aide à un psychothérapeute.

Autant le délirant est amélioré par les antipsychotiques, le menteur par la punition, voire par la justice, autant le mythomane est hors champ. J'ai moi-même été victime de trois mythomanes au cours de ma vie, dont un dans un cadre professionnel, et il m'a fallu des années pour m'en apercevoir, tant ils peuvent se montrer convaincants. Sans compter que les mythos se doublent souvent d'escrocs !

La recommandation habituelle est de les amener à améliorer leur estime de soi. Du moins sur le papier. Quelle attitude avoir quand on s'aperçoit qu'un de ses proches invente tout le temps des histoires ?

- Faut-il systématiquement le contredire, lui prouver qu'il fabule ? C'est évidemment le réflexe que chacun peut avoir. C'est l'attitude de Sancho Panza. Et le moins que l'on puisse dire est que cela ne marche pas très bien. Le risque, en démontrant au mythomane qu'il ment, est de le pousser soit au suicide, soit à l'agression dans le pire des cas, soit encore à la rupture, le sujet allant mentir ailleurs. C'est d'ailleurs et heureusement le cas le plus fréquent. Don Quichotte se contente de ne pas croire son serviteur, ce manant !
- Faut-il faire semblant de le croire ? En aucun cas, car c'est le conforter dans sa déviance, l'enfoncer dans son symptôme.
- Pour ma part, ma position est de leur dire : « Tu me dis que tu as eu trois cancers qui ont miraculeusement guéri ; je respecte ta croyance mais je n'y adhère pas. Mais tu sais, cela ne m'empêche pas de penser que tu es quelqu'un de bien, malgré ta légère tendance à enjoliver la réalité. Sache en tout cas que tu n'as pas besoin de cela pour être aimé et même admiré. » À force de patience, de respect, le temps peut parfois jouer en faveur de la vérité.
- Une quatrième voie peut être imaginée : se dire que s'il est cru, c'est peut-être parce qu'il dévoile une autre vérité, à la manière d'une parabole. C'est très précisément la fonction du fou du roi, ce bouffon/conseiller qui était le seul dans l'entourage du monarque à pouvoir se permettre des railleries pleines de sens. Dans son livre, *Le roi n'avait*

pas ri[10], Guillaume Meurice raconte comment Triboulet, le plus célèbre de tous les fous du roi, a failli être exécuté pour être allé trop loin. Pensez donc, se moquer de la favorite ! Le résumé de l'ouvrage pose bien le problème : « Triboulet fut le difforme et volubile bouffon de Louis XII et de François Ier. À travers sa vie de frasques et de facéties, il testait à chaque instant les limites de sa liberté. Jusqu'à la blague de trop. Le pouvoir tolère-t-il vraiment le rire ? Lorsqu'elle est permise par un roi, l'irrévérence vaut-elle révérence ? » La seule bonne attitude pour le psy comme pour son service, pour le citoyen comme pour la société où il vit est de se poser la question : pourquoi y ai-je cru ? Qu'est-ce que cela dit de moi ? Pourquoi la France a-t-elle suivi les extravagances du général Boulanger, l'Allemagne celles de Hitler, la Russie celles de Poutine ? Don Quichotte, Münchhausen, ces deux grands mythomanes, ne dévoilent-ils pas *in fine* la vérité vraie... grâce à leurs fantasmes ?

10. Guillaume Meurice, *Le roi n'avait pas ri*, J.-C. Lattès, 2021.

CHAPITRE 5

Vertige borderline dans *Le Diable au corps* de Raymond Radiguet

Le Diable au corps *(1923)*

Pendant la Première Guerre mondiale, un lycéen rencontre une jeune fille de l'entourage familial, Marthe, légèrement plus âgée, déjà fiancée et bientôt mariée à un soldat envoyé en première ligne. Ils se plaisent, ils sont amants, et cette histoire d'amour, à l'arrière du front, fait scandale. Loin des représentations de l'âge tendre, le jeune garçon, pourtant amoureux, s'avère aussi très dur...

Incipit

> Je vais encourir bien des reproches. Mais qu'y puis-je ? Est-ce ma faute si j'eus 12 ans quelques mois avant la déclaration de la guerre ? Sans doute, les troubles qui me vinrent de cette période extraordinaire furent d'une sorte qu'on n'éprouve jamais à cet âge ; mais comme il n'existe rien d'assez fort pour nous vieillir malgré les apparences, c'est en enfant que je devais me conduire dans une aventure où déjà un homme eût éprouvé de l'embarras. Je ne suis pas le seul. Et mes camarades garderont de cette époque un souvenir qui n'est pas celui de leurs aînés. Que ceux déjà qui m'en veulent se

représentent ce que fut la guerre pour tant de très jeunes garçons : quatre ans de grandes vacances.

Peu après leur « première fois » :

> J'étais ivre de passion. Marthe était à moi ; ce n'est pas moi qui l'avais dit, c'était elle. Je pouvais toucher sa figure, embrasser ses yeux, ses bras, l'habiller, l'abîmer, à ma guise. Dans mon délire, je la mordais aux endroits où sa peau était nue, pour que sa mère la soupçonnât d'avoir un amant. J'aurais voulu pouvoir y marquer mes initiales. Ma sauvagerie d'enfant retrouvait le vieux sens des tatouages. Marthe disait : « Oui, mords-moi, marque-moi, je voudrais que tout le monde sache. »

Marthe est enceinte, la situation devient intenable. Le couple s'échappe pour passer une nuit à l'hôtel à Paris, mais le jeune amant trop pudique n'ose pas demander une chambre pour deux, et l'escapade tourne au fiasco. Ils renoncent, reviennent sur leurs pas, et la jeune femme s'épuise dangereusement.

> Tout à l'heure, mon idée fixe de fuir ces hôtels où je menais Marthe de force m'empêchait de penser à elle. Maintenant, je la regardais, la pauvre petite. Je retins mes larmes et quand elle me demanda où nous chercherions un lit, je la suppliais de ne pas en vouloir à un malade et de retourner sagement elle à J…, moi chez mes parents. Malade ! sagement ! elle fit un sourire machinal en entendant ces mots déplacés.
> Ma honte dramatisa le retour. Quand, après les cruautés de ce genre, Marthe avait le malheur de me dire : « Tout de même, comme tu as été méchant », je m'emportais, la trouvais sans générosité. Si, au contraire, elle se taisait, avait l'air d'oublier, la peur me prenait qu'elle agît ainsi parce qu'elle

me considérait comme un malade, un dément. Alors, je n'avais de cesse que je ne lui eusse fait dire qu'elle n'oubliait point, et que, si elle me pardonnait, il ne fallait pas cependant que je profitasse de sa clémence ; qu'un jour, lasse de mes mauvais traitements, sa fatigue l'emporterait sur notre amour, et qu'elle me laisserait seul. Quand je la forçais à me parler avec cette énergie, et bien que je ne crusse pas à ses menaces, j'éprouvais une douleur délicieuse, comparable, en plus fort, à l'émoi que me donnent les montagnes russes. Alors, je me précipitais sur Marthe, l'embrassais plus passionnément que jamais.

– Répète-moi que tu me quitteras, lui disais-je, haletant, et la serrant dans mes bras, jusqu'à la casser.

Soumise, comme ne peut même pas l'être une esclave, mais seul un médium, elle répétait, pour me plaire, des phrases auxquelles elle ne comprenait rien. Cette nuit des hôtels fut décisive, ce dont je me rendis mal compte après tant d'autres extravagances. Mais si je croyais que toute une vie peut boiter de la sorte, Marthe, elle, dans le coin du wagon de retour, épuisée, atterrée, claquant des dents, *comprit tout*. Peut-être même vit-elle qu'au bout de cette course d'une année, dans une voiture, follement conduite, il ne pouvait y avoir d'autre issue que la mort.

(Raymond Radiguet, éditions Bernard Grasset, 1923.)

Aux extrémités d'un amour borderline

La Grande Guerre, « quatre ans de grandes vacances » ? Scandale ! Quand le roman paraît en 1923, la France vient de perdre au moins un million et demi de personnes (militaires et civils confondus), elle compte trois fois plus de blessés : les premières lignes du récit ont de quoi choquer. Le pays est toujours en deuil et le Bloc national républicain, très conservateur, est au pouvoir. On supporte mal la moindre désinvolture envers les braves qui ont connu le « feu ». Mais l'heure est aussi aux Années folles et à la transgression, comme sursaut de vitalité contre une autre folie, celle de la guerre, justement. Ce pied de nez à la barbarie est peut-être ce qui plaît toujours. Au risque de la cruauté ? Celle-ci pourrait aussi fasciner...

C'est par cette insoutenable légèreté, en total décalage avec la gravité de la situation, que s'ouvre donc le premier roman de Raymond Radiguet, qui a lui-même traversé la guerre depuis l'arrière du fait de son jeune âge et a fréquenté une femme, également fiancée à un soldat, tout comme son héroïne. Confession d'une suprême trahison ? L'auteur s'en est toujours défendu et, dès la première phrase, le narrateur assume les reproches inévitables. Il va même jusqu'à excuser sa conduite par son âge, les circonstances, un désordre presque pathologique évoquant ses « troubles ». Dans un élan quasi pédagogique, il souligne la fracture générationnelle qui divise la France, opposant les jeunes épargnés aux aînés marqués par la guerre, et invite ses détracteurs à prendre la mesure du point de vue des premiers.

L'entreprise pourrait relever de la fanfaronnade. Il n'est effectivement jamais question de remords au fil des pages, comme le regrette l'écrivain et ancien combattant Roland Dorgelès, saluant le brio littéraire de l'œuvre mais condamnant l'absence de cœur et de morale. Et le scandale est ici multiple d'entrée de jeu. La dimension presque contre nature de l'histoire est annoncée dès ce premier paragraphe, où l'on devine un enfant doté d'un sexe d'adulte. La précocité y est présentée sous un jour monstrueux, diabolique, comme le laisse entendre le titre du livre. Si l'on admet aujourd'hui la sexualité des adolescents, dont le premier rapport se situe vers 17 ans en moyenne, donc plus tôt pour une minorité non négligeable, la frontière floue entre le monde de l'enfance et celui des adultes, entretenue par une légère différence d'âge des protagonistes, continue de gêner. Mais, à l'époque, c'est la dimension adultérine qui scandalise plus encore. Comment une femme peut-elle tromper son mari parti défendre la France ? Quand l'adaptation du roman par Claude Autant-Lara sort au cinéma en 1947, peu après la Seconde Guerre mondiale, une génération plus tard, une partie du public condamne toujours avec la même vigueur les deux amants, et en particulier la conduite de Marthe. C'est l'époque de la chanson *J'attendrai*, lancée juste avant le conflit armé, qui a bercé d'espoir beaucoup de prisonniers et de soldats retenus loin de chez eux : « J'attendrai / Le jour et la nuit / J'attendrai toujours / Ton retour… »

« Je suis Pénélope » était même le slogan de la France de l'époque !

Une stupéfiante cruauté inquiète plus sûrement de nos jours. Car c'est avec le même détachement apparent et un esprit manipulateur, pour ne pas dire pervers, que le narrateur rapporte son histoire d'amour, qui se termine par la mort de sa maîtresse, mère de son enfant. La démarche est d'abord caractérisée par la déshumanisation des personnages. Alors que le héros n'est jamais nommé, Marthe devient son objet, une poupée désincarnée qu'il habille et déshabille, morcelle (figure, yeux, bras), et peut même abîmer sans état d'âme, comme l'illustre si bien le deuxième extrait. Les jeux de l'enfance ne sont pas loin, mais leur transposition dans une sexualité adulte est dissonante. Comme un enfant, il finit par casser son jouet, presque par curiosité et sans pouvoir dompter ses désirs contradictoires, ses caprices. Mais c'est une vie qu'il brise, sans en avoir bien conscience sur le moment, et toujours avec peu de remords au moment où les faits sont rapportés.

L'épisode de la nuit d'hôtel avortée est, dans ce sens, emblématique. Le personnage joue toutes les émotions à la fois – la peine, la colère, le désir passionné, etc. –, éprouvées tour à tour et rapportées en quelques lignes très denses pour mieux saisir l'intensité de la scène et sa folie. Car c'en est une : le terme « malade » est plusieurs fois répété et celui de « dément » est lâché. C'est une image, dans le sens où le personnage est loin de perdre pied avec la réalité, tandis que la jeune femme, lucide, dénonce sa pure méchanceté, sa cruauté, même. L'horreur vient du plaisir du jeune homme qui savoure les vertiges émotionnels avec délice, et l'image des « montagnes russes » est bien choisie. Il a besoin de passer des sommets lumineux aux profondeurs, d'éprouver la peur de la perte pour mieux s'attacher à Marthe et va jusqu'à créer la distance pour le plaisir de la vaincre. Il ne demande pas à la maîtresse de l'aimer, mais de le quitter un jour pour être sûr de ne pas être en mesure de rompre lui-même. Elle ne peut le comprendre, elle sent seulement qu'elle se perd elle-même, qu'il ne peut « y avoir d'autre issue que la mort ». *Le Diable au corps* s'impose bel et bien comme un roman d'éducation antisentimentale.

Quelle étrange « maladie » saisit donc le jeune amant pour se nourrir d'autant de noirceur ? Une tendance pathologique à la perversité ? Elle est tangible, en particulier dans la scène du « viol facile » de Svéa (une amie de Marthe), étonnamment peu commentée par la critique et devenue insoutenable au regard de la notion contemporaine de consentement. Mais l'interprétation est trop facile et le roman n'est pas non plus qu'un livre sans cœur, quoi qu'on en dise. Le personnage n'est pas insensible et devient réellement amoureux. Il s'évanouit aussi devant la scène inaugurale du suicide de « la folle » au début du roman et tombe en syncope en apprenant la mort de Marthe, dans une belle construction en miroir. Et, là encore, peut-être par excès de pudeur, il semble chercher une excuse à un sentiment qui pourrait trahir une fragilité : « Parce que mon père pleurait, je sanglotais. » Mais il en meurt symboliquement, terrassé par la nouvelle du décès comme par la foudre, et plus encore par l'éclair de lucidité sur son aventure : « Comme une seconde déroule aux yeux d'un mourant tous les souvenirs de son existence, la certitude me dévoila mon amour avec tout ce qu'il avait de monstrueux. »

Prémonition ? C'est la mort bien réelle qui frappe l'auteur, Raymond Radiguet, à 20 ans, emporté par la typhoïde seulement quelques mois après la parution du roman. Et comme par une troublante mise en abîme, le livre à scandale est en lui-même une aventure sulfureuse et tragique. Pour la première fois dans l'histoire de l'édition, la sortie a été savamment orchestrée par la maison Grasset avec un clip présenté aux actualités dans les salles de cinéma. La presse n'aime pas être ainsi orientée à coups de publicité, avant même la lecture de l'œuvre, mais beaucoup de lecteurs s'inclineront malgré tout devant sa qualité et le livre devient vite un best-seller. On parle bientôt de « bébé Cadum des lettres » et Radiguet se défend en écrivant dans *Les Nouvelles littéraires* (1923) : « Sans doute, dans le cas présent, il y a quelque gêne pour l'auteur à se voir changé en enfant prodige. Mais (qu'on pardonne ma hardiesse) la faute n'en est-elle pas à tous ceux qui veulent voir un miracle, pour ne pas dire une monstruosité, dans ces mots bien inoffensifs : un roman écrit à 17 ans. » Tout en se dédouanant, il tire toujours le fil rouge de cette anormalité, par l'image omniprésente du monstre sous sa plume, qui fascine, séduit irrésistiblement, vampirise. Il n'en faut pas davantage pour faire de lui une icône sulfureuse, un mythe de son vivant, hissé au rang d'un Rimbaud, et plus encore après sa mort, aussi précoce que son talent.

Diagnostic du psychiatre

LA BRIDE SUR LE COU

Freud, jamais avare de provocations parfois peu fondées mais souvent célèbres, a décrit l'enfant comme un « pervers polymorphe ». En réalité, pour les puristes, il a réellement écrit que l'enfant est « prédisposé à être un pervers polymorphe. L'enfant ne se comporte pas en cela autrement que, par exemple, la femme moyenne n'ayant pas été touchée par la culture, chez qui subsiste la même prédisposition perverse polymorphe. Cette femme peut, dans les conditions habituelles, rester sexuellement à peu près normale ; sous la conduite d'un habile séducteur, elle prendra goût à toutes les perversions et les conservera dans son activité sexuelle[1] ».

1. Sigmund Freud, *Œuvres complètes*, PUF, 2006, t. V, p. 127.

Décidément, le bon Sigmund a eu beaucoup de chance de ne pas avoir été contemporain de #MeToo ! Il est probable, dans ces conditions, que s'il avait dû analyser à ma place le comportement de Raymond Radiguet, le maître viennois aurait accablé Marthe en l'accusant de toutes les turpitudes dont celle de détournement de mineur et – forcément – de réalisation d'un abominable inceste à la manière d'Œdipe. Mais là n'est pas la question car le plus troublant de l'histoire est l'incroyable confusion qui existe entre François (comme il est nommé dans le film d'Autant-Lara), le narrateur, et son créateur Raymond Radiguet ; on ne peut manquer d'en être troublé. Raymond, comme François, a donc été un enfant pourvu d'un pénis d'adulte et a entamé une liaison adultérine et scandaleuse avec sa préceptrice mariée dont l'époux était au front, profitant des « grandes vacances » de 1914-1918.

Pourquoi qualifier ainsi cette boucherie ? Tout simplement parce que ce fut une période (parfois) bénie pour les jeunes ados, en pleine révolte œdipienne puisque tous les pères étaient loin, au front, et ne pouvaient donc rien imposer ni interdire quoi que ce soit. Vive la liberté ! L'expression « diable au corps » décrit les enfants qui n'arrêtent pas de bouger et de transgresser. Dans ce cas, l'absence généralisée en 1914-1918 de toutes les figures d'autorité pour des enfants laissés à la garde de mères éplorées, dans l'attente permanente du courrier funeste apportant la nouvelle de la mort du mari, du fils, du père, a dû en effet être un sacré espace de liberté à une époque où le paternalisme était la règle et où le martinet se déchaînait promptement sur les fesses des gamins récalcitrants. Même si François a la chance d'avoir son père à ses côtés, celui-ci n'assure à aucun moment son rôle d'encadrement et joue plutôt sur une certaine connivence. De fait, un père *mou*, *inconsistant*, se révèle souvent plus toxique qu'un père lointain, au front, mais bien présent dans la tête de la mère.

Et que fait-on pendant les grandes vacances quand on est un adolescent épris de liberté ? On explore son corps et celui de l'autre : tout est jeu puisque rien n'est interdit grâce à la guerre. Chez notre héros, ce jeu devient vite angoissant car Marthe, elle, est vraiment amoureuse. Oui mais voilà, François est encore trop petit dans sa tête pour avoir la capacité de se mettre à la place de l'autre. Il joue, joue, joue, jusqu'à casser son jouet. Et comme un sale gamin, c'est au moment où son jouet est irrémédiablement brisé qu'il s'en désole jusqu'à la pâmoison.

François est-il malade ? Je n'en suis pas sûr. Pourtant un diagnostic est possible, celui de l'enfant précoce autrefois appelé surdoué et aujourd'hui classifié HPI (haut potentiel intellectuel), diagnostic particulièrement tendance par les temps qui courent.

On ne sait malheureusement rien de son comportement en maternelle ou en primaire, ce qui rend aléatoire mon approche. Néanmoins, on peut affirmer qu'à 15 ans François comme Raymond emploient (trop tôt) un vocabulaire riche, précis et des phrases bien construites, à la syntaxe formidablement élaborée pour leur âge. La curiosité des enfants précoces est orientée vers les sujets des grands. Ils éprouvent des difficultés à se socialiser et se montrent hypersensibles. Un roman d'une telle intensité à 19 ans, cela paraît pour le moins improbable et pourtant ! L'histoire de François démontre une précocité sexuelle hors du commun avec une étonnante capacité à séduire, le tout combiné à une maturité affective de 15 ans, comme quand il n'ose pas demander à l'hôtelier une chambre pour deux. Joe Dassin a joliment décrit cette gêne adolescente dans *Il était une fois nous deux* : « Un motel sur la route du port, un soir banal / [...]. Il nous tend à chacun une clé, nous dit "bonsoir". / Le matin on avait réservé des chambres à part. / On n'ose pas montrer qu'on s'aime à 18 ans à peine. »

On pourrait même aller jusqu'à parler de dysharmonie évolutive avec des secteurs psychiques, affectifs, intellectuels qui ont grandi beaucoup plus vite que d'autres plus sociaux. Et pourtant !

François est immature, tout au plus. Dans mes moments de nostalgie, il me plaît de me rappeler mes malheureuses petites amies comme on disait alors, ces flirts Kleenex que je faisais souffrir avec cruauté et délectation, un peu comme ces mouches dont on arrache les ailes quand on a 5 ans, sans imaginer une seconde qu'elles pouvaient avoir mal. François, qui sait, a peut-être grandi dans la suite non écrite du roman, contrairement à Raymond qui lui n'en a pas eu le temps. Alors finalement, je conclurai en disant que François était un gamin normal de 15 ans, embarqué dans une histoire qui le dépassait, et à qui la guerre et la carence d'un père porteur d'interdit avaient laissé la bride sur le cou.

L'ordonnance

(Sur)vivre...

CHAPITRE 6

Le piège narcissique : Laclos et les liaisons dangereusement perverses

Les Liaisons dangereuses *(1782)*

Ce roman épistolaire est constitué d'un échange de lettres entre la marquise de Merteuil et son ex-amant, le vicomte de Valmont principalement, ainsi qu'avec leur entourage et leurs proies : la très jeune Cécile de Volanges, promise à un ennemi des deux premiers protagonistes, et bientôt maîtresse de Valmont ; la douce présidente de Tourvel finalement maîtresse de Valmont également ; le chevalier Danceny épris de Cécile mais amant de Merteuil... Quand les jeux de l'amour tournent à la guerre, dans les coulisses du monde impitoyable de la haute société.

Dans la lettre LXXXI, la marquise de Merteuil dénonce la condition infériorisante des femmes, mais démontre froidement à Valmont sa supériorité stratégique en amour.

> Que vos craintes me causent de pitié ! Combien elles me prouvent ma supériorité sur vous ! & vous voulez m'enseigner, me conduire ? Ah ! mon pauvre Valmont, quelle distance il y a encore de vous à moi ! Non, tout l'orgueil de votre sexe ne suffirait pas pour remplir l'intervalle qui nous

sépare. Parce que vous ne pourriez exécuter mes projets, vous les jugez impossibles ! Être orgueilleux & faible, il te sied bien de vouloir calculer mes moyens & juger de mes ressources ! Au vrai, vicomte, vos conseils m'ont donné de l'humeur, & je ne puis vous le cacher.

[...]

Et qu'avez-vous donc fait, que je n'aie surpassé mille fois ? Vous avez séduit, perdu même beaucoup de femmes : mais quelles difficultés avez-vous eues à vaincre ? Quels obstacles à surmonter ? Où est là le mérite qui soit véritablement à vous ? Une belle figure, pur effet du hasard ; des grâces, que l'usage donne presque toujours ; de l'esprit à la vérité, mais auquel du jargon suppléerait au besoin ; une impudence assez louable, mais peut-être uniquement due à la facilité de vos premiers succès ; si je ne me trompe, voilà tous vos moyens : car pour la célébrité que vous avez pu acquérir, vous n'exigerez pas, je crois, que je compte pour beaucoup l'art de faire naître ou de saisir l'occasion d'un scandale.

[...]

Croyez-moi, vicomte, on acquiert rarement les qualités dont on peut se passer. Combattant sans risque, vous devez agir sans précaution. En effet, pour vous autres hommes, les défaites ne sont que des succès de moins. Dans cette partie si inégale, notre fortune est de ne pas perdre, & votre malheur de ne pas gagner. Quand je vous accorderais autant de talents qu'à nous, de combien encore ne devrions-nous pas vous surpasser, par la nécessité où nous sommes d'en faire un continuel usage ?

[...]

En effet, ces liens réciproquement donnés & reçus, pour parler le jargon de l'amour, vous seul pouvez, à votre choix, les resserrer ou les rompre : heureuses encore, si dans votre légèreté, préférant le mystère à l'éclat, vous vous contentez d'un abandon humiliant, & ne faites pas de l'idole de la veille la victime du lendemain.

Mais qu'une femme infortunée sente la première le poids de sa chaîne, quels risques n'a-t-elle pas à courir, si elle tente de s'y soustraire, si elle ose seulement la soulever ? Ce n'est qu'en tremblant qu'elle essaie d'éloigner d'elle l'homme que son cœur repousse avec effort. S'obstine-t-il à rester, ce qu'elle accordait à l'amour, il faut le livrer à la crainte :

Ses bras s'ouvrent encor quand son cœur est fermé.

[...]

Sans doute vous ne nierez pas ces vérités que leur évidence a rendues triviales. Si cependant vous m'avez vue, disposant des événements & des opinions, faire de ces hommes si redoutables les jouets de mes caprices ou de mes fantaisies ; ôter aux uns la volonté de me nuire, aux autres la puissance de me nuire ; si j'ai su tour à tour, & suivant mes goûts mobiles, attacher à ma suite ou rejeter loin de moi

Ces tyrans détrônés devenus mes esclaves ;

si, au milieu de ces révolutions fréquentes, ma réputation s'est pourtant conservée pure, n'avez-vous pas dû en conclure que, née pour venger mon sexe & maîtriser le vôtre, j'avais su me créer des moyens inconnus jusqu'à moi ?

Ah ! gardez vos conseils & vos craintes pour ces femmes à délire, & qui se disent *à sentiment* ; dont l'imagination exaltée ferait croire que la nature a placé leurs sens dans leur tête ; qui n'ayant jamais réfléchi, confondent sans cesse l'amour & l'amant ; qui, dans leur folle illusion, croient que celui-là seul avec qui elles ont cherché le plaisir en est l'unique dépositaire ; &, vraies superstitieuses, ont pour le prêtre le respect & la foi qui ne sont dus qu'à la divinité.

[...]

Mais moi, qu'ai-je de commun avec ces femmes inconsidérées ? Quand m'avez-vous vue m'écarter des règles que

> je me suis prescrites, & manquer à mes principes ? je dis mes principes, & je le dis à dessein : car ils ne sont pas, comme ceux des autres femmes, donnés au hasard, reçus sans examen & suivis par habitude ; ils sont le fruit de mes profondes réflexions ; je les ai créés, & je puis dire que je suis mon ouvrage.
> Entrée dans le monde dans le temps où, fille encore, j'étais vouée par état au silence & à l'inaction, j'ai su en profiter pour observer & réfléchir. Tandis qu'on me croyait étourdie ou distraite, écoutant peu à la vérité les discours qu'on s'empressait de me tenir, je recueillais avec soin ceux qu'on cherchait à me cacher.
> [...]
> Je n'avais pas 15 ans, je possédais déjà les talents auxquels la plus grande partie de nos politiques doivent leur réputation, & je ne me trouvais encore qu'aux premiers éléments de la science que je voulais acquérir.
> Vous jugez bien que, comme toutes les jeunes filles, je cherchais à deviner l'amour & ses plaisirs : mais n'ayant jamais été au couvent, n'ayant point de bonne amie, & surveillée par une mère vigilante, je n'avais que des idées vagues & que je ne pouvais fixer ; la nature même, dont assurément je n'ai eu qu'à me louer depuis, ne me donnait encore aucun indice. On eût dit qu'elle travaillait en silence à perfectionner son ouvrage. Ma tête seule fermentait ; je n'avais pas l'idée de jouir, je voulais savoir ; le désir de m'instruire m'en suggéra les moyens.

Elle évoque peu après son mariage avec le marquis de Merteuil, son veuvage, sa liberté gagnée et la poursuite de son instruction :

> J'étudiai nos mœurs dans les romans ; nos opinions dans les philosophes ; je cherchai même dans les moralistes les plus

> sévères ce qu'ils exigeaient de nous, & je m'assurai ainsi de ce qu'on pouvait faire, de ce qu'on devait penser, & de ce qu'il fallait paraître. Une fois fixée sur ces trois objets, le dernier seul présentait quelques difficultés dans son exécution ; j'espérai les vaincre, & j'en méditai les moyens.

Elle entre ensuite en scène :

> Alors je commençai à déployer sur le grand théâtre les talents que je m'étais donnés. Mon premier soin fut d'acquérir le renom d'invincible. Pour y parvenir, les hommes qui ne me plaisaient point furent toujours les seuls dont j'eus l'air d'accepter les hommages. Je les employais utilement à me procurer les honneurs de la résistance, tandis que je me livrais sans crainte à l'amant préféré. Mais, celui-là, ma feinte timidité ne lui a jamais permis de me suivre dans le monde ; & les regards du cercle ont été, ainsi, toujours fixés sur l'amant malheureux.
> […]
> Descendue dans mon cœur, j'y ai étudié celui des autres. J'y ai vu qu'il n'est personne qui n'y conserve un secret qu'il lui importe qui ne soit point dévoilé : vérité que l'Antiquité paraît avoir mieux connue que nous, & dont l'histoire de Samson pourrait n'être qu'un ingénieux emblème. Nouvelle Dalila, j'ai toujours, comme elle, employé ma puissance à surprendre ce secret important. Eh ! de combien de nos Samson modernes ne tiens-je pas la chevelure sous le ciseau ? Et ceux-là, j'ai cessé de les craindre ; ce sont les seuls que je me sois permis d'humilier quelquefois.
>
> (Choderlos de Laclos.)

Une révolution narcissique, libératrice et destructrice

Depuis leur parution en 1782, *Les Liaisons dangereuses* ont conservé un parfum de scandale, entre la corruption (et le viol !) de la jeune Cécile de Volanges ; l'écriture si érotique d'une lettre à même le corps d'une courtisane servant de pupitre ; le machiavélisme destructeur des séducteurs et leur disgrâce, superbement mis en scène dans le film de Stephen Frears (1988). Roger Vadim en 1960, Milos Forman en 1989, Roger Kumble en 1999, et d'autres tout récemment sur Netflix, s'y sont aussi essayés dans des styles divers, car la noirceur des deux prédateurs principaux, allant jusqu'à s'entre-dévorer, excite toujours notre curiosité contemporaine. Jusqu'où peut-on bien aller pour servir son orgueil, son ego, sa soif de toute-puissance, son plaisir et surtout celui de nuire… dans le but de se libérer, de *s'émanciper* comme on dirait aujourd'hui ? D'exister, tout simplement ? L'art de régner par la séduction est une science dont la marquise de Merteuil livre les secrets dans cette lettre LXXXI, à mi-parcours de l'échange épistolaire.

Plus qu'une simple lettre, il s'agit d'un autoportrait en surplomb de la marquise, qui n'appelle pas de réponse et n'amène aucun rebondissement dans l'intrigue, mais nourrit la dimension psychologique, politique et philosophique du roman. Alors que Valmont vient de l'inviter à la prudence dans une affaire de séduction parallèle et joue les protecteurs, Merteuil le remet à sa place et dévoile son arsenal pour prendre l'avantage sur lui, sur tous les hommes… et même sur les femmes, afin d'affirmer son règne solitaire.

Elle commence par le tenir à distance en soulignant « l'intervalle qui [les] sépare », en le rabaissant et en l'infantilisant sur le ton du sermon pour mieux le neutraliser. Elle oppose la petitesse du vicomte (« pitié », « orgueilleux et faible ») à sa propre grandeur (« ma supériorité », « invincible », « ma puissance »). Et comme dans beaucoup d'autres lettres, la marquise s'appuie également sur une rhétorique guerrière – chère à l'auteur militaire –, un champ lexical du combat (« vaincre », « obstacles », « combattants », « défaites ») et du jeu (« jouets de mes caprices ou de mes fantaisies »). D'un jeu de l'amour bien cruel, dont le seul but est de vaincre, plus que de jouir ; ou de jouir parce que l'on gagne une bataille réduisant l'autre à néant. Serait-elle le mal incarné ? Merteuil l'a déjà assumé dès le début du roman, dans la lettre V, s'amusant de ce que l'on pourrait penser de ses stratagèmes : « Il m'appellerait perfide, et ce mot de perfide m'a toujours fait plaisir ; c'est, après celui de cruelle, le plus doux à l'oreille d'une femme, et il est moins pénible à mériter. »

C'est l'une des dimensions de l'œuvre qui scandalise à l'époque : rendre compte du mal dans le plaisir. « Pour la première fois, dans la lumière indiscrète que ces lettres projettent sur les secrets d'alcôve, ce qui peut se cacher sous l'apparente complicité de l'amour-goût, sous l'escrime de l'homme ou de la femme, du désir et de la coquetterie, révélait sa vraie nature : l'érotisme. Les êtres croyaient rechercher des plaisirs, sinon innocents, du moins sans danger, des plaisirs “à fleur de peau” ; l'homme et la femme s'imaginaient, dans ce jeu traditionnel de l'attaque et de la défense, communier dans le goût du plaisir tout en donnant satisfaction aux apparences ; et Laclos leur apprenait, avec une évidence inconnue avant lui, la gravité et la cruauté de ce jeu, tout ce qui peut y entrer de volonté d'humilier et de contraindre », analyse l'universitaire Jean-Luc Seylaz[1]. Certes, Laclos n'a sûrement pas inventé cette forme sombre de l'érotisme, mais il a été pionnier dans sa façon de la mettre en scène dans un livre destiné à un public, à la fois large et de qualité. Bien sûr, on pressent déjà Sade, qui publiera quelques années plus tard, en 1791, son premier roman érotique, *Justine ou les Malheurs de la vertu*.

Le fait qu'une femme tire ici les ficelles de l'intrigue et que sous son influence de quasi-enfants tombent dans la concupiscence choque plus encore, à mille lieues de l'idéal de pureté et de candeur. La marquise de Merteuil fait ainsi figure d'antihéroïne d'un nouveau genre. Ayant décidément tout de la femme perverse, qui domine en ne perdant jamais la face, elle règne au cœur du monde impitoyable de la haute société du paraître, où la dignité et la vertu sont les seules monnaies d'échange de la gent féminine. Elle décline sa stratégie pour choisir ses amants sans s'exposer, trouver leur point de fragilité et les mettre à terre, triompher de « ces tyrans détrônés devenus [ses] esclaves » et paraître toujours invaincue pour être adulée. Et ce n'est pas seulement par rouerie, mais par nécessité, pour survivre, naître et exister en tant que femme libre. *Struggle for life !* Elle le fait avec la rage d'une Dalila,

1. Jean-Luc Seylaz, *Les Liaisons dangereuses et la Création romanesque chez Laclos*, Droz, 1965, cité dans Jean-Luc Faivre et Johan Faerber, *Les Liaisons dangereuses. Profil d'une œuvre*, Hatier, 2008.

dont la référence biblique élève le personnage au rang de mythe féminin, au-delà des particularités de l'intrigue.

C'est là que le roman prend une dimension sociologique et politique révolutionnaire, encore très moderne. Poussant le narcissisme à son comble, la marquise revendique ainsi sa libération par son autoengendrement. Ne roulant que pour elle, elle ne dépend ni de Dieu ni des hommes : « Je puis dire que je suis mon ouvrage. » On peut y voir un acte de naissance de l'individualisme contemporain, qui rend chacun responsable de son bonheur aujourd'hui, à tout prix, ainsi qu'un texte fondateur du féminisme. Le récit de sa jeunesse en témoigne : elle se construit en s'affranchissant des chaînes qui entravent les femmes de son temps ; et significativement, un an seulement après la parution des *Liaisons dangereuses*, Laclos prolongera cette lettre-manifeste d'un discours politique en tant que tel, intitulé *Quels seraient les meilleurs moyens de perfectionner l'éducation des femmes ?*

> Ô femmes, approchez et venez m'entendre ! Que votre curiosité, dirigée une fois sur des objets utiles, contemple les avantages que vous avait donnés la nature et que la société vous a ravis. Venez apprendre comment, nées compagnes de l'homme, vous êtes devenues son esclave ; comment, tombées dans cet état abject, vous êtes parvenues à vous y plaire, à le regarder comme votre état naturel ; comment enfin, dégradées de plus en plus par votre longue habitude de l'esclavage, vous en avez préféré les vices avilissants, mais commodes, aux vertus plus pénibles d'un être libre et respectable. Si ce tableau fidèlement tracé vous laisse de sang-froid, si vous pouvez le considérer sans émotion, retournez à vos occupations futiles. Le mal est sans remède, les vices

> se sont changés en mœurs. Mais si au récit de vos malheurs et de vos pertes, vous rougissez de honte et de colère, si des larmes d'indignation s'échappent de vos yeux, si vous brûlez du noble désir de ressaisir vos avantages, de rentrer dans la plénitude de votre être, ne vous laissez plus abuser par de trompeuses promesses, n'attendez point les secours des hommes auteurs de vos maux : ils n'ont ni la volonté ni la puissance de les finir, et comment pourraient-ils vouloir former des femmes devant lesquelles ils seraient forcés de rougir ? Apprenez qu'on ne sort de l'esclavage que par une grande révolution. Cette révolution est-elle possible ? C'est à vous seules à le dire puisqu'elle dépend de votre courage.

À l'instar de ce discours de Laclos, sur la scène explicitement politique, la marquise de Merteuil mène déjà cette révolution dans sa lettre à Valmont et dénonce ces femmes esclaves des hommes, écervelées, aveuglées par leurs sens et leurs sentiments, résignées à leur sort. À l'opposé, elle incarne celle qui fait le choix de l'esprit scientifique, qui étudie froidement son monde et agit méthodiquement avec les hommes pour s'en affranchir et les asservir. De quoi faire de ce roman épistolaire un pur produit des Lumières, doublement opposé à l'idéal d'ordre et d'honnêteté du XVIIe siècle, comme à la sensibilité romantique déjà annoncée par Rousseau, soit un texte qui bouscule profondément l'ordre social, à la veille des événements de 1789. Ce n'est pas un hasard si le mot « révolution » est lâché par Laclos dans le roman comme dans son discours politique. L'appel à cette révolution féministe pourrait aussi préfigurer la grande Révolution en tant que telle. Et tout comme Merteuil démontre à Valmont que les hommes ne doivent leur supériorité qu'à leur statut dans une société patriarcale, Beaumarchais a déjà souligné, quatre ans plus tôt, que les nobles se donnent tout juste la peine de naître pour dominer. Le talent et le mérite reviennent à ceux qui se libèrent eux-mêmes, affirme Figaro : « Parce que vous êtes un grand seigneur, vous vous croyez un grand génie !... Noblesse, fortune, un rang, des places, tout cela rend si fier ! Qu'avez-vous fait pour tant de biens ? Vous vous êtes donné la peine de naître, et rien de plus. Du reste, homme assez ordinaire ; tandis que moi, morbleu ! perdu dans la foule obscure, il m'a fallu déployer plus de science et de calculs pour subsister seulement, qu'on n'en a mis depuis cent ans à gouverner toutes les Espagnes[2]. »

La libération des femmes – et plus tard du tiers état – justifie-t-elle tous les moyens ? Comme les révolutions emportent souvent tout sur leur passage, la marquise entraîne son monde dans sa chute. Son narcissisme et sa perversité disloquent ses adversaires et poussent Madame de Tourvel à la folie, à la mort, après sa rupture avec Valmont, qui lui-même périt dans un duel suicidaire avec Danceny, tandis que Cécile de Volanges se retire chez les sœurs. Par effet boomerang, son pouvoir de nuisance semble finalement se retourner contre elle-même : elle se voit défigurée par la petite vérole et ruinée à la suite de procès perdus. Cette fin tragique du roman tend à condamner moralement la perversité des protagonistes et l'auteur revendique officiellement une dimension édificatrice de son œuvre en dénonçant les dangers de la corruption dans sa préface : « C'est rendre un service aux mœurs que de

2. Pierre-Augustin Caron de Beaumarchais, *Le Mariage de Figaro*, 1778, acte V, scène 3.

dévoiler les moyens qu'emploient ceux qui en ont de mauvaises pour corrompre ceux qui en ont de bonnes. » Tout rentrerait dans l'ordre social établi. Ou presque. Dans son avertissement, l'éditeur de l'époque ne croit même pas à ces punitions en cascade : « Nous ne voyons point, aujourd'hui, de Demoiselle avec 60 000 livres de rente se faire Religieuse, ni de Présidente, jeune et jolie, mourir de chagrin. » Pendant ce temps, la marquise, certes déchue, s'enfuit en Hollande… où les *Liaisons* ont justement été publiées. Une manière d'en faire fictivement l'auteur des mémoires de Valmont, comme elle l'avait d'ailleurs elle-même annoncé au détour d'une lettre, et de rester une femme de tête ? Elle a montré une voie de libération dans l'outrance et reste une femme libre, bien que narcissiquement blessée. Pour Seylaz, « aussitôt que l'intelligence cesse d'être contemplative, désintéressée, qu'elle prétend agir sur les êtres, elle est contrainte de mettre en œuvre des forces qu'elle sera finalement impuissante à maîtriser, mais sans lesquelles elle n'aurait pas de prise sur autrui. De plus, dans un monde qui refuse la charité, et dans lequel l'intelligence ne veut s'exercer que pour elle-même, pour sa propre satisfaction, il n'y a pas de place pour deux exigences totalitaires et l'intelligence dominatrice ne peut finalement que se heurter à elle-même (et tel est sans doute le motif profond qui a poussé Laclos à inventer le couple Valmont-Merteuil)[3] ». Quand le narcissisme le plus extrême n'exclut pas seulement l'altruisme, mais toute altérité, il ne reste plus de place qu'au nihilisme et à l'autodestruction. À la folie ? La marquise pourrait ainsi

3. Jean-Luc Seylaz, *Les Liaisons dangereuses et la Création romanesque chez Laclos*, *op. cit.*

avoir incarné non seulement l'invention du sujet moderne, de la femme contemporaine, mais aussi du trouble narcissique, donnant à l'œuvre une dimension psychopathologique. Chez Shakespeare, les fous sont fous au sens où ils perdent contact avec la réalité commune et déraisonnent. Chez Laclos, on assiste plutôt au délire de la raison. À condamner ? À guérir. Et à partir de quand le mal se fait-il maladie ?

Bien loin d'une telle fuite en avant, sans issue, il nous revient d'apprendre à nous libérer d'un joug sans faire des tyrans d'hier nos esclaves. Pour être – à terme – en mesure de grandir ensemble…

Diagnostic du psychiatre

UNE FÉMINISTE AU XVIIIe SIÈCLE

Si j'étais bouddhiste ou hindouiste, donc adepte de la métempsycose, je gagerais que la belle marquise se réincarnerait en militante #MeToo, style Simone de Beauvoir, tant le modernisme féministe de ce texte est frappant. Comme à l'époque des *Liaisons dangereuses*, les femmes étaient inféodées, soumises au désir des hommes ; l'on pourrait, en poussant un peu, voir dans la séduisante aristocrate proclamant son autoengendrement les prémices du MLF et même la fin de l'esclavage. Si je voulais aller encore plus loin dans la caricature, j'irais jusqu'à dire que Madame de Merteuil annonce une Tarana Burke et une Rose McGowan, et Valmont, un Weinstein dénoncé comme un abuseur bestial par #balancetonporc.

Certains hommes pourraient se sentir humiliés et rabaissés par le triomphe de Madame de Merteuil. Comment faire pour trouver une réaction un peu moins épidermique, un peu plus objective ? Moins sexiste en un mot. Je n'ai pas la réponse, mais peux promettre que je vais essayer de mon mieux.

Un point essentiel concerne la maltraitance féminine parfaitement analysée par la marquise de Merteuil : « S'obstine-t-il à rester, ce qu'elle accordait à l'amour, il faut le livrer à la crainte : ses bras s'ouvrent encor quand son cœur est fermé. » De nos jours encore, de très nombreuses femmes vivant dans la terreur cèdent aux avances de leur conjoint non par amour, mais par peur. C'est plus que de la maltraitance, c'est du viol. D'autres sont battues pendant des années sans jamais porter plainte ni même protester. Avant de rejoindre parfois la liste des femmes tuées par leur conjoint, même quand elles avaient appelé à l'aide. Le psychiatre est bien placé pour témoigner de cette réalité car il les rencontre dans ses consultations.

En revanche, le moyen qu'a trouvé Madame de Merteuil pour contrer la violence masculine nous oblige à dépasser l'analyse sociologique et à changer de terrain. Car le problème ne se limite pas à un conflit de genre : il a aussi une dimension psychiatrique. Il relève du registre de la mégalomanie narcissique : « Je suis mon ouvrage. » Dans cette phrase, la marquise fait plus que se battre au sens d'une self-made-woman : dans le contexte, la formule évoque un élan de toute-puissance confondante. Dans son esprit, les hommes en général, Valmont en particulier, deviennent des choses dont on peut user à sa guise. « Pour y parvenir, les hommes qui ne me plaisaient point furent toujours les seuls dont j'eus l'air d'accepter les hommages. Je les employais utilement à me procurer les honneurs de la résistance, tandis que je me livrais sans crainte à l'amant préféré. » La marquise a inventé l'homme-objet et peu lui chaut ce que peuvent ressentir ses victimes. Elle va même jusqu'à invoquer Dalila comme modèle tout en étant parfaitement consciente que cette héroïne biblique, avec ses ciseaux, n'a pas coupé que les cheveux du malheureux Samson, caricature de la montagne de muscles affligée d'un petit cerveau. Ici, nous nous situons en plein dans le registre de la manipulation perverse puisque notre séduisante marquise, sans vergogne aucune, envoie à la mort ou au couvent ses victimes féminines et condamne son complice/rival Valmont au duel suicidaire.

Faire du mal à autrui sans éprouver de culpabilité : le diagnostic de perversion est donc posé et le terme « sadomasochisme » doit être évoqué (F65.5 dans la *CIM* de l'OMS).

Mais que l'on ne se méprenne pas : ce diagnostic n'enlève rien à la ravissante et surtout génialissime marquise qui fut sans doute une de celles, peut-être même la principale, à avoir ouvert la voie à la libération de la femme. Et pour être tout à fait juste, il faut bien admettre que le genre ne change rien à l'affaire : il ne serait probablement pas inapproprié d'appliquer un diagnostic identique aux abus du virilisme patriarcal ordinaire, si répandu qu'on a du mal à en percevoir la nature perverse et qui a des conséquences bien plus mortelles – en témoigne la liste évoquée plus haut des femmes tuées par leur conjoint…

Pour rester dans le registre du psychiatre de service, il est bien embarrassé, car en règle générale, les personnes qui souffrent de ce type de perversion ne viennent jamais consulter : les seules que j'ai rencontrées l'ont été dans le cadre de mes activités d'expert près la cour d'appel. Autrement dit, je n'en ai jamais vraiment soigné. Tout au plus pourrait-on arguer que l'existence de mesures coercitives, sadiques pour certaines, soumet certains pervers délinquants à une obligation de soins et qu'ils sont tenus, pour échapper à la prison, de prouver qu'ils se rendent ponctuellement chez le praticien de leur choix qui doit à chaque fois leur remettre un certificat. L'expérience montre qu'en général ces soins sont totalement illusoires. Tout au plus, certains délinquants sexuels demandent-ils parfois une castration chimique. Je viens d'ailleurs de traverser ce type de situation avec un jeune patient retardé mentalement... mais cette demande prouve justement qu'il ne s'agissait pas de perversion mais de pulsions sexuelles.

L'ordonnance

Alors, existe-t-il une ordonnance du psychiatre pour traiter la perversion ? La réponse est non. Tout au plus peut-on évoquer une psychothérapie au long cours, bien illusoire, il faut le reconnaître.

Un dernier mot pour évoquer les thérapies aversives comme celles qui sont représentées dans *Orange mécanique* : le délinquant sexuel - pédophile, sadique ou violent - est installé devant une vidéo pornographique après que des capteurs ont été installés en un endroit anatomique que « rigoureusement ma mère m'a défendu de nommer ici[4] ». En cas de *bandaison*[5], une décharge électrique douloureuse est envoyée précisément sur l'instrument du crime. Toutes les études montrent que, outre son caractère plus que discutable du point de vue éthique, cette « thérapie », qui applique au délinquant un traitement tout aussi sadique que celui qu'il a infligé à ses victimes, ne marche pas ! J'ai eu l'occasion de visiter à Montréal une unité de ce genre qui, Dieu merci, a été très vite fermée par la suite. J'ignore s'il en existe d'autres de par le vaste monde.

4. *In* Georges Brassens, « Gare au gorille ».
5. *Ibid.*

CHAPITRE 7

Quand l'alcool ravage la personnalité : un cas de cruauté dans l'œuvre d'Edgar Allan Poe

« *Le Chat noir* » *(1843)* (Nouvelles histoires extraordinaires)

Cette nouvelle de l'écrivain américain Edgar Poe est l'une des plus célèbres du recueil des *Nouvelles histoires extraordinaires*, où le surnaturel rivalise avec le sadisme – la maladie mentale ? – dans un sombre tableau.

> Je me mariai de bonne heure, et je fus heureux de trouver dans ma femme une disposition sympathique à la mienne. Observant mon goût pour ces favoris domestiques, elle ne perdit aucune occasion de me procurer ceux de l'espèce la plus agréable. Nous eûmes des oiseaux, un poisson doré, un beau chien, des lapins, un petit singe et un chat.
> Ce dernier était un animal remarquablement fort et beau, entièrement noir, et d'une sagacité merveilleuse. En parlant de son intelligence, ma femme, qui au fond n'était pas peu pénétrée de superstition, faisait de fréquentes allusions à l'ancienne croyance populaire qui regardait tous les chats noirs comme des sorcières déguisées. Ce n'est pas qu'elle fût toujours sérieuse sur ce point, – et, si je mentionne la

chose, c'est simplement parce que cela me revient, en ce moment même, à la mémoire.

Pluton – c'était le nom du chat – était mon préféré, mon camarade. Moi seul, je le nourrissais, et il me suivait dans la maison partout où j'allais. Ce n'était même pas sans peine que je parvenais à l'empêcher de me suivre dans les rues. Notre amitié subsista ainsi plusieurs années, durant lesquelles l'ensemble de mon caractère et de mon tempérament, – par l'opération du Démon Intempérance, je rougis de le confesser, – subit une altération radicalement mauvaise. Je devins de jour en jour plus morne, plus irritable, plus insoucieux des sentiments des autres. Je me permis d'employer un langage brutal à l'égard de ma femme. À la longue, je lui infligeai même des violences personnelles. Mes pauvres favoris, naturellement, durent ressentir le changement de mon caractère. Non seulement je les négligeais, mais je les maltraitais. Quant à Pluton, toutefois, j'avais encore pour lui une considération suffisante qui m'empêchait de le malmener, tandis que je n'éprouvais aucun scrupule à maltraiter les lapins, le singe et même le chien, quand, par hasard ou par amitié, ils se jetaient dans mon chemin. Mais mon mal m'envahissait de plus en plus, – car quel mal est comparable à l'Alcool ! – et à la longue Pluton lui-même, qui maintenant se faisait vieux et qui naturellement devenait quelque peu maussade, – Pluton lui-même commença à connaître les effets de mon méchant caractère.

Une nuit, comme je rentrais au logis très ivre, au sortir d'un de mes repaires habituels des faubourgs, je m'imaginai que le chat évitait ma présence. Je le saisis ; – mais lui, effrayé de ma violence, il me fit à la main une légère blessure avec les dents. Une fureur de démon s'empara soudainement de moi. Je ne me connus plus. Mon âme originelle sembla tout d'un coup s'envoler de mon corps, et une méchanceté hyperdiabolique, saturée de gin, pénétra chaque fibre de mon être. Je tirai de la poche de mon gilet un canif,

je l'ouvris ; je saisis la pauvre bête par la gorge, et, délibérément, je fis sauter un de ses yeux de son orbite ! Je rougis, je brûle, je frissonne en écrivant cette damnable atrocité !
Quand la raison me revint avec le matin, – quand j'eus cuvé les vapeurs de ma débauche nocturne, – j'éprouvai un sentiment moitié d'horreur, moitié de remords, pour le crime dont je m'étais rendu coupable ; mais c'était tout au plus un faible et équivoque sentiment, et l'âme n'en subit pas les atteintes. Je me replongeai dans les excès, et bientôt je noyai dans le vin tout le souvenir de mon action.
Cependant le chat guérit lentement. L'orbite de l'œil perdu présentait, il est vrai, un aspect effrayant ; mais il n'en parut plus souffrir désormais. Il allait et venait dans la maison selon son habitude ; mais, comme je devais m'y attendre, il fuyait avec une extrême terreur à mon approche. Il me restait assez de mon ancien cœur pour me sentir d'abord affligé de cette évidente antipathie de la part d'une créature qui jadis m'avait tant aimé.
Mais ce sentiment fit bientôt place à l'irritation. Et alors apparut, comme pour ma chute finale et irrévocable, l'esprit de PERVERSITÉ. De cet esprit la philosophie ne tient aucun compte. Cependant, aussi sûr que mon âme existe, je crois que la perversité est une des primitives impulsions du cœur humain, – une des indivisibles premières facultés ou sentiments qui donnent la direction au caractère de l'homme. Qui ne s'est pas surpris cent fois commettant une action sotte ou vile, par la seule raison qu'il savait devoir ne pas la commettre ? N'avons-nous pas une perpétuelle inclination, malgré l'excellence de notre jugement, à violer ce qui est la Loi, simplement parce que nous comprenons que c'est la Loi ? Cet esprit de perversité, dis-je, vint causer ma déroute finale. C'est ce désir ardent, insondable de l'âme de se torturer elle-même, – de violenter sa propre nature, – de faire le mal pour l'amour du mal seul, – qui

me poussait à continuer, et finalement consommer le supplice que j'avais infligé à la bête inoffensive. Un matin, de sang-froid, je glissai un nœud coulant autour de son cou, et je le pendis à la branche d'un arbre ; – je le pendis avec des larmes plein mes yeux, – avec le plus amer remords dans le cœur ; – je le pendis, parce que je savais qu'il m'avait aimé, et parce que je sentais qu'il ne m'avait donné aucun sujet de colère ; – je le pendis, parce que je savais qu'en faisant ainsi je commettais un péché.

– un péché mortel qui compromettait mon âme immortelle, au point de la placer, – si une telle chose était possible, – même au-delà de la miséricorde infinie du Dieu Très-Miséricordieux et Très-Terrible.

Dans la nuit qui suivit le jour où fut commise cette action cruelle, je fus tiré de mon sommeil par le cri : Au feu ! Les rideaux de mon lit étaient en flammes. Toute la maison flambait.

[...]

Le jour qui suivit l'incendie, je visitai les ruines. Les murailles étaient tombées, une seule exceptée ; et cette seule exception se trouva être une cloison intérieure, peu épaisse, située à peu près au milieu de la maison, et contre laquelle s'appuyait le chevet de mon lit.

[...]

Je m'approchai, et je vis, semblable à un bas-relief sculpté sur la surface blanche, la figure d'un gigantesque chat. L'image était rendue avec une exactitude vraiment merveilleuse. Il y avait une corde autour du cou de l'animal.

(Edgar Allan Poe. Traduction de Charles Baudelaire, A. Quantin, 1884.)

Après l'incendie, le narrateur trouve un nouveau chat très semblable au premier – jusqu'à l'œil manquant. Un jour, en trébuchant sur l'animal, il tombe dans l'escalier : furieux, il lève une hache pour le tuer, mais fend le crâne de sa femme. Il dissimule le corps en l'emmurant dans la cave mais sans s'en apercevoir, il emmure aussi le chat, dont les miaulements le trahiront en présence de la police.

La tentation du mal

« Le Chat noir » est une « très étrange et très familière histoire » d'Edgar Allan Poe publiée pour la première fois, en 1843, dans le *Saturday Evening Post* de Philadelphie, et toujours lue avec fascination. Proposée en édition jeunesse et classiquement étudiée au collège sans mise en garde, elle a pu hanter des générations de lecteurs. Elle choque par le spectacle insupportable de la mutilation d'un animal aimant (qui indigne plus encore aujourd'hui). Elle inquiète par le retour fantomatique de la brave bête qui se poursuit même au-delà de l'extrait proposé, avec un jumeau du chat Pluton qui aura sa vengeance. Elle déstabilise enfin par l'exposition de toutes les noirceurs de l'âme du narrateur. Rien ne nous est épargné dans ce drame psychologico-fantastique qui horrifie et culpabilise à la fois. Après tout, ne sommes-nous pas cet « hypocrite lecteur », le « semblable », le « frère » de l'auteur, pour citer le poème liminaire des *Fleurs du Mal* de Charles Baudelaire, le plus célèbre des traducteurs de Poe ?

L'usage de la première personne du singulier instaure d'emblée un jeu de miroirs avec le lecteur forcé de suivre le narrateur qui l'entraîne, sans distance, dans ses turpitudes intérieures, pour mieux partager ses pulsions, ses remords, ses frayeurs. Il nous fait passer par tous les extrêmes, de la douceur de l'enfance et du bonheur conjugal le plus élevé à l'enfer domestique le plus bas qu'il impose à sa femme et à ses animaux. Tout est hyperbolique : le fameux chat est d'abord le compagnon idéal de l'« espèce la plus agréable », d'une « sagacité merveilleuse », « fort et beau », avant d'être énucléé et de devenir effrayant, puis d'être remplacé par un second chat monstrueux, son double. Le maître est bientôt pris d'une « méchanceté hyperdiabolique, saturée de gin », et le texte est rythmé par une dynamique de débordement émotionnel, d'empathie et de tendresse, puis de violence à donner la nausée.

Le récit est ainsi écrit sous tension, de manière syncopée par la multiplication des incises entre tirets et par un jeu d'oppositions : entre la trivialité d'une histoire de chat (comme l'auteur s'en excuse presque) et l'extraordinaire image de la bête pendue, imprimée sur le mur calciné, puis de son double muré avec l'épouse assassinée, et qui démasque le criminel par ses miaulements, à la fin de la nouvelle. Il oscille entre l'analyse rationnelle, la confession lucide et la justification des actes par l'effet naturel de l'alcool, d'une part ; et la folie d'autre part, dont le diagnostic est aussi sûrement établi qu'il est maladroitement récusé dès les premières lignes (« Cependant je ne suis pas fou, – et très certainement je ne rêve pas… »). Dans cette faille psychique s'inscrivent l'irrationnel et le surnaturel, avec la circulation fantomatique du chat et les références à la possession démoniaque, illustrée par un champ lexical nourri des métaphores de l'enfer et de la chute. Un narrateur non fiable nous bouscule décidément, sape nos repères et abuse de toutes les ruses pour mieux nous perdre.

La nouvelle prend également des accents gothiques avec le surgissement des ruines – un classique du genre – après l'incendie, qui redouble la dimension fantastique en imprimant l'ombre du chat pendu sur les vestiges squelettiques de la maison. Mais si Poe s'inscrit dans cette veine esthétique, il en donne une lecture personnelle plus métaphorique et psychologique, le sinistre pouvant être le fruit d'une autodestruction et l'image de la personnalité délabrée du narrateur, poursuivie par l'« esprit de la perversité », comme il l'explique : « Je le pendis, parce que je savais qu'en faisant ainsi je commettais un péché. » Il donne ici une première description de cette pulsion décrite comme la tentation gratuite du mal, consubstantielle à l'être humain, telle une fatalité psychique. Il s'en explique plus longuement dans un texte ultérieur, à cheval entre l'essai et la nouvelle, justement nommé « Le Démon de la perversité » (1845) : « L'induction *a posteriori* aurait conduit la phrénologie à admettre comme principe primitif et inné de l'action humaine un je-ne-sais-quoi paradoxal que nous nommerons perversité, faute d'un terme plus caractéristique. Dans le sens que j'y attache, c'est en réalité un mobile sans motif, un motif non motivé. Sous son influence, nous agissons sans but intelligible ; ou, si cela apparaît comme une contradiction dans les termes, nous pouvons modifier la proposition jusqu'à dire que, sous son influence, nous agissons par la raison que *nous ne le devrions pas*. En théorie, il ne peut pas y avoir de raison plus déraisonnable ; mais en fait, il n'y en a pas de plus forte. »

Ce démon intérieur semble s'exprimer ici à travers l'articulation du sadisme et du masochisme, deux pulsions complémentaires poussant à commettre irrésistiblement le forfait les yeux pleins de larmes, dans la jouissance et dans la souffrance. « Les meurtriers demi-fous de Poe s'ingénient à faire souffrir leurs victimes et les tuent avec une sauvagerie démoniaque. Puis, leur forfait commis, cédant à ce que Poe appelle "cet amour du cœur pour sa propre torture", autrement dit leur masochisme instinctif, ils s'accusent publiquement pour subir leur châtiment et souffrir à leur tour », expliquait le spécialiste de littérature américaine Roger Asselineau[1]. De fait, le narrateur meurtrier n'a de cesse d'attirer la police sur le lieu du crime dans la cave, par défi, au point d'être vite trahi par les miaulements du chat muré avec sa femme assassinée.

Bien que la parole s'incarne dans l'expérience particulière du narrateur, Poe en propose une analyse suffisamment distanciée et développée pour tendre à l'universel. De quoi redoubler le malaise chez le lecteur qui peut reconnaître quelques pulsions semblables, même bien enfouies et le plus souvent maîtrisées. Il est d'ailleurs directement interpellé et mis en face de sa part d'ombre : « Qui ne s'est pas surpris cent fois commettant une action sotte ou vile, par la seule raison qu'il savait devoir ne pas la commettre ? N'avons-nous pas une perpétuelle inclination… » Combien d'enfants ont effectivement arraché quelques pattes d'araignée, enflammé une fourmilière, disséqué avec une curiosité malsaine un poisson rouge ? L'immense majorité s'arrête là, mais il en reste

1. Roger Asselineau, « Introduction », *in* Edgar Allan Poe, *Nouvelles histoires extraordinaires*, Flammarion, coll. « Garnier-Flammarion », 1965.

peut-être toujours quelque chose, quand d'autres vont même bien plus loin…

À moins qu'il ne s'agisse d'un aveu des propres démons de l'auteur. Qui était donc Poe ? Il n'est pas à confondre avec ses multiples narrateurs – torturés et tortionnaires –, contrairement à ce qu'a pu faire Baudelaire, mais sa vie est émaillée de drames, avec la perte de ses parents dans sa petite enfance, de son grand frère alcoolique, puis d'une jeune épouse. De quoi nourrir une fascination pour la mort, notamment celle des femmes, principales victimes dans ses nouvelles, encourageant la psychanalyste Marie Bonaparte à y voir l'omniprésence de la mère défunte et un fantasme de castration ; à tort ou à raison. L'alcool semble aussi être l'un des pires démons de Poe, principale ressemblance avec le narrateur du « Chat noir », et pourrait avoir précipité son décès. Mais sa mort précoce, à 40 ans, reste mystérieuse et son alcoolisme supposé fait débat.

Reste une peur viscérale, qu'une vie ponctuée de traumatismes peut expliquer, mais qui pourrait aussi bien venir des profondeurs de la psyché humaine. Poe évoque ce fil rouge dans la préface de ses *Tales of the Grotesque and the Arabesque* (titre original de la série de recueils de nouvelles d'Edgar Poe) : « Si dans maintes de mes productions, la terreur a été le thème, je soutiens que cette terreur n'est pas d'Allemagne, mais de l'âme – que j'ai déduit cette terreur de ses seules sources légitimes et ne l'ai poussée qu'à ses seuls résultats légitimes. » Une terreur de l'âme… nourrie par tout ce qui la possède : la chimie, le tourment des émotions comme celui que donnent les démons de l'au-delà.

Edgar Allan Poe pourrait ainsi se situer à la frontière entre l'ancienne vision diabolique des maux de l'âme et une future lecture psychiatrique en préparation, note Jocelyn Dupont, maître de conférences en études américaines à l'université de Perpignan : « Avant l'avènement de la psychiatrie "moderne" (le mot apparaît d'ailleurs pour la première fois en anglais américain en 1846, c'est-à-dire trois ans après la publication du conte de Poe) et la reconnaissance de la nature pathologique des troubles mentaux, c'était encore la possession démoniaque qui, au début du XIXe siècle aux États-Unis, était invoquée pour expliquer des "psychoses" qui n'avaient point de nom. Il est intéressant de noter en outre que le premier traité de "psychiatrie", rédigé aux États-Unis sous la plume du père fondateur Benjamin Rush en 1820, et que Poe avait très probablement lu [...], fait encore apparaître des reliquats de telles croyances[2]. »

L'universitaire note les multiples références à la sorcellerie... et à la sorcière que pourrait incarner la trop discrète épouse du narrateur. Celle-ci ne manque pas de rappeler la nature maléfique de tous les chats noirs selon les « croyances populaires », ni de remarquer le dessin de la corde blanche sur le pelage noir du second chat. Le narrateur est aussi poursuivi par des cauchemars évoquant des succubes se nourrissant de son énergie vitale. C'est bien sa femme qui finit par prendre son coup de hache – peut-être bien arrangeant – initialement destiné à la pauvre bête, dans un mouvement de translation, comme désaxé par la maladresse. On notera d'ailleurs la proximité des sonorités des termes anglais *axis* (« axe ») et *axe* (« hache »).

2. Jocelyn Dupont, « Le récit désaxé. Relire "Le Chat noir" d'Edgar Poe », *Crossways Journal*, 2019, 3 (2).

Pour Jocelyn Dupont, « ce conte serait bien davantage celui de la sorcière que du chat noir, sorcière dont l'animal est et demeure une métonymie fort parlante. Poe joue ainsi le coup de la panne à son lecteur, une panne affective entre l'homme et l'animal domestique, mais réflexion faite, c'est peut-être d'un autre type de panne domestique qu'il s'agit ». « Le Chat noir » est décidément « un récit à la lisière du fantastique où se côtoient folie, hantise, *perverseness* et présence démoniaque au sein d'un même foyer », ajoute l'universitaire. Si la notion même de « perversité » chez Poe est discutée aujourd'hui, en raison de la traduction approximative du mot *perverseness*, elle suinte de toutes parts dans ce texte, telle que l'auteur l'a définie, et quelle que soit la victime. Elle nous glace à raison et nous sommes mis en garde. Contre nous-mêmes...

Diagnostic du psychiatre

S'AGIT-IL BIEN DE SADISME ?

La lecture de ce texte d'Edgar Poe appelle immédiatement la question suivante : en extirpant l'œil du malheureux félin, le narrateur s'est-il comporté comme un enfant s'amusant à arracher les ailes d'une mouche ou les pattes d'une fourmi, ou à couper une guêpe en deux pour contempler la partie avant de l'animal toujours capable de survivre, alors que le dard de la partie arrière continue à être menaçant ?

La réponse est non. Les gamins que j'ai pris en flagrant délit de torture animale n'avaient pas une once de culpabilité. Ils étaient simplement curieux et se livraient à des observations, en un sens quasi scientifique, sans se poser une seconde la question de la souffrance chez leurs victimes. Edgar Poe est à l'opposé. Tout son texte est inondé par la honte, l'horreur, la culpabilité en un mot, vis-à-vis de son abominable comportement. Cette constatation suffit pour affirmer que le narrateur n'est pas pervers puisque, par définition, le pervers projette sur l'autre sa culpabilité, son discours type étant, en cour d'assises : « Je l'ai violée certes, mais elle l'a bien cherché, cette salope ! C'est elle qui m'a allumé. » Vladimir Poutine, quand il lance en manière de plaisanterie à Joe Biden qui le traite de tueur : « C'est celui qui dit qui y est », fait une éclatante démonstration de sa perversité. Balzac avait bien compris le mécanisme : « La conscience, disait-il, est un de ces bâtons que chacun prend pour battre son voisin, et dont il ne se sert jamais pour lui. »

Dans « Le Chat noir », au contraire, la jouissance sadique n'existe pas, mais la honte, si ! Elle dégouline même. Autrement dit, si le narrateur est un méchant, donc un sadique selon l'acception populaire, en revanche, il ne l'est en aucun cas selon la définition psychiatrique.

ALORS, DE QUOI SOUFFRE LE NARRATEUR ?

Tout simplement, nous sommes en présence d'un alcoolique en proie à une ivresse au cours de laquelle il n'est plus lui-même, il est hors de lui au sens d'une transe pathologique. Il n'est plus maître de ses actes et ce n'est qu'une fois redevenu lui-même qu'il est capable de juger son comportement.

Un détour biographique s'impose. La vie d'Edgar Poe commence sous de mauvais auspices. Edgar naît en 1809, son père David, un acteur médiocre, abandonne sa famille en 1810. Un an plus tard, sa mère Elizabeth, une grande comédienne, meurt de la tuberculose qui exerçait alors d'horribles ravages. Étrange coïncidence, peu après la mort de la mère de Poe, le théâtre où elle vivait avec ses trois enfants brûle… comme le lit du narrateur dans notre nouvelle. Son frère William, lui aussi tuberculeux, devient alcoolique et meurt à 24 ans. Quant à sa sœur Rosalie, elle contracta à 12 ans une méningite qui la laissera « attardée mentale et physique[3] ». Elle meurt à 64 ans dans un foyer pour indigents.

Ceci expliquant peut-être cela, la dépendance à l'alcool a ravagé la famille Poe et en particulier l'écrivain. Alors qu'il avait 40 ans, Edgar est retrouvé ivre, négligé, gisant dans une taverne. Il est conduit au Washington College Hospital où il sombre dans une alternance de conscience (incohérente) et d'inconscience et finit par mourir. Les causes officielles de sa mort ne sont pas connues mais je suis prêt à parier qu'à force d'ivresses, il a contracté une encéphalopathie alcoolique, affection toujours fatale aujourd'hui. Les périodes hallucinatoires, délirantes, l'affaiblissement cognitif n'ont pas pardonné. Edgar Poe lui-même devait en être plus ou moins conscient – ou peut-être avait-il lu des livres de médecine –, car la fin de son texte donne une image assez typique de ce genre d'affections, avec l'incendie de son lit suivi de celui de sa maison et l'apparition de l'image de son forfait, un chat noir avec une corde. Pardon pour ce prosaïsme bien peu romantique, mais là encore, je parierais que le lit en flammes comme l'effigie du chat sur le mur ne sont rien d'autre que les hallucinations,

3. Article « Rosalie Poe », Wikipédia.

ou plutôt des paréidolies[4] dans ce cas, produites par un cerveau ravagé par l'alcool.

De même que Guy de Maupassant écrit *Le Horla* alors qu'il souffre lui-même d'une encéphalopathie syphilitique, dans ce texte de 1843, Edgar Allan Poe décrit, six ans avant sa mort, l'encéphalopathie alcoolique qui pourrait l'avoir emporté à 40 ans.

L'ordonnance

À partir du moment où le diagnostic d'alcoolisme chronique et sévère est posé, le traitement en découle de manière quasi automatique.
Dans un premier temps, vu les dégâts que l'alcool a provoqués dans le cerveau - et probablement le foie - de l'auteur/narrateur (on s'y perd !), la priorité est d'obtenir un sevrage complet et aussi durable que possible de l'alcool. C'est sa seule chance de survie. Le sevrage devra se faire en milieu hospitalier de manière à éviter l'apparition d'un *delirium tremens*, toujours à redouter. Il comprendra une réhydratation et une imprégnation par une benzodiazépine style Valium. Une des dernières indications de ces « mauvaises » molécules.
Une fois le sevrage acquis, un séjour aussi prolongé que possible dans un centre de postcure avec programmes de thérapies cognitives et comportementales devra être mis en place.
Enfin, une fois sorti des institutions, si le cerveau n'a pas été trop délabré, il conviendra de poursuivre la psychothérapie et de proposer au patient de l'intégrer à un groupe comme les AA (Alcooliques anonymes).

4. Phénomène psychologique impliquant un stimulus (visuel ou auditif) vague et indéterminé, plus ou moins perçu comme reconnaissable, et consistant à identifier une forme familière dans de la fumée, une tache d'encre… Tout le monde ne s'est-il pas amusé à deviner des formes dans les nuages ?

S'il refuse tout, la question se posera de le contraindre à l'hospitalisation par voie d'internement (SPDT : soins psychiatriques à la demande d'un tiers). Cette solution n'est que rarement mise en place dans ce type de contexte bien que le sujet soit, selon les termes de la loi, dangereux pour lui ou pour un tiers. Mais en ce qui le concerne, je pense que je l'envisagerais sérieusement.

CHAPITRE 8

Tabou et désir transgressif : les jeux troubles de l'inceste dans *Peau d'Âne* de Charles Perrault

Peau d'Âne *(1694)*

Il était une fois un Roi,
Le plus grand qui fût sur la Terre,
Aimable en Paix, terrible en Guerre,
[…]
Son aimable Moitié, sa Compagne fidèle,
Était si charmante et si belle,
Avait l'esprit si commode et si doux
Qu'il était encor avec elle
Moins heureux Roi qu'heureux époux.
De leur tendre et chaste Hyménée
Pleine de douceur et d'agrément,
Avec tant de vertus une fille était née
Qu'ils se consolaient aisément
De n'avoir pas de plus ample lignée.
Dans son vaste et riche Palais
Ce n'était que magnificence ;
[…]
Mais ce qui surprenait tout le monde en entrant,
C'est qu'au lieu le plus apparent,
Un maître âne étalait ses deux grandes oreilles.
Cette injustice vous surprend,
Mais lorsque vous saurez ses vertus non pareilles,
Vous ne trouverez pas que l'honneur fût trop grand.
Tel et si net le forma la Nature
Qu'il ne faisait jamais d'ordure,
Mais bien beaux Écus au soleil
Et Louis de toute manière,
Qu'on allait recueillir sur la blonde litière
Tous les matins à son réveil.

Or le Ciel qui parfois se lasse
De rendre les hommes contents,
Qui toujours à ses biens mêle quelque disgrâce,
Ainsi que la pluie au beau temps,
Permit qu'une âpre maladie
Tout à coup de la Reine attaquât les beaux jours.

Partout on cherche du secours ;
Mais ni la Faculté qui le Grec étudie,
Ni les Charlatans ayant cours,
Ne purent tous ensemble arrêter l'incendie
Que la fièvre allumait en s'augmentant toujours.
Arrivée à sa dernière heure
Elle dit au Roi son Époux :
Trouvez bon qu'avant que je meure
J'exige une chose de vous ;
C'est que s'il vous prenait envie
De vous remarier quand je n'y serai plus...
Ah ! dit le Roi, ces soins sont superflus,
Je n'y songerai de ma vie,
Soyez en repos là-dessus.
Je le crois bien, reprit la Reine,
Si j'en prends à témoin votre amour véhément ;
Mais pour m'en rendre plus certaine,
Je veux avoir votre serment,
Adouci toutefois par ce tempérament
Que si vous rencontrez une femme plus belle,
Mieux faite et plus sage que moi,
Vous pourrez franchement lui donner votre foi
Et vous marier avec elle.
Sa confiance en ses attraits
Lui faisait regarder une telle promesse
Comme un serment, surpris avec adresse,
De ne se marier jamais.
Le Prince jura donc, les yeux baignés de larmes,
Tout ce que la Reine voulut ;
La Reine entre ses bras mourut,
Et jamais un Mari ne fit tant de vacarmes.
À l'ouïr sangloter et les nuits et les jours,
On jugea que son deuil ne lui durerait guère,
Et qu'il pleurait ses défuntes Amours
Comme un homme pressé qui veut sortir d'affaire.
On ne se trompa point. Au bout de quelques mois
Il voulut procéder à faire un nouveau choix ;
Mais ce n'était pas chose aisée,
Il fallait garder son serment
Et que la nouvelle Épousée
Eût plus d'attraits et d'agrément
Que celle qu'on venait de mettre au monument.
Ni la Cour en beautés fertile,
Ni la Campagne, ni la Ville,
Ni les Royaumes d'alentour
Dont on alla faire le tour
N'en purent fournir une telle ;
L'Infante seule était plus belle
Et possédait certains tendres appas
Que la défunte n'avait pas.
Le Roi le remarqua lui-même
Et brûlant d'un amour extrême

Alla follement s'aviser
Que par cette raison il devait l'épouser.
Il trouva même un Casuiste
Qui jugea que le cas se pouvait proposer.
Mais la jeune Princesse triste
D'ouïr parler d'un tel amour,
Se lamentait et pleurait nuit et jour
De mille chagrins l'âme pleine,
Elle alla trouver sa Marraine,
Loin, dans une grotte à l'écart
De Nacre et de Corail richement étoffée.
C'était une admirable Fée
Qui n'eut jamais de pareille en son Art.
Il n'est pas besoin qu'on vous die
Ce qu'était une Fée en ces bienheureux temps ;
Car je suis sûr que votre Mie
Vous l'aura dit dès vos plus jeunes ans.
Je sais, dit-elle, en voyant la Princesse,
Ce qui vous fait venir ici,
Je sais de votre cœur la profonde tristesse ;
Mais avec moi n'ayez plus de souci.
Il n'est rien qui vous puisse nuire
Pourvu qu'à mes conseils vous vous laissiez conduire.
Votre Père, il est vrai, voudrait vous épouser ;
Écouter sa folle demande
Serait une faute bien grande,
Mais sans le contredire on le peut refuser.
Dites-lui qu'il faut qu'il vous donne
Pour rendre vos désirs contents,
Avant qu'à son amour votre cœur s'abandonne,
Une Robe qui soit de la couleur du Temps ;
Malgré tout son pouvoir et toute sa richesse,
Quoique le Ciel en tout favorise ses vœux,
Il ne pourra jamais accomplir sa promesse.
Aussitôt la jeune Princesse
L'alla dire en tremblant à son Père amoureux
Qui dans le moment fit entendre
Aux Tailleurs les plus importants
Que s'ils ne lui faisaient, sans trop le faire attendre,
Une Robe qui fût de la couleur du Temps,
Ils pouvaient s'assurer qu'il les ferait tous pendre.
Le second jour ne luisait pas encor
Qu'on apporta la Robe désirée ;
Le plus beau bleu de l'Empyrée
N'est pas, lorsqu'il est ceint de gros nuages d'or
D'une couleur plus azurée.
De joie et de douleur l'Infante pénétrée
Ne sait que dire ni comment

Se dérober à son engagement.
Princesse, demandez-en une,
Lui dit sa Marraine tout bas,
Qui plus brillante et moins commune,
Soit de la couleur de la Lune.
Il ne vous la donnera pas.
À peine la Princesse en eut fait la demande
Que le Roi dit à son Brodeur :
Que l'astre de la Nuit n'ait pas plus de splendeur
Et que dans quatre jours sans faute on me la rende.
Le riche habillement fut fait au jour marqué,
Tel que le Roi s'en était expliqué.
Dans les Cieux où la Nuit a déployé ses voiles,
La Lune est moins pompeuse en sa robe d'argent
Lors même qu'au milieu de son cours diligent
Sa plus vive clarté fait pâlir les étoiles.
La Princesse admirant ce merveilleux habit,
Était à consentir presque délibérée ;
Mais par sa Marraine inspirée,
Au Prince amoureux elle dit :
Je ne saurais être contente
Que je n'aie une Robe encore plus brillante
Et de la couleur du Soleil.
Le Prince qui l'aimait d'un amour sans pareil,
Fit venir aussitôt un riche Lapidaire
Et lui commanda de la faire
D'un superbe tissu d'or et de diamants,
Disant que s'il manquait à le bien satisfaire,
Il le ferait mourir au milieu des tourments.
Le Prince fut exempt de s'en donner la peine,
Car l'ouvrier industrieux,
Avant la fin de la semaine,
Fit apporter l'ouvrage précieux,
Si beau, si vif, si radieux,
Que le blond Amant de Clymène
Lorsque sur la voûte des Cieux
Dans son char d'or il se promène,
D'un plus brillant éclat n'éblouit pas les yeux.
L'Infante que ces dons achèvent de confondre,
À son Père, à son Roi ne sait plus que répondre.
Sa Marraine aussitôt la prenant par la main :
Il ne faut pas, lui dit-elle à l'oreille,
Demeurer en si beau chemin ;
Est-ce une si grande merveille
Que tous ces dons que vous en recevez,
Tant qu'il aura l'âne que vous savez,
Qui d'écus d'or sans cesse emplit sa bourse ?
Demandez-lui la peau de ce rare Animal.
Comme il est toute sa ressource,

Vous ne l'obtiendrez pas, ou je raisonne mal.
Cette Fée était bien savante,
Et cependant elle ignorait encor
Que l'amour violent pourvu qu'on le contente,
Compte pour rien l'argent et l'or ;
La peau fut galamment aussitôt accordée
Que l'Infante l'eut demandée.
Cette Peau quand on l'apporta
Terriblement l'épouvanta
Et la fit de son sort amèrement se plaindre.
Sa Marraine survint et lui représenta
Que quand on fait le bien on ne doit jamais craindre :
Qu'il faut laisser penser au Roi
Qu'elle est tout à fait disposée
À subir avec lui la conjugale Loi,
Mais qu'au même moment, seule et bien déguisée,
Il faut qu'elle s'en aille en quelque État lointain
Pour éviter un mal si proche et si certain.

(Charles Perrault.)

On connaît la suite : la princesse se déguise en souillon en s'enveloppant de la peau de l'âne, et se réfugie dans un village lointain où elle vit humiliée, en tant que fille de ferme. Suivie de sa cassette magique et de toutes ses robes, elle se ressource en cachette à ses heures, en se parant. C'est là que le prince perce son secret, tombe amoureux, lui demande un gâteau dans lequel elle glisse un anneau que l'on fait essayer à toutes les femmes du royaume pour retrouver la belle qui surgit dans sa robe couleur de soleil. Ils se marient et le père reparaît pendant les noces, « en tout bien tout honneur » bien sûr.

On ne badine pas avec l'inceste… Vraiment ?

Qui n'a pas lu, enfant, le conte de Peau d'Âne et suivi avec émotion les avanies d'une belle princesse sommée par son père de l'épouser, qui s'enfuit, dissimulée sous la peau de l'âne banquier sacrifié, afin de vivre en souillon ? Horreur. Et délice de l'imaginer aussi parée tour à tour des robes couleur du Temps, de la Lune et du Soleil, charmant un prince qui la devine sous son déguisement repoussant. Paru en 1694, c'est le premier « conte de fées » publié, à proprement parler, qui continue de marquer l'imaginaire d'aujourd'hui. La magie du film de Jacques Demy, paru en 1970, avec Catherine Deneuve dans le rôle-titre, Delphine Seyrig en Fée des Lilas déjantée et le troublant Jean Marais, a certainement contribué à entretenir notre fascination. L'intemporalité due au temps indéterminé des contes (« Il était une fois… ») et l'universalité du message confèrent même à cette superproduction une place privilégiée auprès du grand public dans la filmographie du cinéaste. Mais pour véhiculer quel message ? « On n'épouse jamais ses parents […]. On dit que traditionnellement / Des questions de culture et de législature / Décidèrent en leur temps / Qu'on ne mariait pas les filles avec leur papa », chante si bien la marraine-fée dans la comédie musicale moderne. Avis aux petites filles qui rêvent d'épouser leur père, dit-on, ou aux petits garçons voulant se marier avec leur mère. Et le père incestueux ? Aucun reproche n'est formulé, comme si ce n'était pas le problème… ou comme s'il n'était pas le vrai coupable.

Après tout, celui de l'histoire est un roi, et il peut être malaisé de lui faire la leçon, alors que Perrault écrit sous le règne de Louis XIV. Mais c'est peut-être bien arrangeant et cet inceste serait-il seulement l'enjeu du conte ? Un impensé qui pourrait nourrir un certain malaise...

Un jeu galant

Si la morale de l'histoire est ouvertement destinée au jeune public par différentes apostrophes, le texte s'adresse d'abord aux « gens de bon goût », précise Charles Perrault, au public adulte des salons de la fin du XVIIe siècle, averti des modes littéraires et des batailles intellectuelles. L'une d'elles oppose les Anciens (défenseurs de l'Antiquité et de l'héritage gréco-latin) aux Modernes (soutenant la supériorité du siècle de Louis XIV, de la créativité des écrivains de leur temps, du genre lyrique, du style galant...). Le conte de Peau d'Âne vient précisément attiser la polémique : « En choisissant de donner en vers hétérométriques, avec force figures d'ornementation, un conte issu de la tradition orale, Perrault fait la démonstration du "génie" des Modernes tout en inventant un genre nouveau », explique l'universitaire Christelle Bahier-Porte, professeure à l'université Jean-Monnet de Saint-Étienne[1]. Le célèbre conteur le revendique, dans une préface : « Je prétends même que mes Fables méritent mieux d'être racontées que la plupart des Contes anciens, et particulièrement celui de la Matrone d'Éphèse et celui de Psyché, si l'on

1. Christelle Bahier-Porte, « Présentation », *in* Charles Perrault, *Contes*, Flammarion, 2006.

regarde du côté de la Morale, chose principale de Fables, et pour laquelle elles doivent avoir été faites. » La morale, pourtant, ne serait pas le seul but de ces contes, et l'objectif de divertir est aussi essentiel, comme le suggère aussi l'auteur dans la même préface en citant sa nièce, Mlle Lhéritier :

Le conte de Peau d'Âne est ici raconté
Avec tant de naïveté,
Qu'il ne m'a pas moins divertie,
Que quand auprès du feu ma Nourrice ou ma Mie
Tenaient en le faisant mon esprit enchanté.
On y voit par endroits quelques traits de Satire,
Mais qui, sans fiel et sans malignité,
À nous également font du plaisir à lire :
Ce qui me plaît encor dans sa simple douceur,
C'est qu'il divertit et fait rire, Sans que Mère, Époux, Confesseur,
Y puissent trouver à redire.

De quoi en faire, avant tout, un « conte galant », au sens où il émerveille et réjouit son public. « Mais comment peut-on s'adonner à un plaisir galant avec une histoire fondée sur le plus atroce des crimes sexuels, en tout cas sur la transgression du tabou le plus impérieux ? Il convient alors de parler pour le moins de plaisir galant paradoxal », remarque l'historien et sociologue Alain Viala[2]. L'esthétique raffinée et le jeu d'esprit semblent ainsi rivaliser avec une éthique ambiguë. Comme

2. Alain Viala, historien et sociologue de la littérature française, ex-professeur à la Sorbonne-Nouvelle et à Oxford. *Cf.* Alain Viala, « "Si *Peau d'Âne* m'était conté", ou les frontières de la galanterie », *in* Kirsten Dickhaut et Alain Viala (dir.), « Les discours artistiques de l'amour à l'âge classique », *Littératures classiques*, 2009/2, 69, p. 79-88.

par un jeu de miroirs inversé, Perrault renouvelle le traitement antique de l'inceste et du mythe d'Œdipe représenté dans la tragédie de Sophocle qui met en scène un parricide épousant sa mère. En meneur du camp des Modernes, il rebat les cartes et s'empare d'un conte populaire où un père veut épouser sa fille, sur un mode léger, avec grand renfort de magie et de clins d'œil au lecteur. C'est un bon coup porté contre le camp des Anciens. Mais peut-on badiner (la badine étant synonyme de baguette magique…) avec l'inceste… ? « L'inceste entre père et fille est resté un sujet tabou par excellence, du moins à cette époque et du moins en France – si l'on met à part le mythe biblique des filles de Loth, qui a inspiré plusieurs œuvres picturales, mais où ce sont les filles qui abusent de leur père. Cette forme de transgression, qui est socialement la plus fréquente qui soit, reste la plus absente dans les productions artistiques, comme si le symbolique refoulait le crime sexuel pourtant le plus banal… », ajoute Alain Viala. Si le conte de Perrault l'expose donc de façon inédite et tellement moderne, il en gomme l'horreur par l'humour et le merveilleux. Certes, le roi est montré sous un jour bien léger, en se consolant vite de la perte de son épouse, qu'il doit remplacer par une femme « plus belle, mieux faite et plus sage… » qui ne peut être que sa fille. Mais dans son film, Jacques Demy va jusqu'à atténuer sa responsabilité en lui faisant oublier un temps l'infante après la mort de sa femme. Il ne veut plus la voir, il lui demande de disparaître, et quand on lui présente son portrait, c'est le coup de foudre, comme devant une étrangère. Alors qu'on lui rappelle que c'est sa fille, il maintient son souhait de l'épouser, mais le déclic amoureux aura précédé la prise de conscience.

Folie ou crime sans châtiment ?

Dans le conte comme dans le film, c'est surtout la folie qui caractérise à plusieurs reprises le roi (« Et brûlant d'un amour extrême / Alla follement s'aviser [...] folle demande »). L'homme est bien perturbé, malade. Pas coupable ? On évoque seulement rapidement, à la fin du texte, son « désir criminel », qui passe gentiment avec le temps, comme on se guérit d'une maladie. Et durant toute l'histoire, la responsabilité repose uniquement sur sa fille, pour trouver la solution permettant d'échapper à l'« hymen insensé », avec l'aide de la fée, et pour rétablir la morale de la situation par sa propre vertu. On ne parle à aucun moment de celle du père.

Deux stratégies sont proposées : d'abord en réclamant des robes « infaisables » qui ne font que souligner sa beauté, sa perfection et rendre le père plus désirant. La fille est bien troublée par tous ces présents, elle est tentée, prête à céder à la demande paternelle. La fée l'en dissuade et lui impose de demander la peau de l'âne, source de la richesse de son père. Un bon moyen de castration symbolique ? Le roi y consent malgré tout. Il ne lui reste plus qu'à se soustraire à son regard et à fuir de toutes les manières possibles : ailleurs (les marqueurs spatiaux ne manquent pas : « Elle alla donc bien loin, bien loin, encor plus loin [...] / Au fond d'une allée effroyable »), mais aussi en quittant son humanité, en s'animalisant. Et comme si l'association avec l'âne ne suffisait pas, on la décrit comme une « noire Taupe », une « sale guenon », c'est même « La bête en un mot la plus laide / Qu'on puisse voir après le Loup ». Plus elle s'animalise, plus elle descend dans l'échelle sociale ; plus elle descend, plus elle se déshumanise, dans un jeu social devenu insoutenable. L'habit fait ainsi le moine dans les deux sens : l'infante est traitée comme un animal quand elle porte sa peau, mais elle renaît en femme et princesse en se parant de ses atours, sous les yeux du prince qui l'aperçoit ainsi vêtue par le trou de la serrure. Et grâce à la « bague fatale » qui ne s'ajuste qu'à son doigt, elle est reconnue. Coup de baguette magique ! Moralité :

Il n'est pas malaisé de voir
Que le but de ce Conte est qu'un Enfant apprenne
Qu'il vaut mieux s'exposer à la plus rude peine
Que de manquer à son devoir ;
Que la Vertu peut être infortunée
Mais qu'elle est toujours couronnée ;
Que contre un fol amour et ses fougueux transports
La Raison la plus forte est une faible digue,
Et qu'il n'est point de riches trésors
Dont un Amant ne soit prodigue ;
Que de l'eau claire et du pain bis
Suffisent pour la nourriture
De toute jeune Créature,
Pourvu qu'elle ait de beaux habits.

Le renversement psychanalytique

Telle est l'une des sentences du conte, toujours adressée aux enfants en apparence, et tout est déjà en place pour une lecture psychanalytique. On peut s'étonner que Freud et, plus tard, Bruno Bettelheim, auteur du célèbre ouvrage *Psychanalyse des contes de fées* (1976), ne s'attardent pas sur *Peau d'Âne*, alors qu'ils auraient pu en faire une illustration emblématique de l'inceste. Le travail sera fait par d'autres, comme Michèle Aquien, psychanalyste et professeure émérite de stylistique et de poétique à l'université Paris-Est, dans une perspective opposée à celle d'Alain Viala. Pour elle, « il est bien vrai que *Peau d'Âne* raconte le désir d'un père pour sa fille, au point de vouloir l'épouser à tout prix. Dans la réalité, c'est un phénomène à la fois criminel et heureusement très rare[3]. Or le conte suscite, dit La Fontaine, "un plaisir extrême". C'est qu'il concerne des choses beaucoup plus courantes qui touchent tout le monde, des choses qui concernent l'Œdipe féminin[4] ».

Mais puisque c'est le père qui désire... ? ! ? Certes, la fille s'en trouve émue, elle est d'abord juste très triste (c'est le moins qu'on attende d'elle), puis elle se laisse presque tenter. Michèle Aquien y voit plutôt une ruse de l'inconscient, un déplacement comme dans le rêve : « Il y a d'abord un renversement dans le contraire : dans le conte, l'horreur que le père veuille épouser la fille correspond au désir inconscient et refoulé qu'a la fille d'épouser le père. Le renversement dans le contraire est un effet du refoulement qui permet de passer la barrière de la censure ; c'est, affirme Freud, "un des

3. 2,5 % des femmes contre 0,3 % des hommes révèlent des violences sexuelles incestueuses subies avant l'âge de 18 ans en France métropolitaine, d'après l'enquête Virage, Ined, 2015. Mais selon le rapport de la Ciivise de novembre 2023, 14,5 % des femmes et 6,4 % des hommes en France ont été confrontés à des violences sexuelles avant 18 ans, et dans 81 % des cas, l'agresseur était un membre de la famille.

4. Michèle Aquien, « Si *Peau d'Âne* m'était conté... Lecture psychanalytique du conte », *Le Journal des psychologues*, 2008/9, n° 262, p. 67-71.

moyens que le travail du rêve emploie le plus volontiers”. La censure, dans un conte, ne fonctionne pas comme dans un rêve [...] elle est aussi du côté des auditeurs, et c’est ainsi que le renversement permet de déformer et de dissimuler le désir de la fille, en mettant en avant une “folie” du père, au nom de la déraison et de la fantaisie propres aux contes. » Superbe retournement. Mais ne limite-t-il pas toute lecture littérale qui dit aussi quelque chose d’essentiel d’une réalité plus importante que ne le suggère l’universitaire, et tout travail de réparation ? Les victimes écoutées par la Commission indépendante sur l’inceste et les violences sexuelles faites aux enfants (Ciivise) apprécieront...

Finalement, les parents sont souvent bien défaillants dans les contes : incestueux comme ici ; faibles et aveuglés dans *Cendrillon* et *Blanche-Neige* où les pères épousent des marâtres avant de mourir ; carrément criminels dans *Le Petit Poucet*, où la fratrie est abandonnée faute de pouvoir être nourrie... Il s’agit toujours d’un ressort permettant d’impulser l’intrigue, de lancer la quête et de pousser le héros à se réaliser lui-même. Comme doivent finalement le faire tous les enfants loin du foyer familial ? Perrault pourrait avoir été plus Moderne qu’il ne le pensait lui-même, en inspirant le principe de l’invention de soi et de la responsabilité de son propre bonheur (même avec le coup de pouce de la magie) au cœur de la sociologie moderne, qui n’est pas sans créer quelque angoisse chez nos contemporains. De là à ne rien dire de l’inconduite parentale... *Peau d’Âne* est décidément une dragée au poivre bien piquante.

Diagnostic du psychiatre

Loth était un alcoolique mythomane qui, au cours d'une criminelle ivresse, viola ses deux filles et prétendit par la suite que c'étaient elles qui l'avaient enivré pour abuser de lui, ce qui techniquement semble plus que compliqué. En effet, soit il était ivre mort et dans ce cas dans l'impossibilité de produire une érection à deux reprises pour engrosser ses filles, soit il était juste un peu gris, auquel cas, le viol d'un homme par deux femmes semble quelque peu difficile à admettre… d'un point de vue à la fois pratique et juridique bien entendu !

Quant à Œdipe, il convient de rappeler – n'en déplaise au grand Sigmund – qu'ayant été enlevé à ses parents à sa naissance, il ne les a jamais connus et que lorsqu'il a tué son père et épousé sa mère, il n'avait aucun moyen de savoir qu'il était parricide et incestueux. Toujours d'un point de vue juridique, le délit n'est pas constitué puisque le malheureux n'avait pas conscience de ses deux dérapages. Non-lieu donc !

Les incestes père-fille constituent l'immense majorité des abus sexuels familiaux traités par la justice, soit environ 95 % des cas[5]. Ils concernent majoritairement la fille aînée considérée alors comme une épouse de substitution ; dans le Lévitique (Onan), aussi bien qu'en Afrique du Nord aujourd'hui, en cas de décès de l'épouse, le veuf doit épouser sa belle-sœur, ce qui a longtemps constitué un inceste aux yeux du Code Napoléon (voir plus bas).

---

5. Jean-Jacques Geoffroy, *Violences sexuelles en famille*, Érès, 1994.

Dans la mythologie, le cas d'Isis et Osiris décrit un inceste entre une sœur et son frère. De fait, les pharaons, qui se considéraient comme des dieux, pratiquaient activement cette forme d'inceste au motif que l'union avec de simples mortel(le)s aurait représenté une sorte de déclassement. Ramsès II aurait eu des enfants avec au moins deux de ses filles ; Toutankhamon serait né de l'union d'Akhenaton avec une de ses sœurs ; les Ptolémées, parmi lesquels la célèbre Cléopâtre, se mariaient entre frères et sœurs. Il semblerait d'ailleurs que, dans l'Antiquité égyptienne, ces unions incestueuses dites « adelphiques » (entre frères et sœurs) aient pu concerner près de 20 % des mariages et qu'elles étaient loin de ne toucher que la famille royale. *Idem* chez les Incas, dans les royaumes africains des Grands Lacs, en Polynésie, à Hawaii, en Perse antique, où elles concernaient également les rapports parents-enfants.

Néron est réputé avoir couché avec sa mère Agrippine, mais son histoire est tellement farcie de *fake news* et d'insinuations distillées par le fielleux Suétone qu'il est permis de fortement en douter. Plus près de nous, le comte Jean V d'Armagnac épousa sa sœur Isabelle en obligeant sous peine de mort le chapelain à célébrer le mariage. Il en eut trois enfants. Le pape lui pardonna, à l'inverse du roi de France Charles VII qui envahit son comté et l'en chassa. En revanche, l'inceste d'Alexandre Borgia (pape Alexandre VI) avec sa fille Lucrèce est loin d'être prouvé, celui de César Borgia avec la même Lucrèce ne l'est pas davantage.

Ailleurs, la prohibition de l'inceste est réputée universelle. Quoique… Par exemple, aux îles Trobriand, les relations mère-fils sont interdites entre membres d'un même clan, à l'inverse des relations père-fille.

Autrefois, l'interdit religieux de l'inceste incluait les beaux-parents. Racine le décrit, avec Phèdre amoureuse de son beau-fils Hippolyte. Selon le Code Napoléon, le mariage entre beau-père et bru, belle-mère et gendre est interdit, même si le mariage initial a été dissous par divorce. En revanche, si un des époux initiaux est mort, le remariage est soumis à une dispense par le président de la République. Enfin, le mariage entre beau-frère et belle-sœur qui était prohibé par le Code Napoléon est autorisé depuis la loi n° 75-617 du 11 juillet 1975.

En France, en 2022, environ une personne sur dix a été victime d'inceste, quelle que soit sa classe sociale. Ce crime concernerait entre 2 et 6,7 millions de personnes selon les estimations ; plus des trois quarts des victimes sont des femmes. Selon le ministère de la Justice, les cas d'inceste constituent 20 % des procès d'assises et comptent pour 75 % des situations d'agressions sexuelles sur enfants et plus de 57 % des viols sur mineurs. En tant qu'expert judiciaire, je ne peux que confirmer ces chiffres.

Enfin, au cours de l'été 2023, deux ans après Camille Kouchner, Emmanuelle Béart jette un énorme pavé dans la mare fangeuse de l'inceste qu'elle a subi entre 11 et 15 ans ; elle réalise alors un documentaire avec Anastasia Mikova. Autrement dit, l'inceste semble être d'une banalité plus qu'affligeante. Alors, pourquoi Charles Perrault a-t-il choisi ce thème dans *Peau d'Âne* ? J'ai beaucoup de mal à penser que c'était dans un souci pédagogique moralisateur ou de mise en garde, puisque ce conte est parfaitement immoral, le père incestueux n'étant à aucun moment blâmé, encore moins puni. À la fin du conte, il vient tranquillement assister au mariage « normal » de sa fille, accompagné d'une femme « normale » (la fée dans le film).

Chaque fois qu'un conte de cette époque comporte une anomalie, ici une absence complète de morale, comme dans *Le Petit Chaperon rouge* où Mère-Grand et sa petite-fille sont dévorées par le loup sans autre forme de procès, il convient de se poser la question d'un sens caché. Par exemple, *Le Petit Chaperon rouge* décrit de manière exotérique les déflorations successives de l'aïeule et de sa descendante qui toutes deux ont fini par accepter de « voir le loup », comme on disait à l'époque. Dans sa morale, Perrault est clair : « Je dis le loup, car tous les loups / Ne sont pas de la même sorte ; / Il en est d'une humeur accorte, / Sans bruit, sans fiel et sans courroux, / Qui, privés, complaisants et doux, / Suivent les jeunes demoiselles / Jusque dans les maisons, jusque dans les ruelles. / Mais, hélas ! qui ne sait que ces loups doucereux, / De tous les loups sont les plus dangereux. »

Mais revenons-en à la clinique.

Les demandes de Peau d'Âne à son père ont de quoi surprendre à première vue : elle semble soumettre son père à des caprices dignes d'une Lolita plutôt que de s'enfuir. Mais ce n'est pas un jeu, et Perrault rend explicite la peur de la jeune fille (et l'espoir que ses demandes, d'ailleurs soufflées par une bonne fée, soient irréalisables). Pour avoir eu à examiner des dizaines de victimes d'inceste au cours de ma carrière d'expert, je peux témoigner que je n'en ai pas rencontré une seule qui ait joué avec son agresseur ; toutes rapportent leur terreur quand celui-ci les approchait.

Certains pourraient dire que Peau d'Âne souffre d'un trouble borderline avec passages à l'acte multiples : fugue, délit (mise à mort de l'âne), probable mythomanie. On sait aujourd'hui que lorsqu'une fillette subit des violences, en particulier sexuelles, il se produit une méthylation épigénétique de certains de ses gènes qui s'en trouvent « démasqués ». Autrement dit, un gène qui serait sans doute resté muet sans le traumatisme devient bavard et se met à s'exprimer. On peut donc poser l'hypothèse que c'est la violence perverse du roi-père tout-puissant qui a précipité la fille dans la maladie. Je ne serais d'ailleurs pas surpris d'apprendre qu'elle se scarifie, commette des tentatives de suicide, consomme des produits illicites.

Mon hypothèse est donc celle d'un syndrome post-traumatique ayant entraîné un trouble borderline. Par conséquent, si je devais la prendre en charge, je commencerais par la confier à une – je dis bien une – psychothérapeute maîtrisant bien la technique de l'EMDR (*eye movement desensitization and reprocessing*), c'est-à-dire l'intégration neuroémotionnelle par les mouvements oculaires. Cette technique, dérivée de l'hypnose, consiste à plonger le patient dans un état modifié de conscience et à lui faire revivre le traumatisme en le fragmentant dans le temps afin de permettre à l'esprit de le digérer. De plus, je lui proposerais d'intégrer le groupe des Dissociées anonymes que j'anime depuis huit ans. Au cours des réunions mensuelles s'est mis en place un réseau solidaire de filles/femmes ayant toutes été abusées ; ce groupe a aidé à transformer ces victimes en guerrières. Et elles s'en sortent la tête haute ! En effet, beaucoup d'entre elles, encouragées par le groupe, finissent par porter plainte contre leur agresseur. Peau d'Âne devrait, pour aller mieux, accepter de se présenter à son commissariat de quartier, quitte à se faire accompagner par une association dont c'est la mission. Enfin, le traitement du père devrait passer par la case prison.

Revenons-en donc au père, ce roi pervers, violent, manipulateur et finalement parfaitement stupide, qui accède à toutes les demandes même les plus mortifères de sa fille traumatisée. Il prétend obéir au désir *ante-mortem* de sa femme, même si personnellement j'ai du mal à croire à sa version des faits… un peu comme pour Loth qui projette sur ses filles sa propre culpabilité : « Je veux avoir votre serment, que si vous rencontrez une femme plus belle, mieux faite et plus sage que moi, vous pourrez franchement lui donner votre foi et vous marier avec elle. » Aurions-nous affaire à un couple diabolique style Thénardier, les deux époux misérables de Victor Hugo, complices dans le mal ? Tous les juges vous le confirmeront, le schéma classique de l'inceste, le plus souvent beau-père/belle-fille, fait intervenir aussi la mère. L'homme est en train de violer l'enfant, la mère entre dans la chambre et là, deux cas de figure : soit elle gifle la petite « concurrente » même si elle est très petite, soit elle « ne voit pas » ce qui se passe pourtant sous ses yeux. La mère mourante aurait-elle encouragé son mari, ou « délibérément » poussé sa fille dans les bras de celui-ci ? Difficile à croire, mais dans une vie de psychiatre, on est confronté à beaucoup de choses difficiles à croire…

La récurrence choquante à nos yeux de ce comportement de certaines mères invite à poser la question de sa fonction éthologique. Peut-être faut-il voir dans ce comportement une sorte de rémanence d'un passé révolu de notre espèce, moralement inacceptable dans les sociétés d'aujourd'hui, et condamnable pénalement.

L'intégration neuroémotionnelle par les mouvements oculaires (EMDR)

L'EMDR est une technique dérivée de l'hypnose qui consiste à plonger le patient dans un état de conscience modifié - autrement dit une transe -, afin de lui faire revivre son traumatisme dans sa chair. Je me souviens d'une de mes patientes qui avait été braquée par trois hommes armés de kalachnikov et qui, en cours de séance, s'était mise à me hurler dessus : « Mais vous me faites mal ; vous appuyez trop fort sur ma nuque avec le fusil ! » C'est en interrompant très fréquemment ce vécu par les fameux mouvements oculaires que le traumatisme est morcelé dans le temps et qu'il devient possible de le « digérer », car ces mouvements, comme d'ailleurs le tapotement alternatif des faces externes des genoux ou même le mouvement dit « du papillon » (qui consiste à ce que la patiente se frappe doucement et de manière alternée les deux seins en croisant les bras sur sa poitrine), obligent les deux hémisphères cérébraux à travailler en alternance et à transférer/transformer une information brûlante en souvenir archivable.

Quand le traumatisme est unique et récent (viol, accident, braquage, deuil brutal...) et concerne une personne psychologiquement saine et sans antécédents, deux à trois séances suffisent et sont d'une incroyable efficacité. Si le traumatisme est répété, ancien et a fini par provoquer des troubles de la personnalité, les séances d'EMDR doivent le plus souvent être répétées pendant des années, et même si elles restent efficaces, le résultat est malgré tout moins spectaculaire.

L'ordonnance

- Le traitement du père passe par une mise en examen, une condamnation et une incarcération. Une fois en prison, je laisse à mes confrères qui travaillent en milieu carcéral le soin de le prendre en charge. Ce ne sera pas facile... Certains pervers incestueux finissent néanmoins par prendre conscience de leur trouble et réclament une castration chimique dont l'efficacité reste à prouver, mais qui parfois semble aider. Au moins d'un point de vue juridique (loi Guigou n° 98-468 du 17 juin 1998 « relative à la prévention et à la répression des infractions sexuelles ainsi qu'à la protection des mineurs »), les détenus peuvent, sur la base du volontariat, suivre un traitement médicamenteux visant à réduire la production de testostérone. Actuellement, le dispositif n'est pas obligatoire, mais les détenus qui n'y participent pas ne peuvent prétendre à des remises de peine ni à la libération conditionnelle.

- Quant à la victime, Peau d'Âne : EMDR, prise en charge groupale et, surtout, constance dans le traitement, car il est maintenant bien démontré que si celui-ci est correctement conduit, *fidèle dans le temps*, que si l'équipe soignante ne se laisse pas décourager par les passages à l'acte multiples de ces personnes qui ont tellement peur d'être abandonnées qu'elles provoquent l'abandon, au bout de dix ans en moyenne, la guérison est au rendez-vous.

Œdipe roi, fauteur, victime ou sauveur

Même sans être féru de mythologie grecque, qui ignore le nom d'Œdipe ? Il est communément associé au concept freudien désignant le désir amoureux pour un parent de l'autre sexe, et celui de supprimer le parent rival de même sexe. Un fils serait tenté de tuer son père pour épouser sa mère, et une fille sa mère pour épouser son père : Freud propose cette théorie dans *L'Interprétation des rêves* (1900), avant d'en faire un « complexe » déterminant plus ou moins consciemment nos comportements. L'idée semble hanter les consciences et la littérature depuis l'Antiquité, marquées par la tragédie fondatrice de Sophocle, *Œdipe roi*, écrite au Vᵉ siècle av. J.-C., aussi intemporelle par ses accents modernes qu'universelle et maintes fois réécrite[6].

Dans la pièce de Sophocle, l'intrigue s'ouvre sur le désarroi des Thébains, en proie à une épidémie de peste. Un oracle laisse entendre que pour venir à bout du fléau, la ville, pour être lavée d'une souillure, doit chasser le meurtrier de Laïos, l'ancien roi assassiné. Œdipe, le nouveau monarque en place, lance l'enquête, sans se douter qu'il est le principal intéressé, étant à la fois coupable du meurtre de son père Laïos, époux de sa mère Jocaste, père et donc aussi frère de ses enfants, comme il finit par le découvrir au fil des révélations, conformément à l'oracle antérieur à sa naissance. Averti par les dieux, Laïos avait pourtant condamné à mort son nouveau-né, mais celui-ci fut finalement recueilli par un berger et confié à une famille royale d'une contrée éloignée, de sorte que, malgré lui, sa destinée allait s'accomplir. Plus tard, dans l'ignorance, Œdipe tue un voyageur qui s'avère être son père ; il épouse sa mère et se trouve à l'origine d'une lignée maudite comprenant la célèbre Antigone, Ismène et les frères ennemis Étéocle et Polynice.

À la fin de la pièce, Œdipe résume la situation et assume la sentence : « J'apparais aujourd'hui ce que je suis en fait : un criminel, issu de

6. Notamment par Corneille, Voltaire, André Gide, Jean Cocteau, Henry Bauchau, etc.

criminels... ô double chemin ! val caché ! bois de chênes ! ô étroit carrefour où se joignent deux routes ! vous qui avez bu le sang de mon père versé par mes mains [...]. Hymen, hymen à qui je dois le jour, qui, après m'avoir enfanté, as une fois de plus fait lever la même semence et qui, de la sorte, as montré au monde des pères, frères, enfants, tous de même sang ! des épousées à la fois femmes et mères - les pires hontes des mortels... Non, non ! Il est des choses qu'il n'est pas moins honteux d'évoquer que de faire. Vite, au nom des dieux, vite, cachez-moi quelque part, loin d'ici ; tuez-moi, ou jetez-moi à la mer, en un lieu où vous ne me voyiez jamais plus[7]... »

Il s'accuse, il se crève les yeux, il voudrait être sourd, en guise de castration symbolique, comme l'analyse Freud. Mais est-il si coupable ? Il semble surtout être l'instrument des dieux. Selon les critères juridiques et éthiques de notre temps, ni lui ni sa mère ne peuvent donc être accusés d'inceste - de ce désir charnel entre parent et enfant -, n'ayant pu connaître leur identité réciproque avant de s'unir. Tout le ressort dramatique de la pièce repose sur un renversement complet par la révélation. Aimé et respecté, au sommet de la Cité au début de la pièce, Œdipe finit comme paria, en tant que parfait bouc émissaire qui doit se soustraire au monde afin de le purger de la souillure dont il est porteur. C'est le *pharmakon* par excellence, signifiant à la fois en grec « remède », « poison » et « bouc émissaire ». Ce n'est pas sans rappeler certains ressorts du mythe d'Apollon, dieu de la purification et de la guérison, mais aussi porteur de peste, et l'auteur même de la fameuse prophétie initiale. La tragédie de Sophocle pourrait avoir comme but de rappeler l'interdit de l'inceste et nous mettre en garde contre toute tentation, même cachée. Jocaste n'a-t-elle pas laissé entendre, avec une étonnante désinvolture, que « bien des mortels ont déjà dans leurs rêves partagé le lit maternel. Celui qui attache le moins d'importance à pareilles choses est aussi celui qui supporte le plus aisément la vie » ? Mais elle rend cette même vie tellement tragique, comme Jocaste l'apprendra à ses dépens, pour n'avoir pas assez tenu compte de l'avertissement des dieux. Ne rien

7. Sophocle, *Œdipe roi*, traduction de Paul Mazon, Les Belles Lettres, 1998.

dire, ignorer, n'est-ce pas laisser faire la pire des abominations ? Au moment où Jocaste lance ces phrases sibyllines, elle peut pourtant déjà deviner qu'elle est la mère de son époux. Elle préfère détourner Œdipe de l'évidence et se protéger. Une porte pourrait s'ouvrir sur la possible culpabilité des mères, plus que celle de leurs fils. Freud en a décidé autrement, pour toujours voir le désir chez les enfants plutôt que chez les parents. Un choix discutable.

III

LES COMPLEXES (DÉ)STRUCTURANTS

N'aurions-nous pas un petit complexe d'Œdipe, de Caïn, de Diane, d'Électre, de Cendrillon, de Peter Pan, ou même de Napoléon, sans parler du syndrome de Benjamin[1] si l'on osait l'apparenter au complexe d'Orlando, pour en créer un de plus ? Ou bien de castration, d'abandon, de supériorité ou d'infériorité… à nos heures ? Oh, peut-être bien un… ou deux, le choix est large et semble couvrir tout l'éventail des tendances psychiques, qui sont aussi intimes qu'universelles. Née vers la fin du XIXe siècle avec l'émergence de la psychanalyse, la notion de « complexe » pourrait désigner la rencontre entre les affects qui nous animent, des manques structurels, des tendances, et le poids des représentations mentales largement héritées de la mythologie, de la littérature, de l'histoire, des archétypes qui nous structurent individuellement et collectivement. Alors que Freud a surtout élaboré celui d'Œdipe, pour caractériser le problème de la sexualité refoulée, Jung a élargi progressivement le concept, au fil de ses travaux. Pour lui, il s'agissait notamment de « ce qu'il y a d'inaccompli dans l'individu » (*Psychologie de la démence précoce*, 1907), mais aussi de démons qui nous dominent inconsciemment (*Types psychologiques*, 1922). La littérature a naturellement été une grande pourvoyeuse de récits décrivant des complexes et elle les a magistralement mis en scène. À lire pour s'en libérer ? Ou pour les accepter ?

1. Le syndrome de Caïn désigne une jalousie et une rivalité confinant à la haine, au sein d'une fratrie. Le complexe de Diane caractérise le refus du féminin et de la sexualité. Le complexe d'Électre est la version féminine du complexe d'Œdipe, évoquant l'attirance des petites filles pour leur père. Le complexe de Cendrillon concerne l'envie d'être prise en charge par autrui, un « prince charmant ». Le complexe de Peter Pan dit le refus de grandir. Le syndrome de Benjamin, ainsi nommé en référence à l'endocrinologue et sexologue américain Harry Benjamin et à ses travaux, désigne le transsexualisme.

CHAPITRE 9

Entre « complexes » de supériorité et d'infériorité : candeur et ridicule de Monsieur Jourdain, chez Molière

Le Bourgeois Gentilhomme *(1670)*

Un riche marchand se pique, un beau jour, de devenir gentilhomme. Pour y parvenir, il tente maladroitement de s'approprier les qualités de la noblesse auprès de ses maîtres de musique, de danse, d'armes et de philosophie. Il se pavane dans un habit extravagant, rêve de séduire une belle marquise et de marier sa fille à un aristocrate. Mais il se fait rappeler ici à son monde bourgeois par sa femme et sa servante. N'est pas gentilhomme qui veut.

Acte III, scène 3 :

MADAME JOURDAIN. – Est-ce que vous voulez apprendre à danser pour quand vous n'aurez plus de jambes ?

NICOLE. – Est-ce que vous avez envie de tuer quelqu'un ?

MONSIEUR JOURDAIN. – Taisez-vous, vous dis-je : vous êtes des ignorantes l'une et l'autre, et vous ne savez pas les prérogatives de tout cela.

MADAME JOURDAIN. – Vous devriez plutôt songer à marier votre fille, qui est en âge d'être pourvue.

MONSIEUR JOURDAIN. – Je songerai à marier ma fille quand il se présentera un parti pour elle ; mais je veux songer aussi à apprendre les belles choses.

NICOLE. – J'ai encore ouï dire, Madame, qu'il a pris aujourd'hui, pour renfort de potage, un maître de philosophie.

MONSIEUR JOURDAIN. – Fort bien : je veux avoir de l'esprit, et savoir raisonner des choses parmi les honnêtes gens.

MADAME JOURDAIN. – N'irez-vous point l'un de ces jours au collège vous faire donner le fouet, à votre âge ?

MONSIEUR JOURDAIN. – Pourquoi non ? Plût à Dieu l'avoir tout à l'heure, le fouet, devant tout le monde, et savoir ce qu'on apprend au collège !

NICOLE. – Oui, ma foi ! cela vous rendrait la jambe bien mieux faite.

MONSIEUR JOURDAIN. – Sans doute.

MADAME JOURDAIN. – Tout cela est fort nécessaire pour conduire votre maison.

MONSIEUR JOURDAIN. – Assurément. Vous parlez toutes deux comme des bêtes, et j'ai honte de votre ignorance. *(À Madame Jourdain.)* Par exemple savez-vous, vous, ce que c'est que vous dites à cette heure ?

MADAME JOURDAIN. – Oui, je sais que ce que je dis est fort bien dit, et que vous devriez songer à vivre d'autre sorte.

MONSIEUR JOURDAIN. – Je ne parle pas de cela. Je vous demande ce que c'est que les paroles que vous dites ici.

MADAME JOURDAIN. – Ce sont des paroles bien sensées, et votre conduite ne l'est guère.

MONSIEUR JOURDAIN. – Je ne parle pas de cela, vous dis-je. Je vous demande : ce que je parle avec vous, ce que je vous dis à cette heure, qu'est-ce que c'est ?

MADAME JOURDAIN. – Des chansons.

MONSIEUR JOURDAIN. – Hé non ! ce n'est pas cela. Ce que nous disons tous deux, le langage que nous parlons à cette heure ?

MADAME JOURDAIN. – Hé bien ?

MONSIEUR JOURDAIN. – Comment est-ce que cela s'appelle ?

MADAME JOURDAIN. – Cela s'appelle comme on veut l'appeler.

MONSIEUR JOURDAIN. – C'est de la prose, ignorante.

MADAME JOURDAIN. – De la prose ?

MONSIEUR JOURDAIN. – Oui, de la prose. Tout ce qui est prose n'est point vers ; et tout ce qui n'est point vers n'est point prose. Heu, voilà ce que c'est d'étudier. *(À Nicole.)* Et toi, sais-tu bien comme il faut faire pour dire un U ?

NICOLE. – Comment ?

MONSIEUR JOURDAIN. – Oui. Qu'est-ce que tu fais quand tu dis un U ?

NICOLE. – Quoi ?

MONSIEUR JOURDAIN. – Dis un peu U, pour voir !

NICOLE. – Hé bien, U.

MONSIEUR JOURDAIN. – Qu'est-ce que tu fais ?

NICOLE. – Je dis U.

MONSIEUR JOURDAIN. – Oui, mais quand tu dis U, qu'est-ce que tu fais ?

NICOLE. – Je fais ce que vous me dites.

MONSIEUR JOURDAIN. – Ô l'étrange chose que d'avoir affaire à des bêtes ! Tu allonges les lèvres en dehors et approches la mâchoire d'en haut de celle d'en bas : U, vois-tu ? U. Je fais la moue : U.

NICOLE. – Oui, cela est biau.

MADAME JOURDAIN. – Voilà qui est admirable.

MONSIEUR JOURDAIN. – C'est bien autre chose, si vous aviez vu O, et Da, Da, et Fa, Fa.

MADAME JOURDAIN. – Qu'est-ce que c'est donc que tout ce galimatias-là ?

NICOLE. – De quoi est-ce que tout cela guérit ?

MONSIEUR JOURDAIN. – J'enrage quand je vois des femmes ignorantes.

MADAME JOURDAIN. – Allez, vous devriez envoyer promener tous ces gens-là avec leurs fariboles.

NICOLE. – Et surtout ce grand escogriffe de maître d'armes, qui remplit de poudre tout mon ménage.

MONSIEUR JOURDAIN. – Ouais, ce maître d'armes vous tient fort au cœur. Je te veux faire voir ton impertinence tout à l'heure.
(Il fait apporter les fleurets et en donne un à Nicole.)
Tiens. Raison démonstrative, la ligne du corps. Quand on pousse en quarte, on n'a qu'à faire cela, et quand on pousse en tierce, on n'a qu'à faire cela. Voilà le moyen de n'être jamais tué ; et cela n'est-il pas beau d'être assuré de son fait, quand on se bat contre

quelqu'un ? Là, pousse-moi un peu pour voir.

NICOLE. – Hé bien, quoi ? *(Nicole lui pousse plusieurs coups.)*

MONSIEUR JOURDAIN. – Tout beau, holà, oh ! doucement. Diantre soit la coquine.

NICOLE. – Vous me dites de pousser.

MONSIEUR JOURDAIN. – Oui ; mais tu me pousses en tierce, avant que de pousser en quarte, et tu n'as pas la patience que je pare.

MADAME JOURDAIN. – Vous êtes fou, mon mari, avec toutes vos fantaisies, et cela vous est venu depuis que vous vous mêlez de hanter la noblesse.

MONSIEUR JOURDAIN. – Lorsque je hante la noblesse, je fais paraître mon jugement, et cela est plus beau que de hanter votre bourgeoisie.

(Molière.)

Parvenu jusqu'à la folie !

Plus de deux siècles après la Révolution française, les rêves aristocratiques d'un bourgeois fascinent toujours, et la comédie-ballet de Molière est régulièrement donnée avec succès. Entre la cour de Louis XIV, pour laquelle elle a été créée et représentée pour la première fois en 1670 au château de Chambord, et notre monde républicain, la distance pourrait sembler grande. Sauf que les frontières entre classes sociales sont toujours bien gardées. La figure du parvenu cherchant à se hisser au rang supérieur est un invariant qui conserve donc son ressort comique. Comme le comte qui méprise le bourgeois et la servante qui rit de son maître, aux deux extrêmes de l'échelle sociale, on se moque de la folie des grandeurs de l'ambitieux. De son mauvais goût, de sa simple bêtise ou de sa folie caractérisée ?

Monsieur Jourdain se montre décidément insupportable de suffisance et de condescendance dans cette scène. Il prend une pause supérieure comme on le sent dans les interjections (« heu »), tente de faire taire ses interlocutrices (« taisez-vous »), avant de les rabaisser en les qualifiant à deux reprises d'« ignorantes » et de « bêtes ». Il leur fait encore la leçon en maître d'école, par de lourdes questions pédagogiques, pour étaler sa science récente du style et de la phonétique, en référence à la célèbre scène du billet galant à rédiger dans tous les sens : « Belle Marquise, vos beaux yeux me font mourir d'amour [...]. D'amour mourir me font, belle Marquise, vos beaux yeux [...]. Vos yeux beaux d'amour me font, belle Marquise, mourir. [...] Mourir vos beaux yeux, belle Marquise, d'amour me font. [...] Me font vos yeux beaux mourir, belle Marquise, d'amour. » On ne résiste pas au plaisir de le relire...

Il n'a pas suffi à l'auteur de ridiculiser son personnage une première fois en le montrant aussi incapable d'élégance pour la danse ou la musique, d'adresse pour les armes, que de finesse pour l'esprit. Il souligne sa balourdise par l'absurde et la répétition du sujet. Le lecteur complice rit immanquablement des travers soulignés à loisir et dénoncés avec bon sens par l'épouse et la servante. Même si les rapports sociaux de jadis toléraient un tel mépris du mari envers sa femme et sa subalterne, Madame Jourdain et Nicole vont reprendre l'avantage sur l'orgueilleux et le ramener dans le droit chemin de la bourgeoisie, en complices involontaires de l'ordre établi.

Alors que Monsieur Jourdain veut s'élever dans les hautes sphères de la société et de l'esprit, tout le ramène à son épaisseur corporelle qui ressurgit dans la grossièreté et la quasi-infirmité, au lieu d'être allégée, voire effacée, comme l'exigeraient les critères de bon goût de la classe sociale supérieure. Son épouse se moque d'abord de ses prétentions de danseur en évoquant le spectre de son impotence future et l'image du danseur cul-de-jatte crée un cruel effet comique. Le corps est aussi malmené par l'image du fouet donné aux collégiens ou par l'attaque de Nicole qui malmène au fleuret son maître imprudent. Suprême humiliation infligée par une femme, et servante qui plus est ! Le visage lui-même est enfin déformé par la prononciation outrancière des voyelles. Pire, tout ramène le personnage à l'animalité qu'il dénonçait chez ses interlocutrices. Sa parole finit par se réduire à des « U », « O », « Da »… et sa femme n'y entend qu'un informe « galimatias », autrement dit la « science du coq » au sens étymologique du terme. L'expression n'est pas là par hasard. Le personnage sue décidément le ridicule par tous les pores de son être, au grand bonheur des acteurs qui n'ont jamais manqué de forcer le trait dans cette scène d'anthologie, en endossant le rôle.

Monsieur Jourdain est ainsi rabaissé sans ménagement à sa condition bourgeoise, physiquement, socialement, moralement, intellectuellement. S'il a raison de chercher à avoir de l'esprit, de s'intéresser aux belles choses et de faire des dépenses d'apparat pour singer la noblesse, il « se méprend sur le fonctionnement de l'apprentissage aristocratique. Les gentilshommes ne se forment pas par leçon, mais par imprégnation : ils prennent teinture depuis leur tendre enfance, par mimétisme continu et naturel, de toutes les disciplines », explique Jean de Guardia[1]. Il confond l'être (presque inné) avec le paraître en se déguisant en gentilhomme et ne peut d'ailleurs que faire « paraître [son] jugement » comme il l'avoue, quand il « hante » la noblesse sans en être. Il se pense donc incompris, tel un transfuge de classe jamais vraiment à sa place, mais il reste bourgeois malgré lui.

Le modèle n'a pu qu'inspirer Pierre Bourdieu dans son essai *La Distinction. Critique sociale du jugement* (1979), comme cela apparaît dès l'introduction de l'ouvrage qui a marqué la sociologie moderne : « La définition de la noblesse culturelle est l'enjeu d'une lutte qui, du XVIIe siècle à nos jours, n'a cessé d'opposer, de manière plus ou moins déclarée, des groupes séparés dans leur idée de la culture, du rapport légitime à la culture et aux œuvres d'art [...], elle dévalue en effet le savoir et l'interprétation savante, marquée comme "scolaire", voire "pédante", au profit de l'expérience directe et de la simple délectation. » Pour ressurgir de façon retentissante dans l'œuvre de Bourdieu à la fin des années 1970, et marquer toujours la pensée aujourd'hui, la question est restée éminemment sensible. « Il est peu de cas où la sociologie ressemble autant à une psychanalyse sociale que lorsqu'elle s'affronte à un objet comme le goût, un des enjeux les plus vitaux des luttes dont le champ de la classe dominante et le champ de production culturelle sont le lieu », affirme le sociologue.

Madame Jourdain n'en a cure, apparemment, et assume parfaitement sa condition. Elle incarne le bon sens, à défaut

---

1. Jean de Guardia, spécialiste du théâtre classique et professeur à l'Institut d'études théâtrales de la Sorbonne-Nouvelle, est l'auteur de la présentation du *Bourgeois Gentilhomme* dans l'édition Flammarion, coll. « Garnier-Flammarion », 2014.

de savoir philosopher, et le pragmatisme matrimonial en rappelant la nécessité de marier sa fille avec un bourgeois qui leur ressemble, « un honnête homme riche et bien fait » plutôt qu'« un gentilhomme gueux et mal bâti[2] ». Elle défend enfin la vertu clé de la bourgeoisie, l'honnêteté économique garante de leur fortune, et dénonce plus loin dans la scène la rouerie de l'aristocrate Dorante qui vit aux dépens de son crédule mari. Elle porte les valeurs de sa classe et échappe au ridicule.

Après tout, pourquoi s'acharner ainsi sur le pauvre Monsieur Jourdain ? N'est-ce pas touchant de s'intéresser « aux belles choses », de faire preuve de curiosité ? Au tournant des années 2000, Agnès Jaoui avait proposé une lecture plus émouvante du bourgeois inculte qui s'émancipe, tombe amoureux d'une actrice et se pique soudain de peinture, incarné par un Jean-Pierre Bacri mélancolique dans *Le Goût des autres.* Sauf que Jean-Jacques, le chef d'entreprise, se découvre une réelle sensibilité artistique, tandis que Monsieur Jourdain ne s'essaie aux arts que par ambition sociale. Molière n'en fait pas seulement une farce, mais un risque bien perçu par Madame Jourdain qui craint d'être exclue de sa classe et d'être méprisée par de futurs petits-enfants nobles : « Je ne veux point qu'un gendre puisse à ma fille reprocher ses parents, et qu'elle ait des enfants qui aient honte de m'appeler leur grand-maman[3] », explique-t-elle plus loin. D'ailleurs, elle ne rit pas de son mari, comme Nicole le fait de son maître sans retenue. Elle tempête car elle s'inquiète. Et à raison : « Les textes de loi sur l'"usurpation de noblesse", conçus sous Louis XIV pour faire

2. Acte III, scène 12.
3. *Ibid.*

la "chasse aux faux nobles", formaient ainsi une machine de guerre destinée à séparer clairement les classes. À la lumière de cette politique, *Le Bourgeois Gentilhomme* prend des couleurs plus sombres : puisque le roi veut que l'anoblissement par la pratique de la "vie noble" devienne illégal, Molière va rendre cette pratique ridicule », explique encore Jean de Guardia[4].

Pire, elle mène le pauvre homme à la folie ! Déjà, sa femme le met en garde : « Vous êtes fou, mon mari, avec toutes vos fantaisies. » Et comme elle parle rarement au sens figuré – c'est une caractéristique de sa condition –, sa parole a valeur de diagnostic. Monsieur Jourdain perd peu à peu le sens de la réalité. Il réinvente sa généalogie et fait les frais d'une mascarade où il se croit anobli par le titre fantasque de mamamouchi pour donner la main de sa fille au fils du Grand Turc imaginaire, autrement dit à Cléonte déguisé, le prétendant roturier dont il ne voulait pas. Tout est bien qui finit bien, le mariage des tourtereaux sera donc parfaitement endogame grâce à cette supercherie. Molière, dramaturge du roi en titre, est décidément bien conservateur et se fait complice de la « violence symbolique » – notion clé de la sociologie bourdieusienne –, qui repose sur la légitimation des rapports de domination sociale et culturelle par les individus dominés eux-mêmes, à l'instar de Madame Jourdain. Avait-il le choix ?

Monsieur Jourdain, dangereusement divergent pour l'ordre établi, est bien puni. Isolé par sa folie, dupé par tout le monde, il est laissé à son délire. Le mot de la fin, plus clinique que social ou politique, revient à Covielle, le domestique rusé de Cléonte, auteur de la supercherie : « Si l'on ne peut en voir un

4. Jean de Guardia, « Présentation », in *Le Bourgeois Gentilhomme*, *op. cit.*

plus fou, je l'irai dire à Rome. » Alors que Nicole se demande, non sans perfidie dans notre scène 3 de l'acte III, ce que le galimatias de son maître pouvait bien guérir, interrogeons-nous plutôt sur la vraie nature du trouble dont il est symptomatique.

Diagnostic du psychiatre

MONSIEUR JOURDAIN OU L'ANTI-MOLIÈRE

Avant que d'aborder la possible pathologie de Monsieur Jourdain et sans doute par déformation professionnelle, je ne peux m'empêcher de m'interroger sur la structure psychologique de son géniteur, le sieur Jean-Baptiste Poquelin, *alias* Molière, dramaturge officiel du Roi-Soleil, courtisan aussi notoire qu'habile. Petit directeur d'une petite troupe de théâtre, bombardé au firmament des comédiens par la grâce du Prince, il se comporte parfois en flagorneur. En bon manœuvrier, il semble ridiculiser ici ceux qui pourraient remettre en question l'ordre établi, semer une graine de révolution ; bref, Molière se comporte en parfait réac… à moins que ! L'importance donnée aux servantes et serviteurs, dignes prédécesseurs de Figaro dans *Le Barbier de Séville*, suggère un deuxième, voire un troisième degré… ne serait-ce pas la noblesse qui est moquée au final ? Après tout, Monsieur Jourdain, à l'opposé des parasites et faux porte-parole de l'aristocratie qui l'entourent, apparaît comme un homme honnête, à défaut d'être un honnête homme.

Dans ce contexte, la peinture burlesque d'un Monsieur Jourdain à la fois naïf et ridicule pose question. Nulle trace de cynisme chez lui, mais au contraire une fraîcheur, une candeur qui finissent par le rendre presque sympathique, lui qui sans s'en rendre compte est grugé par tous les parasites qui l'entourent et émasculé par sa femme et sa servante. N'en déplaise à ceux et à celles qui le jugent avec des yeux contemporains, ce vaniteux bourgeois se comporte comme un père aimant et un bon mari. À l'époque, en effet, le contrat de mariage était destiné à allier deux patrimoines, par exemple unir deux royaumes, augmenter les terres pour les gens de la campagne, ou bien, si possible, à faire fonctionner l'ascenseur social pour les bourgeois ; le consentement au mariage n'était en aucun cas requis de la part des filles. L'amour réciproque et la fidélité du mari ne faisaient en aucun cas partie dudit contrat. Impossible donc de reprocher à Monsieur Jourdain ses aventures (rêvées) avec la marquise.

Pour se pénétrer des usages de l'époque, il n'est que de repenser à la Princesse de Clèves qui, tout en étant restée fidèle à son mari qu'« elle épousa même avec moins de répugnance qu'un autre », avait (bêtement) avoué à celui-ci son amour pour un autre homme, aveu que celui-ci n'avait pas du tout apprécié. Et c'est un euphémisme ! Pourtant, selon les canons du Grand Siècle, la Princesse avait respecté le contrat en entretenant avec le Prince de Clèves une parfaite amitié conjugale, une tendresse même. Un amour-estime qu'elle lui conservera même une fois veuve. Mais de l'amour, que nenni. De son côté, le Prince, s'il éprouvait lui aussi de l'amour-amitié pour son épouse, ressentait avant tout de l'amour-passion. Il aimait éperdument Mademoiselle de Chartres bien avant de l'épouser et cet amour était exclusif ; il resta fidèle jusqu'au bout, alors que ce n'était aucunement la règle chez les maris aristocrates.

Et c'est cet amour conjugal du Prince de Clèves qui stupéfia autant la Princesse que tous ses lecteurs !

Pour finir, on peut même dire que Monsieur Jourdain était un maître on ne peut plus tolérant à l'égard de son effrontée servante. Dans ce contexte, quelle pourrait être la pathologie psychiatrique de ce bourgeois ? Deux traits sautent immédiatement aux yeux : la vanité et la naïveté.

Vanité : proche de l'orgueil, dans une version ridicule, cette caractéristique évoque la surestimation de soi, l'ego surdimensionné cher au courant psychanalytique. Alors, mégalomane, Monsieur Jourdain ? Quand la mégalomanie devient pathologique, elle s'inscrit dans le cadre de la paranoïa et concerne des sujets rigides, ignorant le doute, écrasant sans vergogne leur entourage et, surtout, complètement persécutés. Nulle trace de cette structure chez notre brave bourgeois, qu'on peut certes juger un peu limité – pour rester charitable. Au XIXe siècle existait une entité clinique qui catégorisait les « débiles vaniteux ». Monsieur Jourdain n'était pas débile comme en témoigne son enrichissement considérable, mais on peut dire qu'il était déficitaire dans le domaine des relations sociales. Son peu de discernement dans le choix de ses conseillers parasites laisse en effet pantois, tant il contraste avec son habileté professionnelle.

Monsieur Jourdain était-il mythomane ? Je ne le pense pas, car au fond il n'invente rien qui ne lui ait été soufflé. Simplement, il fait confiance à des arnaqueurs qui, outre ses pécunes, lui soutirent jusqu'à sa dignité… Toute cette farce se résume à ce que Monsieur Jourdain considère comme une sorte de bizutage, ou bien un enterrement de vie de garçon ou de jeune fille, ces formes modernes de maltraitance auxquelles se plient les impétrants (parvenus ?) aux grandes écoles ou au statut matrimonial. Le pauvre naïf s'imagine qu'en acceptant les pires avanies, les pires extravagances, il sera intégré à la grande école de l'aristocratie. Et tant pis si le ridicule (grand mamamouchi) risque de le tuer ! Malheureusement pour lui, ses bourreaux sont des escrocs qui se moquent de son rêve de devenir noble. Alors, qui est malade, le bizuteur ou le bizuté ? Monsieur Jourdain ou ses professeurs ? Le naïf ou les pervers ?

Naïveté : ce trait est indiscutable. À partir du moment où c'est une personne de qualité qui s'adresse à lui, Monsieur Jourdain avale tout, le ver, l'hameçon et toute la ligne ! Véritable *fashion victim*, il se plie à tout ce qu'il imagine être la mode chez les gentilshommes. Très influençable, assez limité sur le plan intellectuel, Monsieur Jourdain est à l'évidence un parfait parvenu, un gogo, un pigeon en danger permanent d'être plumé par des escrocs sans scrupule. Là encore, je ne vois pas de symptôme psychiatrique à part cet aspect (un peu) déficitaire dans certains domaines.

Mon diagnostic : Monsieur Jourdain est un doux rêveur, à l'intelligence modeste, pas un malade mental. Néanmoins, il s'agit à l'évidence d'une personne vulnérable. Pour être certain de ne pas passer à côté d'une neurodégénérescence, je dois demander un bilan neuropsychologique et une IRM car, compte tenu de son âge, il convient de ne pas oublier que le sieur Alois Alzheimer se tient souvent en embuscade. Et, au fond, je ne serais pas tellement surpris de le débusquer, car la prose de Monsieur Jourdain vire souvent au radotage.

L'ordonnance

Conduite à tenir

En de telles circonstances, mon premier réflexe de psy responsable sera de rédiger sur-le-champ une « sauvegarde de justice[5] » qui prendra immédiatement effet dans l'attente d'une curatelle décidée par le juge des tutelles. Charge ensuite au curateur de ramener gentiment mais fermement Monsieur Jourdain à des comportements et à des dépenses plus raisonnables.

S'il l'acceptait, il serait certainement utile que ledit curateur joue le rôle de coach de vie et puisse l'aider progressivement à faire preuve de plus de discernement, à mieux choisir son entourage, bref à adopter un style de vie un peu plus conforme.

Ensuite, une fois effectué et interprété l'examen en imagerie médicale, soit mon patient souffre d'une maladie d'Alzheimer débutante, auquel cas je mettrais en place tout le dispositif d'aide à domicile dans l'attente malheureusement probable d'un Ehpad avec unité spéciale, soit ce n'est pas le cas. Dans cette hypothèse, je mettrais en place une psychothérapie de soutien et je lui proposerais d'intégrer un club du troisième âge avec plein d'activités non aristocratiques...

5. Laquelle permet d'annuler *a posteriori* des dépenses considérées comme inappropriées.

CHAPITRE 10

Un cas de trouble dissociatif chez Virginia Woolf ? Orlando transgenre

Orlando *(1928)*

Le roman s'ouvre sur la vie d'un jeune noble, d'une grâce sans pareille, né sous Élisabeth Ire, qui glisse d'une époque à l'autre jusqu'au XXe siècle et d'un sexe à l'autre. La scène, ci-dessous, se déroule à Constantinople, où Orlando a été envoyé en tant qu'« ambassadeur extraordinaire » (pour le moins...). Alors que des troubles politiques éclatent, il sombre dans un profond sommeil pendant plusieurs jours, pour se réveiller... en femme.

Chapitre III :

> « LA VÉRITÉ ! »
> À ce bruit, Orlando s'éveilla.
> Il s'étira. Il se leva. Il apparut dans une nudité complète ; et, dans le claironnement des trompettes hurlant : « Vérité ! Vérité ! Vérité ! », nous devons bien l'avouer – c'était une femme.
> [...]
> Le son des trompettes mourut au loin et Orlando restait figé dans sa nudité. Jamais, depuis le commencement du

monde, on ne vit plus charmant mortel. Ses formes alliaient à la force d'un homme la grâce d'une femme. Tandis qu'il se tenait là, les trompettes d'argent prolongeaient leur dernière note, comme au regret de laisser le ravissant tableau que leurs clameurs avaient fait naître ; et les trois sœurs, Chasteté, Pureté, Modestie, certainement inspirées par Curiosité, avaient entrebâillé la porte pour jeter un coup d'œil et lancèrent vers la forme nue un tissu en guise de serviette qui manqua son but de plusieurs centimètres. Orlando se regarda des pieds à la tête dans un haut miroir, sans le moindre trouble apparent, et s'en fut, probablement, prendre son bain.

Profitons de cet arrêt dans notre récit pour souligner certains points. Orlando était devenu femme – inutile de le nier. Mais pour le reste, à tous égards, Orlando restait celui qu'il avait toujours été. Le changement de sexe, bien qu'il altérât l'avenir, n'avait en rien altéré son identité. Les deux visages d'Orlando restaient, comme les portraits le prouvent, presque semblables. Il pouvait – mais désormais, par convention, nous devons dire *elle* au lieu de *il* –, elle pouvait donc se souvenir sans obstacle de tous les événements de sa vie passée. Une légère brume demeurait peut-être, comme si quelques gouttes sombres se fussent diffusées dans l'étang clair de la mémoire ; certaines choses étaient devenues plus obscures ; mais c'était tout. La métamorphose semble s'être accomplie sans douleur, intégralement, et si bien qu'Orlando elle-même ne s'en montra pas surprise. Partant de là, beaucoup sont ceux qui, tenant pour contre nature un changement de sexe, se sont donné beaucoup de mal pour prouver : 1° qu'Orlando avait toujours été une femme ou : 2° qu'Orlando était resté un homme. Laissons biologistes et psychologues en décider. Quant à nous, il nous suffira de prendre acte qu'Orlando fut un homme jusqu'à l'âge de 30 ans ; jusqu'à ce qu'il devienne femme et le soit depuis lors.

Laissons à d'autres plumes le soin de traiter du sexe et de la sexualité ; nous abandonnons, sans plus attendre, des sujets aussi scabreux. Orlando ayant fait sa toilette, elle se vêtit d'une de ces vestes et d'un de ces pantalons turcs qui conviennent indifféremment aux deux sexes, et dut alors considérer sa situation. Celle-ci était des plus précaires et embarrassantes, comme le lecteur qui a suivi avec sympathie le cours de cette histoire en conviendra de prime abord. Jeune, noble, belle, Orlando se trouvait à son réveil dans une position on ne peut plus délicate pour une jeune dame de sa qualité. Nous n'aurions pu la blâmer si elle avait, à cet instant, sonné, hurlé, ou s'était évanouie. Mais Orlando ne montra aucun de ces signes de trouble. Elle fit preuve d'une telle maîtrise dans tous ses actes, qu'on aurait vraiment pu y voir un indice de préméditation.

(Virginia Woolf. Traduction de Catherine Souviat-Tisserant.)

La part de l'autre assumée

Une « farce… une récréation d'écrivain[1] ». C'est ainsi que Virginia Woolf qualifie d'abord son roman *Orlando*, comme pour excuser son apparente légèreté, avant même sa publication. De fait, le propos est fantasque, mettant en scène un être immortel changeant de sexe à travers les âges. Alors que l'autrice s'attendait aux foudres de la critique, le livre remporte aussitôt un grand succès quand il paraît en 1928, non démenti jusqu'à nos jours. Il suscite toujours le même engouement,

1. Virginia Woolf, *Journal* (18 mars 1928), Stock, 2008.

peut-être pour d'autres raisons. Après avoir été magnifiquement porté au grand écran par Sally Potter en 1992, il a fait l'objet du documentaire engagé *Orlando, ma biographie politique*, du philosophe Paul B. Preciado en 2023. Le roman amuse, il éblouit surtout par sa beauté, et la transformation d'un homme en femme pourrait d'abord être une métaphore du pouvoir créatif du verbe, de la littérature qui se permet tout ici. Mais il intrigue, inspire et pourrait aussi se faire l'écho d'un fantasme profondément ancré dans l'humanité, depuis Tirésias dans la mythologie grecque, condamné à être métamorphosé en femme pendant sept ans pour avoir séparé des serpents qui s'accouplaient.

Sauf que l'aventure d'Orlando est loin d'être décrite comme une malédiction, s'offrant comme une réponse hyperbolique aux éternelles questions croisées sur le masculin et le féminin : que sait-on du sexe de l'autre, et quelle est la part de l'autre en soi ? Pour toute réponse, Virginia Woolf nous propose de devenir cet autre, le temps de la lecture. Pouvait-elle se douter de la tentation future de vivre son conte au premier degré, de changer de sexe pour de bon, et que son personnage deviendrait une icône LGBT ? Hier une simple fiction, puis une folie. Aujourd'hui une évidence pour certains, sortie du champ de la psychiatrie, précisément comme celle que vit Orlando dans un conte merveilleux où le surnaturel passe pour tout à fait naturel. La raison de son écho prolongé jusqu'à notre époque actuelle ?

Avant même d'ouvrir le roman de Virginia Woolf, quel lecteur ignore ce qui va s'y tramer ? Sa réputation le précède. On l'ouvre tout de même avec curiosité et la surprise vient du traitement littéraire et existentiel. Comment l'autrice ose-t-elle métamorphoser son personnage, envers et contre tous les codes du vraisemblable, et nous embarquer dans son délire ? Le narrateur entoure tout d'abord son récit de brume et d'incertitude, autorisant la création littéraire : « C'est à partir de pareilles bribes que nous devons faire au mieux pour retracer la vie et la personnalité d'Orlando en ce temps-là. Il existe, encore jusqu'à nos jours, des rumeurs, des légendes, des anecdotes vagues et non attestées sur la vie d'Orlando à Constantinople », énonce-t-il au début du chapitre III. Dès lors, tout est permis, la fiction peut prendre le relais de l'histoire raisonnable pour mieux approcher la vérité, en nous plongeant dans le monde onirique du personnage endormi, au milieu d'une scène allégorique sortie d'un opéra baroque.

Peu avant le passage proposé, le narrateur convoque les ténèbres, qui masquent pour mieux révéler : « Que ne sont-elles plus épaisses ! Assez épaisses avons-nous envie de nous récrier, pour nous empêcher de rien voir à travers leur opacité ! » Il serait si simple d'en finir là, d'annoncer simplement la mort d'Orlando et d'achever ici le récit. Mais non, les déesses Vérité, Franchise, Honnêteté qui orchestrent la scène veillent à la franchise du biographe. C'est donc la Vérité qui triomphe des assauts de Pureté, Chasteté et Pudeur (autres figures allégoriques du tableau) qui tentent de voiler l'impensable en envoyant maladroitement une serviette protectrice dans un élan plutôt comique. Et c'est à ce mot que, sortant d'un long sommeil, se réveille le(la) bel(le) endormi(e), dans toute sa nudité de femme.

Le son des trompettes se meurt, le décor rococo s'évanouit, les ténèbres se lèvent bientôt et nous revenons sur un plan beaucoup plus prosaïque en pleine lumière, alors qu'Orlando observe son changement de sexe « sans un geste », sans le moindre trouble. C'est une femme ? Et alors, pas de place pour la surprise. Sa biographe insiste sur l'impassibilité du personnage, assumant ainsi le surnaturel avec le plus grand naturel, grâce à une évolution insensible de son corps, dans tous les sens du terme. Techniquement mais pudiquement, l'émasculation est ainsi évoquée de manière « indolore », en réponse, peut-être, à l'inquiétude potentielle de la gent masculine… On sourit de la précaution. Deux registres se superposent ici : celui de la trivialité, alors que la belle part tout simplement prendre son bain, et celui de l'émerveillement, de la féerie, par la référence au « commencement du monde » emblématique de l'atemporalité du conte et à la beauté surhumaine d'Orlando qui le place au-dessus des simples « mortels ». Entre les deux, le jeu se fait ; il y a une place pour l'humour qui pourrait nous empêcher de prendre ce texte au sérieux. Mais le regard du narrateur se fait aussi profond.

Si Orlando devient autre, il reste au fond le même, ayant changé de sexe mais pas de personnalité, souligne avec soin le narrateur dans une parenthèse explicative (« Profitons de cet arrêt dans notre récit pour souligner certains points »). Bien que les conventions imposent l'adoption du pronom *elle*, le prénom est conservé jusqu'à la fin du roman, témoin de cette permanence de l'être au-delà de l'identité sexuelle mouvante, et l'héroïne hérite, à quelques ombres près, de sa longue histoire masculine.

C'est donc bien le(la) même, mais en mieux, comme porteuse d'une réalité augmentée. Car cette transformation représente finalement un gain, pas une perte, dans la mesure où le personnage d'Orlando cumule les atouts masculins et féminins, par ses formes alliant « la force d'un homme et la grâce d'une femme ». Cela ne manque pas d'audace dans le contexte patriarcal du début du XXe siècle, et à l'heure où les théories de Freud s'imposent, sur le phallus triomphant. En tant qu'éditrice de la première heure des traductions des textes du psychanalyste viennois, avec sa maison d'édition Hogarth Press, Virginia Woolf ne pouvait les ignorer… Elle s'en moque visiblement. Elle renvoie d'ailleurs ironiquement dos à dos biologistes et psychologues dans notre passage, en les réduisant à un bon sens stérile qui ne permet pas de comprendre le miracle fondateur. Seule la littérature le permet. Pour elle, pas de doute, on peut se passer du pénis pour être un être parfait et complet, si l'on suit son raisonnement, à condition de garder en mémoire d'avoir été homme, d'être double et unique à la fois.

Au-delà de la provocation et du caractère échevelé de l'histoire, il s'agit peut-être de reconnaître que chaque individu possède, en puissance, les deux dimensions. Déjà, dès le début du roman, la beauté légendaire des jambes d'Orlando est louée, atout rarement célébré chez un homme. Et plus tard, si la dimension féminine du personnage transformé est assumée, par une « panoplie complète de vêtements féminins à la mode du moment », puis par la maternité rapidement évoquée, une indépendance plus propre aux caractéristiques masculines du moment est revendiquée. Elle se traduit par une solitude féconde en communion avec la nature. « J'ai trouvé mon âme sœur, murmura-t-elle : "C'est ta lande. Je suis l'épouse de la nature." » C'est ce qui fait sa liberté, sa force non genrée jusqu'à la fin du livre. Elle est même « le Prodige, la Perle, la Perfection incarnée », selon l'archiduc Harry, un prétendant éconduit, d'abord éperdument amoureux d'Orlando homme avant l'épisode de Constantinople, et plus encore du personnage devenu femme au retour en Angleterre, dans les chapitres II et IV encadrant significativement celui de la métamorphose. Il se travestit pour plaire au premier (assumant visiblement son homosexualité), puis reparaît en homme pour conquérir la seconde (dans une parfaite fluidité sexuelle). S'il a quelque chose de burlesque, d'hystérique, il dit l'essentiel.

En tant que femme, Orlando continue aussi d'écrire. Elle réécrit inlassablement son poème *Le Chêne* jusqu'à sa publication, pour devenir une autrice à succès au XXe siècle. On peut y voir un prélude à la conférence de Virginia Woolf donnée dès 1929, « La femme et le roman », publiée sous le titre *A Room of One's Own* (*Une Chambre à soi*), où elle revendique notamment une nécessaire autonomie des femmes de lettres. Mais surtout, « elle y discute le concept d'androgynie, plaidant pour une harmonieuse synthèse des prototypes masculins et féminins. "Peut-être, déclare-t-elle, un esprit exclusivement masculin est-il aussi incapable de créer qu'un esprit exclusivement féminin[2]" ».

Si *Orlando* met en scène cette parfaite complémentarité, Virginia Woolf la vit elle-même en tant qu'autrice et femme

2. Pierre Nordon, « Préface », *in* Virginia Woolf, *Orlando*, Le Livre de Poche, 2016.

libre, bien au-delà des conventions de son temps. Elle écrit, fréquente le cercle intellectuel avant-gardiste du Bloomsbury Group, milite pour les droits des femmes. Certes, elle se marie avec Leonard Woolf, mais vit sa bisexualité librement. C'est justement au moment où elle connaît une idylle avec la riche poétesse et romancière Vita Sackville-West en 1927 qu'elle se lance dans l'écriture d'*Orlando*. Le changement de sexe serait-il une façon décalée, hyperbolique, d'évoquer son homosexualité, son ambivalence, en la transposant sur le terrain d'un conte invraisemblable ? Alors qu'elle associe Vita à son personnage Sacha (amante de son héros, alors masculin), il faut bien retrouver un peu de la romancière dans son bel androgyne immortel.

On peut s'étonner du passage, peu avant la transformation, quand Orlando est courtisé par l'archiduc Harry travesti en archiduchesse Harriet, mais qui a visiblement tout d'un homme par sa taille, ses traits, sa façon de se mouvoir, en dépit d'un petit rire. Et le jeune homme est si troublé par un sentiment amoureux inattendu – pressentant l'incongruité de la situation sûrement – qu'il quitte l'Angleterre pour Constantinople, où il continue de séduire indifféremment des sexes (« Il devint le Dieu de bien des femmes et de quelques hommes », au chapitre II) avant de devenir une femme. L'enchaînement des faits n'est pas un hasard et le rire, l'excès du travesti en drag-queen avant l'heure, ne fait peut-être que maquiller, au sens propre, un authentique élan réciproque à peine dissimulé. Il le fallait sûrement, à l'heure où l'homosexualité pouvait conduire en prison quand paraît le roman. Peu avant, l'écrivain Edward Morgan Forster, du Bloomsbury

Group, avait d'ailleurs dû renoncer à la publication de son roman autobiographique *Maurice*, traitant positivement de l'homosexualité.

De la dépénalisation à la dépsychiatrisation

Les relations sexuelles entre personnes du même sexe ne sont plus pénalisées en France depuis la Révolution, à l'inverse de la loi anglaise, qui a poursuivi jusqu'en 1967 les hommes homosexuels. Toutefois, le régime de Vichy réintroduit une différence dans l'âge légal du consentement, selon que le partenaire est du même sexe ou non. Ce sont ces dernières discriminations que lève la loi du 4 août 1982.

Robert Badinter, alors garde des Sceaux, défendait le projet de loi en ces termes : « L'Assemblée sait quel type de société, toujours marquée par l'arbitraire, l'intolérance, le fanatisme ou le racisme a constamment pratiqué la chasse à l'homosexualité. Cette discrimination et cette répression sont incompatibles avec les principes d'un grand pays de liberté comme le nôtre. Il n'est que temps de prendre conscience de tout ce que la France doit aux homosexuels comme à tous ses autres citoyens dans tant de domaines. La discrimination, la flétrissure qu'implique à leur égard l'existence d'une infraction particulière d'homosexualité les atteint - nous atteint tous - à travers une loi qui exprime l'idéologie, la pesanteur d'une époque odieuse de notre histoire. Le moment est venu, pour l'Assemblée, d'en finir avec ces discriminations comme avec toutes les autres qui subsistent encore dans notre société, car elles sont indignes de la France. » Des propos qui résonnent fortement avec notre actualité.

Dès lors, il ne s'agissait donc plus de faire de l'homosexualité ni un délit ni une maladie. Mais il faut attendre 2022 pour que les « thérapies de conversion », cherchant à corriger médicalement l'orientation sexuelle ou l'identité de genre des personnes trans, soient officiellement interdites en France, après avoir été assimilées à des actes de torture.

La dépsychiatrisation du transsexualisme était pourtant déjà actée depuis 2010 en France, premier pays à le sortir de la classification des maladies mentales, douze ans avant l'OMS. Un pas important vers la déstigmatisation. Mais alors de quoi s'agit-il précisément ? Pour qualifier le sentiment de ne pas appartenir au sexe biologique assigné à la naissance, la dénomination a beaucoup évolué, à mesure que son caractère pathologique lui a été progressivement retiré. Au fil des années, la terminologie est ainsi passée de « perversions sexuelles » (*CIM-9* en 1975) à « troubles de l'identité sexuelle » ou « troubles sexuels » (*DSM-IV* en 1994 et 2000), puis à « incongruence de genre » et « dysphorie de genre » (*DSM-5* en 2013, et *CIM-11* en 2019). La suite au prochain *DSM* (ce sera le *DSM-6*). En attendant, la notion de transidentité est souvent préférée par les intéressés.

Récemment, l'Association américaine de psychiatrie a réaffirmé que « la non-conformité de genre elle-même n'est pas un trouble mental. Ce qui caractérise la dysphorie de genre est la présence d'une souffrance clinique significative associée à la non-conformité de genre » (*Physician Review*, 2022). Si le terme reste discuté, au nom même de la dépathologisation et du questionnement sur les contraintes sociales liées au genre, cette analyse indique ce qui motive la recherche d'harmonisation entre le mode de vie et le sexe psychique, moyennant une lourde prise en charge médicale, hormonale et chirurgicale. Celle-ci ne nécessite donc plus en France l'aval d'un psychiatre, même si l'on peut penser qu'un suivi psychologique peut aider certain(e)s en pareil moment, comme pour d'autres bouleversements de la vie. La dépsychiatrisation ne recouvre donc pas l'idée de démédicalisation. Car, dans la réalité, les parcours de transition n'ont pas la merveilleuse simplicité de celui d'Orlando.

Orlando saura dépasser les entraves sociales propres à son époque et conquérir tous les publics, au-delà des genres et des identités. Pas seulement en incarnant une fluidité sexuelle, mais en rendant compte d'une fluidité entre les consciences, entre tous les « moi » intérieurs et les différents êtres, conformément au concept de *stream of consciousness* du psychologue et philosophe William James. Voilà qui pourrait aussi faire d'*Orlando* une autobiographie en trompe-l'œil. « Virginia Woolf est une autobiographe qui ne publia jamais d'autobiographie, une égotiste qui haïssait l'égotisme. [...] Elle cherche toujours à savoir ce qui arrive à ce "soi", ce maudit "moi égotiste", lorsqu'il est seul, en compagnie, content, enthousiaste, inquiet, déprimé, lorsqu'il dort, mange ou se promène, lorsqu'il écrit », rapporte Hermione Lee, universitaire britannique et critique littéraire[3]. Et si elle s'observe pour le découvrir, comme l'indiquent quelques intertitres de son journal – « Art et pensée », « Mon cerveau », « J'ai joué avec mon esprit en regardant ce qu'il allait faire », etc. –, elle diffuse ces fragments de conscience dans ses personnages, à la façon d'un kaléidoscope. Dans *Orlando*, la fiction biographique rend précisément compte de l'éclatement et de la réconciliation de toutes les composantes de l'individu, que seule rend possibles une fresque aussi baroque. « Car elle avait toute une gamme de "moi" divers à sa disposition, trop nombreux pour que nous ayons la place de les représenter, puisqu'une biographie est jugée complète si elle présente simplement six ou sept "moi", alors qu'un individu peut en avoir plusieurs milliers », explique d'ailleurs Virginia Woolf elle-même. Énigmatique ? « La biographe d'Orlando ne cesse de séparer et de réunir les "moi" de son personnage, reflet de la gamme de "moi" divers que Virginia Woolf avait à sa disposition », analyse aussi Hermione Lee. Belle initiation à l'approche complexe de soi,

---

3. Hermione Lee, *Virginia Woolf ou l'Aventure intérieure*, Autrement, 2000.

irréductible aux contingences, comme à une identité monolithique, enfermante.

Cette image du moi éclaté, ouvert à tous les vents de la conscience, pourrait tout de même inquiéter, en particulier chez Virginia Woolf, souffrant périodiquement de graves épisodes dépressifs et d'hallucinations baptisées *horrors*, qui l'ont finalement poussée au suicide en 1941. Mais elle semble en paix et maîtresse d'elle-même, au moment où elle rédige *Orlando*, dans un style romanesque limpide et clair. Bénéficie-t-elle seulement de ce que lui ont appris ses propres fragilités psychiques, tenues en respect le temps de l'écriture du roman, d'une ouverture d'esprit peu commune à tous les possibles de l'être ? Elle est devenue une voix pour tous ceux qui repoussent les frontières de l'esprit et du corps, qui peuvent être « une femme, une lesbienne, un homosexuel, un homme trans… tout cela et rien de tout cela à la fois », comme se définit le philosophe Paul B. Preciado, réalisateur du documentaire *Orlando, ma biographie politique*[4]. Comme pour tous ceux qui, bien dans leur genre initial, sont simplement ouverts à la non-binarité.

Diagnostic du psychiatre

ORLANDO, UN BEL EXEMPLE DE TDI

Qu'il est malheureux, le psychiatre condamné à oublier le souffle épique, les outrances baroques, la poésie lyrique pour

4. Propos extrait de l'article de Zineb Dryef, « Paul B. Preciado, la révolution du genre », *Le Monde*, 25 juin 2021.

analyser froidement, scientifiquement un texte aussi prodigieux. Mais bon, le contrat, c'est le contrat, et puisqu'il s'est engagé à se cantonner à une froide analyse clinique...

Tout bon psy aime d'abord à se pencher sur le choix des noms des héros par l'auteur, une autrice en l'occurrence. Orlando ! Nul besoin d'être italianisant pour immédiatement penser à l'*Orlando furioso* de l'Arioste. Ce poème intemporel du début du XVIe siècle est étonnant de féminisme, que l'auteur invoque et rappelle à plusieurs reprises tout en blâmant ceux qui maltraitent ses héroïnes, Bradamante et Marphise, lesquelles pourtant parviennent à vaincre en combat singulier certains des chevaliers masculins parmi les plus puissants. Parlant de Marphise, il insiste sur sa bravoure dans le chant XVIII : « Sa valeur était telle que, l'épée en main, elle avait plus d'une fois fait couler la sueur du front du redoutable sire de Brava, et du sire de Montauban. » De « faibles femmes » capables de vaincre physiquement les superhéros de l'époque, voilà qui a dû faire saliver la grande Virginia.

Mais revenons à l'*Orlando* de Mme Woolf. Pour avoir accompagné quelques personnes transgenres, Orlando n'appartient en aucun cas à cette catégorie de personnes, même si elle est devenue leur porte-drapeau. À l'opposé de cette clinique si particulière où les sujets sont convaincus qu'il y a erreur sur la personne, que leur identité de genre véritable ne correspond pas à leur identité officielle et qui depuis leur enfance se battent pour acquérir cette identité qu'ils pensent la bonne, Orlando ne se lamente pas d'être un homme, ne fait rien pour devenir une femme, se réveille ainsi et s'assume... sans hormones ni chirurgie et surtout, surtout, elle y croit !

Elle est persuadée que par un coup de baguette magique elle a changé de sexe, qu'elle est devenue un personnage cumulant les atouts féminins et masculins ! À aucun moment elle ne remet en question sa métamorphose. Rappelons que la psychiatrie ne considère plus toutes ces personnes comme des malades, même si la France a quelque peu été à la traîne dans ce domaine.

Pas besoin d'être grand clerc pour se dire que la croyance inébranlable à un phénomène est une sorte de délire qui forcément appartient à la psychose. Mais ici, nous sommes en présence d'une forme très particulière, objet de toutes les polémiques, souvent ignorée, voire combattue en France mais validée outre-Atlantique, le TDI ou trouble dissociatif de l'identité (F448 dans la *CIM-10*). « Le trouble dissociatif de l'identité se caractérise par une perturbation de l'identité dans laquelle il y a deux états distincts de la personnalité ou plus (identités dissociatives) associés à des interruptions marquées dans la sensation de soi et dans la capacité d'agir. Chaque état de la personnalité inclut son propre schéma d'expérience, de perception, de conception et de relation avec soi, son corps et l'environnement. Au moins deux états de la personnalité distincts prennent de façon récurrente le contrôle exécutif de la conscience et du fonctionnement de l'individu dans ses interactions avec les autres ou avec l'environnement, comme dans l'accomplissement de tâches spécifiques de la vie quotidienne telles que la parentalité ou le travail, ou en réaction à des situations spécifiques (par exemple celles qui sont perçues comme menaçantes). » On ne saurait être plus clair.

Et pourtant, classer le TDI parmi les psychoses est une idée combattue par la plupart de ceux qui en souffrent et par suite de leurs thérapeutes. En réalité, c'est le mot « dissociation » qui est important. Ce phénomène très particulier peut être considéré comme une sorte de transe pathologique, un état où le sujet, au cours de son traumatisme, est projeté littéralement hors de lui. Il s'agit en réalité d'une défense qui, dans les cas extrêmes, permet d'éviter de complètement « disjoncter ». Un réflexe de survie. Souvent une amnésie succède à cette dissociation initiale qui malheureusement va se répéter encore et encore au cours des cauchemars et des reviviscences. Dans le TDI, on retrouve en général un traumatisme, mais les conséquences en sont encore plus terribles avec l'émergence de toutes ces personnalités qui sont peut-être là, qui sait ?, pour fragmenter le rappel d'une réalité impossible à évoquer.

Le patient qui souffre d'un TDI dispose, on l'a vu, de plusieurs identités qu'il nomme souvent ses « *alter* » et qui le plus souvent s'ignorent entre elles. J'ai ainsi suivi des personnes qui avaient plus de vingt *alter* ! Certains étaient gentils, d'autres féroces, d'autres stupides, d'autres encore étaient des petits enfants, etc. Leur souffrance était terrible car elles réprouvaient le manque d'éthique d'un des *alter* qui commettait des actes qu'elles jugeaient répréhensibles.

L'ordonnance

Rares sont les patients souffrant d'un TDI qui ne se voient pas prescrire un médicament antipsychotique, mais il faut bien reconnaître que leur efficacité est souvent des plus modestes. Reste la psychothérapie au long cours, qui souvent se résume à ce qu'il est convenu d'appeler une psychothérapie de soutien. Là encore, l'efficacité n'est pas souvent au rendez-vous. Quand il existe un traumatisme important, l'EMDR est encore ce qu'il y a de mieux, mais le lecteur aura compris que les psys en sont souvent réduits à tenter de trouver des aménagements, à aider avec bienveillance ces personnes à faire coexister leurs diverses personnalités, voire à collaborer avec celles-ci.

CHAPITRE 11

Jalousie et violence chez John Steinbeck : sur les traces de Caïn et Abel

À l'est d'Éden *(1952)*

Le roman autobiographique retrace l'histoire de deux familles sur trois générations : celle des Trask, dont sont issus les demi-frères Adam et Charles, originaires du Connecticut à l'est des États-Unis ; et celle des Hamilton, branche maternelle de l'auteur, établie au nord de la Californie dans la vallée de Salinas, où les chemins des deux familles se croisent. L'opposition entre les frères Trask, puis celle entre les fils d'Adam, Caleb et Aaron, est le fil rouge de l'œuvre.

Le passage proposé est extrait du chapitre 3 du premier livre. Alors que le père des garçons, Cyrus Trask, ne se préoccupe que de son fils aîné Adam, destiné à une carrière militaire, Charles, le benjamin, souffre du désamour paternel. Il dénonce l'injustice et se venge ici sur son frère.

> « Regarde, pour son anniversaire, cria Charles. J'ai pris six cents et je lui ai acheté un couteau allemand [...]. Merci, a-t-il dit comme ça... »
> [...]
> « Toi, qu'est-ce que tu as fait pour son anniversaire ? [...] Tu lui as ramené un chiot bâtard trouvé dans un fourré. [...]

Ce chien dort dans sa chambre. [...] Et le couteau, il est où ? Merci, il a dit. Seulement Merci. »
Charles le dit dans un murmure, baissant les épaules.
Adam fit un bond désespéré en arrière et leva ses mains pour protéger son visage. Son frère avança avec précision, les deux pieds fermement ancrés au sol. Un poing lancé délicatement pour prendre la mesure, puis le froid travail d'expert opéra – un coup dur au ventre, faisant baisser la garde d'Adam, puis quatre coups de poing dans la tête. Et pendant tout ce temps, Adam regarda son frère, comme le condamné regarde son bourreau, perplexe et sans espoir.

(John Steinbeck. Traduction de Sophie Viguier-Vinson.)

La jalousie maladive ou la blessure primordiale

Deux frères ennemis. Depuis les temps bibliques, l'histoire de Caïn et Abel, rapportée dans le livre de la Genèse, n'a cessé d'être réécrite par les plus grands noms de la littérature mondiale, de William Shakespeare à Jean Racine, de Charles Baudelaire à Victor Hugo jusqu'à Toni Morrison plus récemment, avec la même passion pour le drame fratricide. L'écrivain américain John Steinbeck en renouvelle lui aussi la lecture dans son roman *À l'est d'Éden*, paru en 1952, rapidement porté à l'écran par Elia Kazan avec James Dean dans une superproduction, et bientôt adapté en mini-série Netflix, réalisée par la petite-fille d'Elia Kazan. À chaque époque son format. Par son souffle universel et son inscription au cœur de la psyché humaine, le destin des frères Charles et Adam, puis des fils de ce dernier, Caleb et Aaron – aux initiales emblématiques –, habite toujours notre imaginaire et offre une clé pour comprendre la possibilité du mal. Tout en plongeant au cœur des ténèbres de la jalousie dévastatrice, l'œuvre permet de dépasser une malédiction biblique, en élargissant l'horizon.

L'extrait proposé, issu de la première partie du roman, sidère comme un double uppercut. Double, car le passage fait écho à une autre scène de violence, décrite quelques pages en amont, où Charles, fou de rage d'avoir perdu à un jeu d'adresse contre son frère, met celui-ci K.-O. à coups de batte dans la tête et dans les côtes. Comme ici, il manque le tuer. La redondance des scènes ne peut être gratuite. Elle pourrait faire référence aux deux livres successifs de la Genèse dans la Bible, répétant l'histoire de Caïn et Abel. Elle annonce également les deux transpositions successives du mythe biblique dans le roman, marquant l'histoire de Charles et Adam, puis celle d'Aaron et Caleb, une génération plus tard. Le lecteur est le témoin forcé du mal qui opère et se répète inlassablement, tel Adam, impuissant, les yeux grands ouverts.

Il est l'œil de la situation qui révèle les événements en surface et leur sens en profondeur. Cela n'est pas sans rappeler celui qui poursuit Caïn jusque dans la tombe, dans le célèbre poème de Victor Hugo « La conscience », issu du recueil *La Légende des siècles* (« L'œil était dans la tombe et regardait Caïn »), sans pour autant être accusateur ici. Il est simplement témoin de la souffrance partagée de deux frères pris dans un lien fraternel tragique dont ils ne sont pas maîtres. Quant à Charles/Caïn, il est pour sa part aveugle, coupé du regard de l'autre, mais aussi de son propre regard sur lui-même, ne se retournant jamais sur ce qu'il a fait, ne regrettant rien et ne reconnaissant pas la faute. Comme déshumanisé par une nuit intérieure.

Si l'univers biblique éclate de toutes parts dans le roman de Steinbeck, la référence à la Genèse est particulièrement évidente lorsque Charles évoque le mépris de son père à l'égard du cadeau qu'il lui a fait et l'acceptation de celui d'Adam. C'est une réécriture du chapitre 4 sur les offrandes des deux frères, inégalement acceptées par Dieu, à l'origine de la jalousie et de la fureur de Caïn, qui en vient à tuer son frère Abel. Ainsi, à partir d'une scène de la vie ordinaire d'une famille américaine à la fin du XIXe siècle, Steinbeck nous connecte explicitement à une dimension mythologique et anthropologique. Selon Claude Le Fustec, professeur des universités à la faculté Rennes-II et spécialiste de littérature américaine, « cela pourrait renvoyer à une possible dimension "kérygmatique" de l'œuvre, le kérygme étant la modalité langagière par laquelle s'exprime le transcendant qui parvient à rentrer en communication avec l'immanent, l'incarné, pour le critique littéraire canadien Northrop Frye qui a beaucoup étudié la mobilisation de la matière biblique dans la littérature. Autrement dit, c'est le véhicule de la Révélation par excellence. Et par la force de la révélation, le récit littéraire introduit le lecteur au Mystère, qui dépasse l'expérience psychique ordinaire », explique-t-elle[1].

Ce roman progresse par analogies bibliques toujours plus évidentes, même si l'auteur fait toujours un pas de côté, en

1. Interview inédite de Claude Le Fustec, auteur notamment de « The Evolution of the Cain Figure in US Literature : Transcending Moral Censorship ? », *Revue Lisa*, 2013, 11 (3).

adaptant l'histoire pour mieux dépasser sa dimension tragique. Ainsi, Charles ne tue finalement pas son frère Adam, qui part sous les drapeaux conformément au souhait de son père Cyrus. Le jeune soldat revient un temps à la ferme familiale, auprès de son frère Charles. Là, il trouve un jour à sa porte une jeune femme ensanglantée, Cathy, aussi belle que diabolique, dont il tombe fou amoureux. Malgré les avertissements de son frère qui sent le mal en elle, Adam l'épouse et part s'établir en Californie dans la vallée de Salinas où son chemin croise celui de la famille voisine Hamilton (qui est la famille du narrateur). Cathy met au monde des jumeaux qu'elle abandonne aussitôt, et s'enfuit, après avoir tenté de tuer Adam, pour s'établir dans une maison close. Adam est sidéré, il se coupe du monde et se détourne de ses fils, heureusement materné par son serviteur Lee, jusqu'à ce que Samuel Hamilton le réveille à coups de poing pour le pousser à donner un nom aux garçons, afin de les faire advenir à la vie sociale. Pourquoi pas Caïn et Abel, suggère Samuel sans détour ? « Non, nous n'avons pas le droit de faire cela », répond Adam. Le vieil Hamilton en convient. Il reconnaît qu'il ne faut pas tenter le destin, alors que cette histoire hante et poursuit l'humanité depuis toujours, aussi sûrement que celle du péché originel. Le passage de la Bible sur le fratricide est lu, jusqu'à la fuite du meurtrier : « Puis Caïn s'éloigna de la face de l'Éternel et habita dans la terre de Nod, à l'est d'Éden. »

Au milieu du roman, une clé de lecture est ainsi donnée, renvoyant au titre de l'œuvre forçant l'interrogation sur l'importance de cette référence. Ne sommes-nous pas tous un peu les fils de Caïn, le seul des deux frères à avoir eu une descendance, exposé aux tourments de la jalousie maladive et de la tentation du meurtre, mais qui a dû vivre avec ? Lee, le serviteur éclairé, à la fois père et mère de substitution des jumeaux, explique notre lien fondamental au mythe biblique, qui ne serait connu des hommes que parce que c'est leur propre histoire et leur destin tragique : la plus grande peur de l'enfant est de ne pas être aimé et d'être rejeté. Chacun d'entre nous l'aurait été plus ou moins, d'où la colère, le besoin de vengeance et finalement le crime. Pour Lee, « c'est l'histoire de l'humanité ». Il va jusqu'à penser qu'il y aurait moins de déséquilibrés si l'on n'était pas repoussé par ceux que l'on aime. Plus besoin de prison ! Reste à bâtir un monde sur des vérités, à déraciner les peines et les folies – mais avec quel instrument, s'interroge-t-il. La perche est tendue pour proposer un remède qui s'appuie sur l'éducation, la pédagogie et la psychiatrie. Dans le journal écrit en parallèle de la rédaction du roman, Steinbeck affirme aussi que sans l'histoire de Caïn et Abel, à l'origine de tous les troubles psychiques, les psychiatres d'aujourd'hui n'auraient rien à faire.

Les paroles de Lee vont s'avérer prophétiques et la trajectoire des deux garçons, finalement baptisés Caleb et Aaron, va être irrésistiblement marquée par celle de Caïn et Abel, malgré la pleine conscience du mythe qui les poursuit. Tandis que Caleb est sombre, toujours tenté de blesser son frère et donc difficile à aimer, Aaron est doux, lumineux comme son père. Le premier lutte maladroitement mais de toutes ses forces contre le mal, en tentant de dépasser l'héritage maternel empoisonné ; tandis que son frère, à la fois trop pur et trop simple, va se révéler incapable de le comprendre et de l'accepter. Selon une parfaite logique de répétition, Caleb est fou de douleur et de dépit quand son père refuse le cadeau qu'il lui fait, une grosse somme d'argent gagnée en spéculant sur le prix élevé des haricots pendant la Première Guerre mondiale. Submergé par la rage, il se venge en présentant leur mère prostituée à Aaron, qui ignorait jusqu'ici son existence. Dans un enchaînement tragique, celui-ci s'enfuit, s'engage pour combattre en France et meurt. L'annonce du décès terrasse leur père, foudroyé par une attaque cérébrale.

Caleb est-il pour autant le meurtrier de son frère ? Et de son père ? Il pourrait être responsable mais pas coupable, et Lee implore Adam d'accorder son pardon libérateur à son fils. Adam ouvre les yeux – dans un dernier jeu de regard dont on peut souligner l'importance par rapport à la scène inaugurale – et parvient à dire *timshel*, signifiant « tu peux » en hébreu. Cela fait référence à une discussion ancienne entre Adam, Samuel Hamilton et Lee qui propose une autre version de la traduction biblique classique de la réponse de Jéhovah à Caïn sur l'issue qui lui ait été offerte après le meurtre. Au lieu de comprendre la réponse comme s'il s'agissait d'une injonction (« tu domineras le péché »), il faut traduire par « tu peux » (*timshel*) le dominer, en introduisant ainsi la liberté de le faire ou pas. Caleb pourrait être le Caïn de cette traduction, un homme libre. Mais il est aussi libéré par la miséricorde si humaine de son père.

Alors que le texte est saturé de références bibliques, d'abord de façon implicite et analogique, puis totalement explicite, il rompt étonnamment le lien de transcendance avec Dieu pour traiter l'histoire au niveau humain. Point de condamnation divine, un père affranchit simplement son fils du poids trop grand de la culpabilité pour lui permettre de vivre. C'est tout le paradoxe d'une œuvre kérygmatique ouverte sur le Mystère, mais délestée de cette transcendance, comme si Dieu se dépouillait de ses attributs divins pour mieux se mettre à notre échelle, dans un rapport d'immanence, qui définit le concept théologique de kénose. La morale religieuse n'a pas sa place ici pour expliquer ou condamner le mal. « Steinbeck choisit une autre voie et ne se contente pas de dire que le mal est le mal. Il propose une interprétation plus complexe avec beaucoup de courage narratif pour mettre en scène le personnage de Caleb, reconnaissant le mal en lui mais capable d'absorber le bien, de le métaboliser, au-delà de ses erreurs et de sa violence. À la différence d'Aaron, incarnant le bien, mais incapable d'accueillir le mal, au point d'en mourir. Ce n'est donc pas le bien qui parvient à absorber le mal et qui sauve, mais l'inverse », analyse Claude Le Fustec, dans une nécessaire coexistence caractéristique de notre humaine nature.

Qu'en faire ? Vivre avec en conscience, en travaillant sur soi comme Caleb, et s'inventer par une lecture libre de notre patrimoine biblique. John Steinbeck écrit justement ce roman pour ses deux fils, pour qu'ils sachent d'où ils viennent historiquement et géographiquement, mais surtout spirituellement, moralement, en étant conscients de leur héritage anthropologique. Il entend leur raconter l'une des plus grandes histoires, « peut-être la plus grande de toutes – l'histoire du bien et du mal, de la force et de la faiblesse, de l'amour et de la haine, de la beauté et de la laideur. J'essaie de leur montrer que ces paires sont inséparables – qu'aucune ne peut exister sans l'autre et que la créativité naît du lien entre elles », écrit-il dans son journal. Pour ne jamais rester prisonnier d'une seule passion.

Diagnostic du psychiatre

ABEL ET CAÏN, LE PREMIER POLAR DE L'HISTOIRE

Comme il se doit, les deux frères rendaient ponctuellement hommage à leur Père éternel : le plus jeune, un petit berger, lui sacrifiait ses agneaux les plus gras et l'aîné, un cultivateur, lui offrait ses plus beaux épis, du pain complet, de succulents gâteaux au miel... et sans aucune explication, Yahvé ne valida que les offrandes d'Abel. Dieu était-il carnivore ? Et, en plus, Il trouve le moyen de se moquer de Caïn : « Yahvé dit à Caïn : "Pourquoi es-tu irrité et pourquoi ton visage est-il abattu ? Si tu es bien disposé, ne relèveras-tu pas la tête ? Mais si tu n'es pas bien disposé, le péché n'est-il pas à la porte, une bête tapie qui te convoite ? Pourras-tu la dominer ?" » En d'autres termes, je préfère éhontément ton petit frère tout en te demandant pourquoi tu es en colère ! La suite est connue. Abel est assassiné par son frère. Un drame de la jalousie fraternelle. Le nomade est éliminé par le sédentaire, une rivalité vieille comme le monde et pas encore éteinte. Certes, Caïn avait de bonnes raisons d'être envieux, mais de là à commettre le premier meurtre de l'histoire ! Et, pour clore le tout, Yahvé récompense *in fine* cette mauvaise action. Alors que la loi qui prévalait à l'époque était celle du talion (œil pour œil, dent pour dent, vie pour vie) – on imagine sans peine ce qu'aurait dû être la sentence prononcée contre un fratricide –, la Genèse rapporte comment Caïn est resté tranquillement sous l'œil protecteur de son Créateur, une rare clémence quand on pense aux horreurs de certains passages de la Bible ; comme par exemple l'histoire d'Onan, éliminé pour avoir pratiqué un *coitus interruptus*.

L'enquête n'avait pas été très difficile à mener puisqu'à l'époque, il n'y avait plus que trois humains sur toute la surface de la Terre, Adam, Ève et Caïn. L'interrogatoire policier a heureusement pu être filmé et archivé : « Yahvé dit à Caïn : "Où est ton frère Abel ?" Il répondit : "Je ne sais pas. Suis-je le gardien de mon frère ?" [...] Yahvé reprit : "Qu'as-tu fait ! Écoute le sang de ton frère crier vers moi depuis le sol ! Maintenant, sois maudit et chassé du sol fertile qui a ouvert la bouche pour recevoir de ta main le sang de ton frère. Si tu cultives le sol, il ne te donnera plus son produit : tu seras un errant parcourant la terre." Alors Caïn dit à Yahvé : "Ma peine est trop lourde à porter. Vois ! Tu me bannis aujourd'hui du sol fertile, je devrai me cacher loin de ta face et je serai un errant parcourant la terre : mais le premier venu me tuera !" » Caïn est donc banni et condamné à passer le reste de sa vie comme un SDF préhistorique. Pourtant, il n'en sera rien. Bien au contraire, non seulement Yahvé ne le condamne pas à mort, mais Il lui fournit un sauf-conduit : « Si quelqu'un tue Caïn, on le vengera sept fois... et Yahvé mit un signe sur Caïn afin que le premier venu ne le frappât point. »

Malgré la prétendue malédiction divine, Caïn va bâtir la première ville de l'histoire au pays de Nod – il l'appellera du nom de son fils –, cultiver sa terre, fonder une famille en se mariant et en engendrant un fils nommé Hénoch, qui pour sa part épousera deux femmes. En d'autres termes, Caïn est condamné à l'errance, à la solitude, à la stérilité et, dans la foulée, il fonde une famille et une ville. Bizarre, non ?

Mon interprétation est simple : s'il n'a pas été puni, c'est qu'il n'a pas commis de crime. Abel est un gentil petit môme, un gardien de chèvres comme sans doute beaucoup de minots méditerranéens de l'époque et on peut comprendre que leur Père ait voué tant de tendresse à son petit dernier. Notons au passage que le père biologique, Adam, n'intervient à aucun moment, ce qui ne laisse pas d'être surprenant. Il est le grand absent. Caïn pour sa part fait son travail d'agriculteur. Mais il n'est encore que blé en herbe. Un peu énervé, Yahvé rejette son offrande et le sermonne : « Caïn mon grand, il est temps de grandir, de mûrir, de devenir un adulte et pour cela, tu dois tuer le petit garçon rêveur qui subsiste en toi ; tu dois quitter la maison, trouver une terre qui te convienne, te marier, faire des enfants ! » Autrement dit, selon moi, Caïn et Abel ne seraient qu'une seule et même personne qu'on pourrait éventuellement appeler Cabel, on n'est pas loin de Caleb… et ce n'est pas qu'un bon mot !

Le mot Caïn provient de l'hébreu קין (*qáyin*) qui signifie « javelot », mais aussi par métonymie « forgeron » ou « artisan », un de ceux qui fabriquaient des instruments comme des lances, alors qu'Abel dérive également de l'hébreu הבל (*habel*) qui signifie « souffle ». La juxtaposition des deux mots Caïn et Abel forme un tout, le souffle du forgeron, sachant que le souffle, c'est la vie dans la plupart des cultures. Quand on meurt, on rend son dernier souffle. Abel a rendu son dernier soupir d'enfant pour devenir un homme !

La parabole devient donc lumineuse : une fois sorti de l'adolescence, Caïn s'est établi, anéantissant en lui la partie vagabonde. Si les voyages forment la jeunesse, il arrive un moment où il faut jeter sa gourme, s'assagir, planter définitivement sa tente et fonder un foyer. Au final, Caïn et Abel constitueraient en réalité les deux stades successifs du même personnage et cette histoire ne ferait que raconter comment on passe de l'enfance à la condition adulte. Yahvé a fait son travail de père de famille en incitant son fils unique à se défaire de l'enfant qui continuait à rêvasser au fond de lui. Quitter l'adolescence en quelque sorte. Toute l'histoire se résume à un exposé sur les rapports souhaitables d'un bon père de famille et de son ado plus ou moins rebelle.

Rien de plus !

Mais revenons-en à nos moutons de psy… Les deux mots clés, dans *À l'est d'Éden*, sont : jalousie et violence (fratricide). Ils font allusion à Abel et Caïn, cet incroyable conte à dormir debout si l'on s'en tient à son acception habituelle. Cette histoire d'un père particulièrement injuste qui sans raison apparente favorise un de ses fils au détriment de l'autre, semant sans vergogne les graines de la violence et du meurtre. Gérard Haddad voit juste quand il explique que Freud s'est trompé en insistant sur le complexe d'Œdipe, le parricide, et en passant complètement à côté du complexe de Caïn, le fratricide[2]. Car, en y réfléchissant un peu, les guerres ne se produisent-elles pas toutes entre frères ? Catholiques contre protestants, Russes contre Ukrainiens, Juifs contre Palestiniens, Hutus contre Tutsis, Français contre Allemands ou Anglais, Coréens du Nord contre Coréens du Sud, j'en passe. Dans la

2. Gérard Haddad, *Le Complexe de Caïn*, Premier Parallèle, 2017.

plupart des cas, ce sont la frustration, le sentiment d'injustice qui animent les protagonistes. « Cette terre est à moi », tel est le moteur de ces conflits caïniens.

Chez Steinbeck, c'est sans doute la faible estime de soi qu'éprouve Charles qui le rend si chatouilleux. Dès que son demi-frère Adam ose exister en tant qu'être indépendant et possiblement un peu meilleur que lui, il est envahi par des pulsions meurtrières. Que peut dire alors un psychiatre à propos d'un tel personnage ? Quand l'analyse littéraire conduit à dire, comme on peut le lire plus haut, que « Steinbeck affirme aussi que sans l'histoire de Caïn et Abel, à l'origine de tous les troubles psychiques, les psychiatres d'aujourd'hui n'auraient rien à faire », le psychiatre que je suis reste perplexe. Si, en effet, Caïn est l'archétype du psychopathe, « borderline » dans le jargon moderne, il ne représente ni le déprimé, ni le phobique, ni l'anxieux, ni le schizophrène, tous ces pains quotidiens du psychiatre.

Reste donc à se poser la question de la jalousie en tant que maladie.

Le premier syndrome qui vient à l'esprit est une forme particulière de paranoïa appelée le délire de jalousie. Le film *L'Enfer* de Claude Chabrol décrit parfaitement l'assassinat de Nelly (Emmanuelle Béart) par son mari Paul (François Cluzet) envahi par la certitude que sa femme le trompe et qui interprète chacun de ses faits et gestes, chacune de ses paroles. Il s'agit bien d'un délire construit, apparemment logique, crédible et pourtant ne reposant sur rien. On peut imaginer que Caïn, qui entend des voix (en particulier celle de Yahvé), est dans une interprétation délirante quand il s'offense d'un prétendu rejet de ses offrandes, puis assassine le frère dont il est jaloux et fugue loin de sa maison. Mais, en réalité, Charles ne correspond en rien à Caïn dans sa structure mentale. À aucun moment il n'est question de délire, d'hallucinations, de mécanismes d'interprétation. Non : il s'agit d'un envieux, d'un jaloux au sens psychopathique – donc immature – du terme. À l'image d'un enfant de quelques années qui fiche une peignée à son petit copain de crèche qui a reçu un bonbon en plus, il massacre Adam qui a osé être un peu meilleur que lui. Impulsif, violent, Charles est selon moi un sujet borderline dans sa version antisociale (relevant du diagnostic codé F60.2 de la *CIM-11*). Il est possible d'affiner ce diagnostic en évoquant le code F91 ou « trouble des conduites caractérisé par un ensemble de conduites dyssociales, agressives ou provocatrices, répétitives et persistantes, dans lesquelles sont bafouées les règles sociales correspondant à l'âge de l'enfant ».

L'ordonnance

Là encore, il n'existe pas de médicament de fond, mais, devant une telle violence, on pourrait envisager un stabilisateur de l'humeur à orientation antiagressive type valproate et même un antipsychotique - autrefois appelé neuroleptique -, qui peut aider le patient à contenir ses pulsions agressives... au détriment de sa créativité et de sa joie de vivre, un vrai dilemme pour le psychiatre !

Il est d'observation courante que les sujets antisociaux souffrent de trouble borderline et que dans ce trouble, le plus important pour les soignants est de savoir attendre que le temps fasse son office. Dès lors, si l'équipe est suffisamment solide pour ne pas abandonner le patient en le rejetant définitivement malgré les multiples provocations qui viennent inéluctablement émailler la prise en charge, et dans le cas où ils survivraient aux bagarres, à l'alcool, aux drogues, aux délits, etc., ces patients finissent par s'assagir. Une équipe psychiatrique solide, ferme, tolérante et surtout non rejetante peut favoriser une évolution favorable. Autrement dit, en cas de transgression des règles, il est essentiel de pointer les choses en rappelant la loi, éventuellement mettre à pied pendant quelques semaines, mais toujours en fixant une limite temporelle à l'exclusion.

Enfin, un mot à propos des parents, ces grands absents dans ce genre d'histoire. Rien n'est plus délétère qu'une préférence manifestée à l'égard d'un des membres de la fratrie. Même si un des enfants déçoit ses géniteurs en termes par exemple de résultats scolaires, il est crucial de rappeler que l'amour parental lui est acquis, quels que soient les événements de sa vie.

IV

LES TRAUMAS QUI PARALYSENT

Une grande peur, une perte soudaine, une agression, une scène de violence observée, un choc physique… et c'est le choc psychique. La psychotraumatologie pourrait bien remonter à l'Antiquité, puisqu'on trouve chez Hérodote (350 av. J.-C.) la description d'un cas de cécité hystérique émotionnelle en pleine bataille de Marathon. Plus proche de nous, le roi Charles IX aurait fait des rêves traumatiques après la Saint-Barthélemy, de même que les soldats napoléoniens, effrayés par le sifflement des premiers obus à l'origine du « syndrome du vent du boulet ». Charcot, Freud, Janet, Oppenheim, etc., développent les notions d'« hystérie post-émotionnelle » et de « névrose traumatique » devant des civils en état de choc, après un accident de chemin de fer, à la fin du XIXe siècle. Au siècle suivant, les guerres mondiales, celles de la décolonisation ou la guerre froide – comme les catastrophes ou les derniers grands attentats dont nous sommes contemporains – sont aussi autant d'occasions d'affiner la compréhension du phénomène et la prise en charge du stress post-traumatique[1]. De grands auteurs se sont emparés depuis longtemps de ce sujet en mettant en scène leurs traumas ou ceux qui ont marqué l'histoire. Il n'est pas rare qu'on se fasse bousculer – émotionnellement, existentiellement.

---

1. *Cf.* par exemple Sophie Delaporte, *Thomas W. Salmon, médecin des sans-voix et des soldats (1876-1927)*, Odile Jacob, 2023.

CHAPITRE 12

Choc physique, choc psychique : Montaigne, la chute de cheval et le vertige de la mort

Les Essais *(1580), livre II, chapitre 6, « De l'exercitation »*

Plus connu sous le nom de « La chute de cheval », « De l'exercitation », le chapitre 6 du livre II des *Essais* s'ouvre sur l'importance de l'expérience pour guider nos actions et la difficulté de faire celle de la mort. Il rapporte toutefois un accident qui a failli lui coûter la vie et dont il retire une grande leçon sur la connaissance de lui-même.

> Pendant la troisième, peut-être la deuxième guerre de religion (je ne me souviens pas exactement), allant, un jour, me promener à une lieue de chez moi qui habite au centre du théâtre de nos guerres civiles, et me pensant absolument en sûreté étant si à proximité de ma demeure, je crus ne pas avoir besoin d'autre monture qu'un cheval très facile, mais peu solide. Comme je revenais, une circonstance inattendue fit que je me trouvai dans le cas de lui demander un effort ne rentrant pas précisément dans ses moyens. Empressé à me venir en aide, un de mes gens, grand et fort, qui montait un puissant roussin, à la bouche démesurément dure, au reste frais et vigoureux, voulant montrer sa hardiesse à

cheval et devancer ses compagnons, vint à pousser droit sur mon chemin et fondit, comme un colosse, sur le petit homme et le petit cheval que nous étions, moi et mon animal, et, nous foudroyant de sa force et de sa masse, nous envoya l'un et l'autre rouler les jambes en l'air : le cheval abattu et demeurant sur place tout étourdi ; moi, à dix ou douze pas au-delà, étendu sur le dos, le visage tout meurtri et écorché, ayant perdu mes sens et ne bougeant pas plus qu'une souche ; mon épée, que je tenais à la main, à plus de dix pas de moi, et ma ceinture en pièces. C'est jusqu'ici le seul évanouissement que j'aie eu. Ceux qui m'accompagnaient, après avoir essayé, par tous les moyens en leur pouvoir, de me faire revenir à moi, me crurent tué, et, me prenant dans leurs bras, m'emportèrent avec beaucoup de difficulté, gagnant ma maison qui était encore loin de là, à environ une demi-lieue de France. En chemin, après plus de deux longues heures durant lesquelles je semblais mort, je commençai à faire quelques mouvements et à respirer ; une si grande quantité de sang s'était épanché dans mon estomac que, pour l'en débarrasser, la nature eut besoin d'amener une réaction. On me remit debout et je rendis à gros bouillons un plein seau de sang pur ; plusieurs fois dans le trajet, il en fut de même. Grâce à cela, je commençai à renaître ; mais ce ne fut que peu à peu et il fallut tant de temps que, tout d'abord, ce que je ressentais touchait plus à la mort qu'à la vie : « Car, encore incertaine de son retour, l'âme étonnée ne peut s'affermir (Le Tasse). »

Ce souvenir, qui est demeuré fortement gravé en mon âme et où la mort m'est pour ainsi dire apparue avec l'aspect qu'elle doit réellement avoir, me causant l'impression que nous devons en éprouver, me réconcilie en quelque sorte avec elle. Lorsque je commençai à y voir, ma vue était si trouble, si faible, si éteinte, que je ne discernais tout d'abord rien autre que la lumière « comme quelqu'un qui, moitié

éveillé, moitié endormi, tantôt ouvre les yeux et tantôt les ferme (Le Tasse) ». Quant aux fonctions de l'âme, elles reprenaient à peu près dans la même mesure que le corps revenait à la vie. Je me vis tout sanglant, mon pourpoint ayant été complètement taché du sang que j'avais rendu. La première pensée qui me vint fut que j'avais reçu un coup d'arquebuse dans la tête ; et de fait, on en entendait retentir en ce moment, de-ci, de-là, autour de nous. Il me semblait que ma vie était suspendue au bord de mes lèvres et je fermais les yeux pour, à ce que je m'imaginais, aider à la détacher de moi, me complaisant dans cet état de langueur et aussi à me sentir m'en aller. En mon âme, c'était comme une impression vague du retour de la faculté de penser, encore mal définie, que je soupçonnais plutôt que je ne ressentais, sensation tendre et douce comme tout ce que j'éprouvais, non seulement exempte de déplaisir, mais rappelant cette quiétude qui s'empare de nous quand, peu à peu, nous nous laissons gagner par le sommeil.
[...]
Comme j'approchais de chez moi, où déjà la nouvelle de ma chute était parvenue et avait répandu l'alarme, les personnes de ma famille venues à ma rencontre, gémissant et criant comme il arrive en pareille occurrence, non seulement je répondais quelques mots aux questions qu'on m'adressait, mais, paraît-il, je m'avisai même de commander qu'on donnât un cheval à ma femme que je voyais s'empêtrer et fatiguer dans le chemin qui était montueux et malaisé. Il semble que cette préoccupation fût l'indice d'une âme rentrée en possession d'elle-même, et pourtant il n'en était rien ; c'étaient des lueurs de raison, confuses, provoquées par ce que percevaient mes yeux et mes oreilles, elles ne venaient pas de moi-même. Je ne savais ni d'où je venais, ni où j'allais ; je ne pouvais pas davantage me rendre compte de ce qu'on me demandait, ni y réfléchir ; le peu qu'à ce moment je pus

faire ou dire était un effet machinal de mes sens, agissant par un reste d'habitude ; l'âme elle-même y était pour bien peu de chose : elle se trouvait comme dans un songe, très légèrement impressionnée par l'action réflexe quoiqu'à peine sensible des sens, et n'en avait pas conscience.

[…]

Ce récit d'un événement de si peu d'importance serait acte de vanité sans l'enseignement que j'en ai retiré ; car, pour s'apprivoiser avec la mort, m'est avis que le seul moyen est de l'avoir approchée. Or, comme dit Pline, chacun est à soi-même un très bon sujet d'instruction, pourvu qu'il ait les qualités suffisantes pour bien s'observer. Ce n'est pas une chose qui m'ait été enseignée, que j'expose ici, mais une chose apprise de moi-même ; ce n'est pas une leçon faite par autrui, c'est une leçon que je me suis faite à moi-même.

[…]

Il y a plusieurs années que je n'ai que moi pour visée à mes pensées, que je ne mets en registre et n'étudie que moi. Et si j'étudie autre chose, c'est pour l'appliquer soudain à moi, ou en moi, pour mieux dire. Et il ne me semble point être en faute, si, comme il se fait dans les autres sciences (sans comparaison moins utile), je fais part de ce que j'ai appris dans celle-ci, quoique je ne me contente guère du progrès que j'y ai fait. Il n'est point d'autre description pareille en difficulté que la description de soi-même, ni certes en utilité.

[…]

De quoi parle Socrate avec plus d'abondance que de lui-même ? Sur quoi amène-t-il le plus souvent les dissertations de ses disciples, si ce n'est sur eux-mêmes ? non sur une leçon écrite dans les livres, mais sur l'existence et les mouvements de leur âme ?

[…]

Socrate seul a poursuivi sincèrement l'application du précepte qu'il tenait d'Apollon : « Connais-toi toi-même » ; cela l'a amené au mépris de lui-même et aussi à ce que seul il a été jugé digne par la postérité du nom de Sage. Qui se connaîtra de la sorte se fasse hardiment connaître aux autres par sa propre bouche.

(Michel de Montaigne. Traduction en français moderne par le général Michaud, édition Firmin Didot, 1907.)

Du choc à l'électrochoc philosophique

Renversé, terrassé, assommé, ensanglanté ! Montaigne se retrouve ainsi bien éprouvé dans le récit qu'il fait de la plus célèbre chute de cheval de la littérature et de la philosophie. Il tombe, sombre, se relève... Et alors ? Cet « événement aussi léger est assez vain », note l'auteur, mais loin d'être anecdotique, il pourrait avoir été l'un des déclencheurs de la rédaction de ses *Essais* entamée peu après cet épisode et s'imposer comme le cœur de sa philosophie. S'il se situe loin de nous, vers 1569-1570, au milieu des guerres de Religion du XVIe siècle, rapporté dans une langue vieillie (modernisée par le général Michaud dans la version proposée), il est d'une portée universelle en nous poussant activement à méditer sur la mort – la nôtre comme il le fait sur la sienne – pour mieux nous connaître. Ce n'est pas un hasard si le chapitre qui lui est consacré est baptisé « De l'exercitation », terme que l'on traduirait par « le fait de s'exercer ». De « s'essayer ».

Avant le récit de la chute, le texte s'ouvre sur une longue introduction générale pour évoquer la difficulté de bien agir en s'appuyant sur les seules ressources de la spéculation intellectuelle, et l'importance de l'expérience. « Mais il ne nous est pas possible de nous exercer à mourir, ce qui est pourtant la plus grande besogne par laquelle il nous faut passer », prévient-il. La mort ne s'essayant qu'une fois... Il en sait quelque chose, pour en avoir été trop souvent témoin, car elle rôde autour de lui dans les quelques années qui entourent l'accident. Il a d'abord perdu son grand ami, Étienne de La Boétie en 1563, puis son père en 1568, mais également son frère de façon brutale la même année, d'une balle envoyée en pleine tête au cours d'une partie de jeu de paume, et enfin son premier-né en 1570. Il prend sa retraite l'année suivante pour se consacrer à son domaine, à l'écriture... et à lui-même. Un lien de cause à effet ? Il sait que la mort peut survenir à tout moment et mieux vaut y songer, comme il s'en explique dans son célèbre texte « Philosopher pour apprendre à mourir » (livre I, chapitre 19). Il y évoque la fin de multiples personnages historiques et retrace l'épisode du décès de son frère, qui semble l'avoir éprouvé plus que tout autre. De quoi affirmer que « le but de notre existence, c'est la mort ; c'est l'objectif fatal auquel nous tendons ; si elle nous effraie, comment pouvons-nous faire un pas en avant sans en avoir la fièvre ? Le vulgaire échappe à cette obsession, en n'y pensant pas ; faut-il que sa sottise soit grande pour être, à un tel degré, frappé d'aveuglement ! Il faut lui faire brider son âne par la queue, "puisqu'il s'est mis dans ta tête d'avancer à reculons" (Lucrèce) ». Montaigne la regarde donc en face, en passant de la position de spectateur au rang d'acteur de premier plan. D'expérimentateur de sa propre mort.

Il s'en approche du moins d'assez près pour en tirer de grands enseignements. Et c'est d'abord un choc qu'il éprouve dans son corps en tombant de cheval. Il nous y prépare par une mise en scène bien réglée, plantant le décor dans la campagne à proximité de son domaine, dans le contexte d'insécurité de la guerre civile. La description n'est pas seulement factuelle, tous les détails ont un sens. L'auteur se dépouille ici des attributs de sa noblesse et se montre vulnérable, il se rabaisse, à l'image de ce petit homme sur un petit cheval. À l'image de tout être, nu devant la mort ? En procédant par le renversement des statuts, il fait face à l'un de ses « gens » qui se trouve grandi, sur une bête colossale comme sortie de l'enfer, à la « bouche démesurément dure » qui fond sur lui et le catapulte. La confrontation entre le minuscule et le gigantesque est spectaculaire. L'impression est aussi renforcée par le contraste entre le début discursif posé et la narration plus précipitée de la chute, sous l'effet des juxtapositions et des images qui s'entrechoquent. On voit la scène, on sent justement le coup devant ce corps quasi démembré par la description éclatée des attributs dispersés : les pieds, le visage, la ceinture, l'épée ici et là. Arrêt sur image, l'homme est évanoui. S'ensuit une parenthèse dans le temps, comme un trou dans la conscience à combler, un « troumatisme » pour emprunter l'expression de Jacques Lacan, le célèbre psychanalyste adepte des mots d'esprit.

La suite est donc une reconstruction, où il se décrit mort d'après le récit qu'on lui en a fait. Il insiste sur cet état par la multiplication des occurrences mortifères : « me crurent tué [...] je semblais mort [...] ce que je ressentais touchait plus à la mort qu'à la vie… ». Cela devrait être glaçant, inquiétant, mais il n'y a pas de place à ce stade pour les émotions. Une lente remontée à la vie l'arrache à cet état, comme une renaissance, par le retour de la respiration, par quelque impression vague, et si Montaigne évoque le « coup d'arquebuse dans la tête », ce n'est pas pour en décrire la douleur, comme on pourrait s'y attendre. Il est comme hors de lui-même, ou presque. Il se voit (« je me vis »), puis se reconnecte à ses fonctions cognitives (« la première pensée qui me vint »), mais il flotte encore entre deux états qu'il décrit avec précision, et contre toute attente, les sensations perçues sont positives, relevant du registre du plaisir, de la douceur. La mort semble même exercer une attraction comparable à l'expérience d'un sommeil irrépressible. En proposant cette description originale, personnelle et incarnée, il s'éloigne des représentations habituellement plus sombres. Loin d'un traumatisme pénible ? Si l'approche de la mort ne s'avère pas douloureuse ou inquiétante, c'est le retour progressif à la vie qui est plus difficile, dans les heures et les jours suivants. Il gardera longtemps la trace de l'accident. Toujours est-il que l'on reste ici à un stade sensitif, éloigné d'une vision conceptuelle et plus encore métaphysique ou religieuse de la mort ; Dieu est le grand absent de la situation.

Nouvelle rupture de rythme dans l'extrait qui suit, pour rendre compte des émotions, de l'affolement que suscite l'événement parmi les spectateurs, aux antipodes de la sérénité précédemment décrite de l'intéressé, glissant doucement dans le sommeil. Et comme si le son avait été rétabli, la scène s'anime, c'est « l'alarme », on entend des gémissements, des cris, comme souvent « dans ce genre d'occasion »... Elle semble clivée par un triple point de vue : celui des témoins inquiets, celui du blessé quasi délirant et celui de l'auteur rapportant à froid les faits ultérieurement. Sur un mode presque comique, le protagoniste se dépeint tel un corps privé de conscience et de volonté, mû par ses seuls sens et par l'habitude de donner des ordres, presque mécaniquement, et ne garde même pas le souvenir de la situation qui lui est rapportée. Comme s'il avait perdu le contact avec lui-même, alors qu'il a décrit un semblant de conscience quelques lignes plus haut. La chronologie de ces états de conscience contradictoires, entre les deux paragraphes, est confusante : Montaigne, à demi conscient, pense et ne pense pas, il est et n'est pas. Clivé ? Dissocié ? Il n'est plus lui-même et ne reconnaît pas comme siennes ses pensées folles. « Elles ne venaient pas de moi-même », dit-il. Mais d'où et de qui ? Quel est donc le lien entre corps et esprit, entre les sens déréglés et une conscience qui se perd ? Pour Antoine Compagnon, professeur au Collège de France, Montaigne tire de l'expérience une leçon plus importante et moderne que le fait de gagner en sérénité devant la mort. « Elle lui donne à réfléchir sur l'identité, sur le rapport du corps et de l'esprit. [...] Que sommes-nous si nous parlons, ordonnons, sans que notre volonté y ait part ? Où est notre moi ? Grâce à cette chute de cheval, Montaigne, avant Descartes, avant la phénoménologie, avant Freud, anticipe sur plusieurs siècles d'inquiétude sur la subjectivité, sur l'intention ; et il conçoit sa propre théorie de l'identité – précaire, discontinue[1]. »

1. Antoine Compagnon, *Un été avec Montaigne*, Éditions des Équateurs, 2013.

Ce chapitre des *Essais* pourrait ainsi préfigurer le célèbre monologue de Hamlet, dans la pièce éponyme de Shakespeare créée quelques années plus tard, évoquant les mêmes troubles de la conscience : « Être ou ne pas être. C'est la question. [...] Mourir... dormir, rien de plus... dormir ! rêver peut-être ! » (acte III, scène 1). Ces mots rappellent fort la tentation du sommeil mortifère ainsi que les différents états du moi et de la conscience, décrits par Montaigne. Le lien entre l'essayiste français et le dramaturge britannique a fait l'objet de nombreuses études, comme celle de Robert Ellrodt[2]. L'universitaire note chez les deux auteurs « un équilibre entre leurs interrogations sur un "moi" instable ou insaisissable et la reconnaissance de sa permanence sous certains aspects ». Toujours en s'épiant de près, par un retournement du soi sur lui-même. Dans l'un des passages proposés, à la fin du chapitre, Montaigne met aussi en scène cette plongée intérieure : « Je [...] n'étudie que moi. Et si j'étudie autre chose, c'est pour l'appliquer soudain à moi, ou en moi, pour mieux dire. » Il répète trois fois le mot « moi » pour mieux graduer cette pénétration. Et c'est un moi bien instable qu'il découvre. « Je ne peins pas l'être, je peins le passage. Non le passage d'âge en âge [...] mais de jour en jour, de minute en minute », note-t-il plus loin dans *Les Essais* au chapitre « Du repentir » (livre III). « Il n'est plus seul, il devient double », analyse aussi l'écrivain Stefan Zweig qui lui consacre une biographie[3]. « Et il découvre que cet amusement est sans fin, que son

2. Robert Ellrodt est professeur émérite à l'université Sorbonne Nouvelle-Paris-III et auteur de *Montaigne et Shakespeare. L'émergence de la conscience moderne*, José Corti, 2011.
3. Stefan Zweig, *Montaigne*, PUF, 1980.

moi évolue constamment. […] Il devient le psychologue de lui-même. »

N'a-t-il pas prévenu, dans son avertissement au lecteur, en ouverture des *Essais* : « Je suis moi-même la matière de mon livre : il n'est pas raison que tu gaspilles ton loisir en un sujet si frivole et si vain. » Vraiment ? Il le donne pourtant à lire… et à relire, preuve de l'importance qu'il donne à son livre et à ce texte « De l'exercitation » tout spécialement. Il y revient au fil des éditions pour augmenter le récit initial de la chute de cheval et sa description de ses états de conscience. Il ajoute un important « développement consacré à l'écriture autobiographique et à ses enjeux. […] Loin de procéder de la fausse gloire, [elle] permet la véritable connaissance de soi, comme un exercice d'humilité dont Socrate offre le modèle, et dont la figure du *skeletos* est un emblème[4] ». C'est ainsi que Montaigne conclut son chapitre augmenté, non pas sur la mort, mais sur le « connais-toi toi-même » socratique : « Parce que Socrate avait seul mordu sérieusement au précepte de son dieu qui était de se connaître, et que par cette étude il en était arrivé à se mépriser, il fut estimé seul digne du nom de sage[5]. » Si les traumatismes causés par la mort des proches et surtout par son accident l'ont poussé à se retirer pour philosopher, il nous invite à la connaissance de nous-mêmes et de notre inconstance que peut nous enseigner l'introspection, l'analyse de nos blessures, de nos peurs, des

4. Notes de Jean Balsamo, Michel Magnien et Catherine Magnien-Simonin sur le chapitre « De l'exercitation » des *Essais*, Gallimard, coll. « Bibliothèque de la Pléiade », 2007.
5. Traduction plus proche du texte original, proposée par Bernard Combeau dans Montaigne, *Les Essais*, Robert Laffont, coll. « Bouquins », 2019.

chocs de l'existence. Pour apprendre à mourir et surtout à vivre plus sagement.

Diagnostic du psychiatre

« Le sot projet que Montaigne a eu de se peindre ; et cela non pas en passant et contre ses maximes, comme il arrive à tout le monde de faillir ; mais par ses propres maximes, et par un dessein premier et principal ; car de dire des sottises par hasard et par faiblesse, c'est un mal ordinaire ; mais d'en dire à dessein, c'est ce qui n'est pas supportable, et d'en dire de telles que celles-là[6]. »

C'est dans ces termes que de manière particulièrement agressive le philosophe Blaise Pascal blâme, pour ne pas dire stigmatise, le génial auteur des *Essais.* Mais pourquoi tant d'hostilité ? Montaigne aurait-il dévasté tout un système de défenses intimes de Pascal ?

D'un point de vue purement clinique, comment se fait-il qu'une même cause, en l'occurrence un traumatisme grave, puisse engendrer deux attitudes aussi opposées chez ces deux auteurs qui ont tous deux été victimes d'un accident :

- le premier est entièrement tourné vers Dieu, la religion, Port-Royal, la culpabilité, l'autoflagellation ;
- le second, plutôt agnostique, est centré sur sa propre personne de manière très socratique, dans une sorte de psychanalyse avant la lettre.

6. Blaise Pascal, *Pensées diverses Y, fragment n° 6/7* (www.penseesdepascal.fr/XXVII/P-R-XXVII6.php).

Tout se passe comme si après sa dure confrontation à la mort, l'un considère que c'est par l'extraversion mystique qu'il pourra dépasser sa peur, l'autre que c'est de l'introversion que viendra son salut. Mysticisme *versus* méditation.

Il est vrai que si Pascal a vécu un instant de terreur absolue, un pur stress traumatique, quand son carrosse a failli basculer dans le vide sur le pont de Neuilly, Montaigne pour sa part semble avoir vécu quelque chose qui s'apparente plus à une EMI, c'est-à-dire une expérience de mort imminente. Le maire de Bordeaux insiste d'ailleurs beaucoup sur ce point et, dans sa version des *Essais* de 1580, il approfondit encore davantage sa pensée, « car à la vérité, pour s'apprivoiser à la mort, je trouve qu'il n'y a que de s'en *avoisiner* ». Cette angoisse quasi métaphysique face à la Grande Faucheuse que chacun peut éprouver à un moment ou à un autre de sa vie est devenue très présente chez Montaigne une fois revenu au monde des vivants.

En 1588, il reprend cette idée : « C'est une entreprise épineuse et plus qu'il ne semble que de suivre une allure aussi vagabonde que celle de notre esprit, de pénétrer les profondeurs opaques de ses replis internes… » Opacité, replis internes, que de mots inhabituels pour décrire ce moment où pendant « deux grosses heures [il fut] tenu pour trépassé ». Et surtout : « je ne discernais encore que la lumière ». On ne peut s'empêcher de penser au sombre tunnel évoqué par ceux qui sont revenus d'un coma profond, quasi dépassé, et qui au loin distinguent une lumière surnaturelle.

Après un moment de confusion où il ne savait par le fait « ni d'où il venait, ni où il allait », sa renaissance s'organise de manière pénible, alors que le souvenir de son inconscience est plutôt plaisant : « Je prenais plaisir à m'alanguir et à me laisser aller. C'était une imagination [...] non seulement exempte de déplaisir, mais mêlée à cette douceur que ressentent ceux qui se laissent glisser dans le sommeil. » Ce plaisir durera toute sa vie et il explique : « J'ai une façon rêveuse qui me retire à moi. » Le philosophe bordelais aurait-il fini par réussir à maîtriser ses dissociations pour les transformer en transes dans une sorte de processus d'autohypnose ?

Autant Montaigne se livre à une autodescription clinique détaillée, objective, rationnelle, autant Pascal se laisse submerger par ses impressions dans une totale exaltation. En conséquence, tout au long des années qui suivront, il portera, cousu dans son pourpoint, ce texte écrit au cours de la nuit du 23 au 24 novembre 1654.

> FEU.
> Dieu d'Abraham, Dieu d'Isaac, Dieu de Jacob, non des philosophes et des savants. Certitude. Certitude. Sentiment. Joie. Paix. Dieu de Jésus-Christ. [...] « Ton Dieu sera mon Dieu. » Oubli du monde et de tout, hormis Dieu. [...] Joie, joie, joie, pleurs de joie.

Pascal réfute les philosophes et toute forme de raisonnement, alors que Montaigne en appelle à Socrate et à son fameux γνῶθι σαυτόν[7]. Tous les deux pourtant ont traversé un état modifié de conscience, autrement dit une certaine forme de transe et même de dissociation traumatique.

Montaigne affirme que, si « mourir est la plus grande besogne que nous ayons à faire, l'exercice ne peut nous y

---

7. *Gnỗthi seautón :* « Connais-toi toi-même ».

aider ». D'une certaine manière, il se trompe puisque le mufle au fond pas si hideux que ça de la Camarde lui est apparu, qu'il l'a côtoyé, aimé. Il confesse qu'il serait en quelque sorte volontiers resté dans ses bras plutôt que de revenir au monde des vivants. Comme nombre de ceux qui ont connu une expérience de mort imminente, sa peur de la mort semble s'être évaporée. Pascal pour sa part en restera hanté toute sa vie et sa peur reste entière, même s'il tente de la juguler par la prière et la foi.

Comme beaucoup de personnes que j'ai eu l'occasion d'examiner et qui ont expérimenté dans leur chair un traumatisme au cours duquel elles ont pensé mourir, Montaigne passera par la suite beaucoup de temps à réfléchir, à traquer ses rêves, à rêvasser, à méditer, en un mot à « transer » de manière à digérer, à incorporer cette extraordinaire expérience.

L'ordonnance

Je pense que Michel Eyquem de Montaigne dans ce texte est parfaitement sain et qu'il n'a nul besoin de mes soins... encore moins de mes prescriptions !

CHAPITRE 13

Le traumatisme de guerre : Céline et Bardamu au bout de la nuit

Voyage au bout de la nuit *(1932)*

Le roman s'ouvre sur l'enrôlement de Ferdinand Bardamu, jeune carabin, envoyé au front en 1914 où il découvre l'atrocité de la guerre, tombe en état de choc, avant d'être ramené à l'arrière où explose son traumatisme, dans le passage choisi au chapitre 5.

> « Ferdinand, voulez-vous dîner chez Duval ? Vous aimez bien Duval, vous… Cela vous changerait les idées […]. »
> Mais à peine étions-nous à table que l'endroit me parut insensé. Tous ces gens assis en rangs autour de nous me donnaient l'impression d'attendre eux aussi que des balles les assaillent de partout pendant qu'ils bouffaient.
> « Allez-vous-en tous ! que je les ai prévenus. Foutez le camp ! on va tirer ! Vous tuer ! Nous tuer tous ! » On m'a ramené à l'hôtel de Lola, en vitesse. Je voyais partout la même chose. Tous les gens qui défilaient dans les couloirs du Paritz semblaient aller se faire tirer […].
> « Pauvre soldat ! » qu'on disait. […]
> Alors je suis tombé malade, fiévreux, rendu fou, qu'ils ont expliqué à l'hôpital, par la peur.
>
> (Louis-Ferdinand Céline.)

La nuit sans fin

Quelle boucherie ! Et quelle folie ! Ces deux mots reviennent souvent pour évoquer les combats de la Première Guerre mondiale, ses millions de morts, ses tranchées, ses « gueules cassées » et les esprits à jamais fêlés. Si la littérature ne tarde pas à rendre compte de l'horreur du conflit – avec *Gaspard* de René Benjamin en 1915, *Le Feu* d'Henri Barbusse en 1916, *Les Croix de bois* de Roland Dorgelès en 1919, et bien d'autres –, Louis-Ferdinand Destouches, *alias* Céline, attend 1932 pour publier son *Voyage au bout de la nuit.* Il prend son temps pour digérer sa guerre, après avoir été l'un des blessés de la première heure en 1914, comme Bardamu, son personnage principal et narrateur. C'est son premier roman et malgré l'irrévérence antimilitariste, malgré son antipatriotisme manifeste, il remporte le prix Renaudot la même année. La qualité littéraire de l'œuvre, qui s'appuie sur l'invention d'une écriture tirée de la langue populaire parlée, a su convaincre en son temps et s'impose toujours, malgré l'insoutenable antisémitisme revendiqué plus tard par l'auteur. Ce n'est pas encore le sujet polémique du *Voyage au bout de la nuit*, initialement ancré dans la Grande Guerre. Seule la première partie du roman est pourtant consacrée à cette période, les quatre suivantes s'attachant à suivre le personnage de Bardamu au cœur de quelques autres nuits : celles de l'Afrique coloniale, des usines Ford aux États-Unis, de la banlieue parisienne pauvre et d'un asile psychiatrique. Mais les premières cicatrices – plus psychiques que physiques – marquent l'ensemble de l'œuvre, après le choc des premiers chapitres où l'on assiste à la naissance d'un traumatisme de guerre, quand les corps et la conscience volent en éclats.

Peu avant le court extrait du chapitre 5 que nous proposons, le roman s'est attaché à décrire le quotidien des soldats sur le front, qu'il est essentiel de rappeler pour comprendre l'importance du traumatisme qui va en résulter. La peur est omniprésente et le discours accusateur est envahissant. Bardamu imagine un moment qu'il peut tout arrêter et stopper les combats insensés… Un climat de désorganisation règne, avant que n'explose une scène de boucherie, quand le colonel et un cavalier à pied sont fauchés par un obus. Les corps sont éclatés, morcelés et le récit passe du stade réflexif au sensitif, avec une écriture hyperesthésique qui mobilise l'ouïe par le bruit qui se fait presque matière, l'odorat par les effluves de poudre et de soufre, la vue troublée par la fumée, le tremblement généralisé. La description des corps devient plus loin clinique, sous le regard distancié et précis du médecin qu'est devenu par la suite le narrateur, tout comme l'auteur. Dans un élan hypermnésique, aucun détail n'est épargné au lecteur pour décrire la décapitation du cavalier (la béance, le sang…) et l'éventration du colonel.

L'écriture semble s'appuyer sur les techniques de l'hypnose que l'auteur pouvait connaître, analysent les psychiatres Yoann Loisel et Emeric Saguin dans un texte intitulé « Écriture du trauma, écriture traumatique[1] » : « Céline développe un style au plus proche du trauma, c'est-à-dire finalement de l'hypnose. […]

1. Yoann Loisel et Emeric Saguin, *Le Traumatisme de la Grande Guerre et Louis-Ferdinand Céline*, L'Esprit du temps, 2021.

Probablement Céline, amateur précoce de spectacle de foire, aura vu des démonstrations d'hypnotisme. Peut-être aura-t-il été observateur pendant sa formation médicale. Mais certainement l'aiguillon du traumatisme soutient sa mise en écriture directe, instinctive et remarquable des principes pratiques de cette technique. » De fait, le personnage en état de choc semble plongé dans cet état hypnotique, et à quelques pages du passage cité, il ne sent pas sa blessure au bras qui saigne. Il la minimise, disant qu'elle ne lui vaudra pas d'être renvoyé chez lui, alors même que l'auteur a justement été grièvement blessé au bras au point d'être réformé.

Céline, potentiellement sous l'emprise d'un choc traumatique, était-il lui-même dans cet état de transe pour convoquer ses souvenirs et les écrire ? Il cherche en tout cas à le provoquer chez le lecteur horrifié et fasciné. Un double niveau d'écriture laisse voir une parfaite maîtrise du procédé, avec la description factuelle d'un côté, et l'ironie de l'autre. Il nous entraîne dans cette ambivalence, entre le rire et la sidération, et pousse le délire jusqu'à provoquer, chez le lecteur, l'écœurement par la comparaison du sang avec la confiture mijotant. Et la chair n'est plus, dès lors, qu'une viande saignante. L'épisode se clôt d'ailleurs sur une vision hallucinée d'un pré où l'on étale des victuailles, la viande à distribuer aux soldats, suscitant la nausée jusqu'à l'évanouissement. Décidément, « la guerre ne passait pas ». Comme une immense indigestion. L'image horrifiante de la viande est aussi maintes fois convoquée dans la suite du récit pour évoquer les soldats sacrifiés, comparés à « toutes les viandes à la patrie ». Bardamu est ainsi sonné, ivre de peur et de bruit, et le choc revient plus tard en boomerang devant le spectacle psychédélique des pièces de boucherie sur la prairie.

Cette première réminiscence du choc est suivie de la bouffée de délire qui gagne le narrateur dans l'extrait proposé. À distance dans le temps, il se trouve alors loin du front et des tranchées. Dans la scène qui précède celle du restaurant, sur le pas de tir déserté d'une fête foraine, le mal monte en puissance. Déjà, le narrateur se sent menacé par les tirs ennemis imaginaires qui se rapprochent. Un peu plus loin, l'entrée dans la salle de restaurant peut être une métaphore du retour de la peur et du souvenir, comme le surgissement dans une autre dimension. Le réel bascule dans cette scène de panique où le narrateur revit le carnage de la guerre. On le suit dans son délire, souligné par un effet de répétition (« Foutez le camp, on va tirer ! [...] On va tirer, foutez donc le camp tous ! ») et par le brouillage des repères personnels (on, nous, vous, tous). Mais à distance, grâce au regard critique que permet le récit *a posteriori* et grâce à l'ironie : le concierge de l'établissement (le seul qui témoigne un peu d'humanité) et des généraux de passage sont mis sur le même plan par la proximité de leur uniforme d'opérette (le premier, un cran d'élégance au-dessus des autres !), tandis que les gendarmes sont rabaissés au rang de figurines de fête foraine. Tout n'est qu'une mascarade, sauf le coup de folie de Bardamu qui permet de dénoncer une fois de plus la guerre, son absurdité, et qui s'impose comme la seule expression possible de la vérité, après la dénonciation du mensonge généralisé de la vie à l'arrière du front qui masque l'effroyable dureté de la guerre en première ligne : « On mentait avec une rage au-delà du ridicule et de l'absurde, dans les journaux, sur les affiches, à pied, à cheval, en voiture. » Pas de place pour la vérité, le fou est écarté, marginalisé, envoyé à l'hôpital quand le diagnostic tombe : malade, fiévreux, fou par la peur. La terminologie évoluera plus tard en psychiatrie pour caractériser le traumatisme ou la névrose de guerre.

Peu après la scène du restaurant chez Duval, Bardamu est donc soigné à la mode expérimentale de l'époque pour remettre sur pied les hommes terrorisés, moyennant des chocs électriques. Il décrit le procédé assez rapidement, mais c'est avec une ironie mordante en évoquant le « bazar électrocuteur » du « savant bienfaisant et profondément, aimablement humain ». La surenchère ne fait pas illusion sur l'inhumanité du professeur et de l'électrothérapie en guerre. Céline « fait à travers le parodique Pr Bestombes le portrait-charge de Gustave Roussy, spécialiste des psychonévroses de guerre qu'il soignait par la "persuasion" et l'électricité : les décharges électriques sont devenues le symbole de l'abus de pouvoir médical et militaire[2] », analyse Anne Rasmussen, historienne et directrice d'études à l'EHESS, spécialiste de l'histoire des sciences et des savoirs médicaux. La douleur induite par le traitement était reconnue par les médecins, mais considérée comme nécessaire pour faire céder le patient. Une vraie torture, permettant de faire la part des choses entre le simulateur vu comme un tire-au-flanc et le véritable « hystérique » reconnu comme authentique malade, mais pour renvoyer vite fait les hommes au front dans tous les cas. La frontière entre les deux s'avère complexe à définir, alors que Freud se mêle au débat

2. Anne Rasmussen, « L'électrothérapie en guerre : pratique et débats en France (1914-1920) », *Annales historiques de l'électricité*, 2010/1, 8, p. 73-91.

de l'époque pour montrer le rôle clé de l'inconscient dans la névrose de guerre. Pour lui, « tous les névrosés sont des simulateurs, ils simulent sans le savoir et c'est leur maladie[3] ».

Presque au même moment en 1916, André Breton, alors étudiant en médecine, est posté comme infirmier militaire au centre neuropsychiatrique de Saint-Dizier, où il découvre lui aussi les grands traumatisés du conflit. Il est justement en train de découvrir la théorie de Freud en lisant une synthèse qu'en propose le docteur Régis. La psychologie freudienne y est caractérisée par la place accordée à l'inconscient, aux complexes et aux traumas qu'il faut mettre à jour par « la translation de l'inconscient dans le conscient », notamment en passant par l'analyse des rêves et la méthode des associations mentales. En aucun cas par la méthode forte à l'électricité ! Breton s'engouffre dans la brèche de l'inconscient et de la psychanalyse pour y puiser bientôt l'extraordinaire fécondité du surréalisme et « réenchanter le monde », tandis que Céline préfère la voie critique de la désolation, pour dénoncer l'immonde au bout de la nuit. Si tous deux sont lecteurs de Freud, l'un est témoin, l'autre victime directe de la guerre, ce qui peut expliquer la différence de point de vue. Quant à Freud, il n'aime ni les surréalistes, qu'il considère comme des « fous intégraux, disons à 95 %, comme l'alcool absolu[4] », ni Céline, qui lui déplaît pour sa « peinture de la misère, pour la description de l'absurdité et du vide de la vie actuelle[5] ». Produit

3. Cité par Kurt R. Eissler, *Freud sur le front des névroses de guerre*, PUF, 1992, et par Anne Rasmussen, « L'électrothérapie en guerre : pratique et débats en France (1914-1920) », art. cit.
4. Lettre de Freud à Stefan Zweig du 26 juillet 1937.
5. Lettre de Freud à Marie Bonaparte du 26 mars 1933.

d'un traumatisme indépassable chez ce dernier ? Même si les coups de folie s'éloignent, dans les autres livres du roman, la nuit a bien du mal à se dissiper.

Diagnostic du psychiatre

D'emblée, un détail doit attirer l'attention du clinicien, à savoir le prénom du héros du roman : Ferdinand, comme par hasard, le même que celui de l'auteur. Quant au nom de famille, Bardamu, il est l'anagramme de Dramabu, Drame a bu. On est tout de suite dans l'ambiance d'un drame bu jusqu'à la lie par un certain Ferdinand. Au cours d'une mission dangereuse, Céline a côtoyé la mort et assisté à des atrocités dans les tranchées où il fut blessé par balle et reçut un coup de sabre au bras[6]. Enfin, Céline est médecin, tout comme son héros étudiant en médecine. Tout se passe donc comme si Céline réécrivait sa propre vie à la manière d'une fiction désespérée, modifiant à son gré certains éléments de sa propre biographie, et comme si son héros racontait la vie de son auteur. Un total capharnaüm qui embarque le lecteur désemparé en de sombres contrées jusque-là inexplorées.

Impossible de ne pas y voir une manière – consciente ou non – de piéger le lecteur grâce à une très savamment orchestrée et pour le moins inquiétante confusion. Je me rappelle un de mes confrères et ami à qui j'avais conseillé la lecture du *Voyage au bout de la nuit* et qui m'avait dit mi-figue, mi-raisin :

6. Et non à la tête, contrairement à ce qu'il a lui-même faussement prétendu en affirmant avoir subi une trépanation.

« Tu aurais pu me dire qu'il fallait prendre du Prozac avant de lire cet incroyable chef-d'œuvre ! » De qui parle Céline en réalité ? De lui, d'un poilu imaginaire, des deux ? Le galimatias qu'il fait régner entre lui et Ferdinand Bardamu fait partie des nombreux symptômes d'une entité clinique qui n'est curieusement jamais ou presque jamais enseignée sur les bancs des facultés, qu'elles soient de médecine, de psychologie ou d'infirmières : je veux parler de la dissociation. Serait-ce à dire que l'Université, amoureuse de l'ordre établi, n'aime pas parler de confusion ?

Drôle d'oubli en tout cas.

Mais reprenons le cas de Ferdinand Bardamu et de son anamnèse, comme disent les médecins. Le héros est témoin d'une boucherie humaine dont il est le seul à avoir réchappé dans la grande loterie des tranchées de l'époque. Tous ses compagnons de misère ont été littéralement hachés, décapités, mutilés, morcelés, mais lui est vivant avec tout ce que cela peut représenter de culpabilité. Pourquoi moi et pas les autres ?

Et par la suite, lorsqu'il tente de se remémorer l'événement, il se met à dissocier… comme tous ceux qui souffrent d'un état de stress post-traumatique (ESPT) sévère à la suite d'un traumatisme indicible, inimaginable, inconcevable. Un peu comme Blaise Pascal qui, en 1654 après l'épisode que nous avons évoqué, se rendant joyeusement aux fêtes de Neuilly, survécut de peu à un terrible accident au cours duquel les chevaux de son carrosse passèrent par-dessus le parapet, manquant de l'entraîner dans leur chute. Heureusement, grâce à la providence, l'attelage se rompit et le véhicule resta en équilibre précaire au-dessus du vide. Le mathématicien fit alors un

« malaise », selon moi un état dissociatif, resta « inconscient » pendant deux semaines au bout desquelles il décida d'arrêter les équations pour devenir le grand philosophe mystique que l'on sait. Dieu, en l'épargnant, lui avait adressé un signe. Il confiera cependant qu'à la suite de cet incident où « il vit la mort de près », il souffrit toute sa vie d'un « vide sur le côté gauche ». Celui du cœur ? La sublimation est à l'évidence un des meilleurs moyens de guérir un ESPT, à l'image de Bouddha qui lui aussi, selon moi, souffrait du même mal et s'en sortit grâce à la méditation[7].

La dissociation fait partie de ce qu'il est convenu d'appeler les états modifiés de conscience, qui vont du rêve à la méditation en passant par les expériences de mort imminente, transes collectives ou individuelles, cauchemars, orgasmes, mais aussi prières, méditations de pleine conscience, transes de possession, ivresses, rêveries, rêves lucides, prises de drogues psychédéliques, ou encore délires, hallucinations, décorporations, extases mystiques, amoureuses, intuitions, créations artistiques. Sans parler de ces moments de grâce que connaissent les comédiens, chanteurs, conférenciers, politiciens, écrivains, s'ils sont capables de les ressentir sur scène ou devant leur clavier.

Tous ces phénomènes étranges sont beaucoup plus répandus qu'on ne le croit. Ils permettent également d'avoir une compréhension de la psychose, car par définition, la dissociation est psychotique même si elle n'est pas le fait de personnes psychotiques. Pour mémoire, on pourrait aussi bien considérer que chaque fois que je rêve, je suis fou puisque j'ai

7. Ces deux exemples sont tirés de Patrick Lemoine, *La Santé psychique de ceux qui ont fait le monde*, Odile Jacob, 2019.

des hallucinations surtout visuelles, que je vis des scénarios incroyables, auxquels je crois pourtant, tout cela constituant la définition même du délire qui, heureusement, s'évapore comme rosée au soleil dès mon réveil.

La dissociation est le moyen que le psychisme a trouvé pour ne pas se désintégrer lors du traumatisme ou de son rappel. Les personnes qui dissocient sont capables de sauvagement agresser leur entourage stupéfait, de sauter par la fenêtre ou le plus souvent de se retrouver par terre, immobiles ou en train de convulser au beau milieu d'un grand magasin pour un temps plus ou moins prolongé. Manifestement, Ferdinand a choisi la fuite : « J'ai quitté ces lieux sans insister, joliment heureux d'avoir un aussi beau prétexte pour foutre le camp. » Ce sont les récurrences des souvenirs traumatiques qui font toute la gravité de cette maladie. La nuit à travers les cauchemars atroces, le jour, à cause des reviviscences ou flash-back, le traumatisé revit encore et encore son drame dans sa chair. Et c'est insupportable !

Combien de patients sont venus me voir en me demandant de les *empêcher* de dormir !

« Ah bon, pourquoi ?

– Mais juste pour ne plus être violée chaque nuit ! »

Le cauchemar – comme le flash-back – a pour fonction de refroidir le traumatisme en le répétant jusqu'à ce qu'il soit digéré… sauf que dans certains cas abominables, il s'avère parfaitement indigeste et remonte, encore et encore, menant au suicide, à l'alcoolisme, à la drogue, à la phobie sociale.

L'ordonnance

Chez les chamanes, on pratique la transe de possession, car c'est en se rendant dans le monde des esprits que l'on trouve la solution à tous les problèmes. À peu près toutes les tradi-médecines ont pratiqué et pratiquent la transe, à l'exception de la nôtre, la tradi-thérapie occidentale. Quoique... Selon moi, chez les psychanalystes, la répétition stéréotypée des séances sur le divan induit une espèce d'état « hors de soi ». Dans ce cas, c'est dans l'inconscient ou le subconscient que l'on trouvera la solution. De même, l'hypnose médicale, qui repose par définition sur l'induction d'une transe, aboutit à ce résultat, la recherche de la réponse dans le non-conscient, ou ce que les neurosciences appellent « circuits neuronaux affectifs ». Toutes ces techniques ont donc un objectif commun, la recherche de sens, la quête d'une réponse aux questions que l'on se pose. Comme n'importe quel chamane, Sigmund Freud a réussi à débusquer les manifestations de cet autre monde à travers le rêve, le lapsus, l'acte manqué.

Notre héros Ferdinand, s'il devait venir à ma consultation, se verrait immédiatement proposer une psychothérapie EMDR, la technique de soins déjà évoquée qui permet de faire revivre le traumatisme dans sa chair tout en le fragmentant dans le temps et dans une atmosphère de confiance sécurisante, de manière à le rendre digeste. Néanmoins, j'attendrais que le patient soit stabilisé et non suicidaire, car c'est une technique assez rude. Quasi chirurgicale, à vrai dire : il s'agit d'inciser et d'évacuer un abcès purulent, le souvenir traumatique. Enfin, j'essaierais autant que possible de ne rien lui prescrire, car il n'existe pas de médicament susceptible de traiter la dissociation. Au contraire, chaque fois que l'on diminue la vigilance des personnes à coups de tranquillisants ou de neuroleptiques sédatifs, on augmente les manifestations pénibles, les sujets ressentant le besoin d'être en alerte afin de parer à tout danger telles d'improbables sentinelles.

CHAPITRE 14

Violence sociale et traumatisme : l'anéantissement par l'esclavage chez Toni Morrison

Beloved[1] *(1987)*

Le roman s'inspire d'un fait divers historique et met en scène la vie de Sethe, une ancienne esclave évadée après avoir été torturée, au tournant de la guerre de Sécession. Le jour de sa fuite, elle ne parvient pas à retrouver son mari et confie ses trois enfants à d'autres fuyards qui arriveront à bon port. Elle accouche de sa petite fille Denver pendant le voyage et se réfugie chez sa belle-mère affranchie, Baby Suggs, où la famille est réunie. Apprenant qu'elle est pourchassée par ses anciens maîtres, elle préfère tuer ses enfants que de les laisser connaître l'esclavage. Seule l'une de ses filles succombe, Beloved. Après un temps d'emprisonnement, la vie reprend aussi mal que possible, hantée par le fantôme de la petite... qui va prendre corps. Paul D., un ancien esclave de la même ferme, retrouve Sethe, l'aime et tentera, envers et contre tout, de l'aider à panser bien des blessures.

1. Toni Morrison, *Beloved*, traduit de l'anglais (États-Unis) par Jakuta Alikavazovic, Christian Bourgois, 2023.

EXTRAITS

Livre I – Chapitre I

Quand Sethe raconte à Paul D. son passé d'esclave à la ferme, juste avant sa fuite pour rejoindre ses enfants dans un État libre.

> « Y t'ont fouettée ? »
> « Et ils m'ont pris mon lait. »
> « Y t'ont fouettée alors que t'étais enceinte ? »
> « Et ils m'ont pris mon lait. »

Chapitre 16

Quand Sethe est retrouvée par son ancien maître pour être ramenée à la ferme… et qu'elle tente de tuer ses enfants pour leur épargner la vie en esclavage.

> À l'intérieur, deux garçons saignaient dans la sciure et la terre, aux pieds d'une négresse qui d'une main tenait un enfant trempé de sang sur sa poitrine et de l'autre un nourrisson par les talons. Elle ne les regarda pas ; elle se contenta de balancer le bébé vers les planches du mur, rata, tenta une deuxième collision, quand de nulle part – dans les secondes que les hommes passèrent à se contenter de fixer du regard ce qu'il y avait à regarder là – le vieux boy nègre, feulant toujours, s'engouffra par la porte de derrière eux et saisit le bébé au vol, le cueillant au sommet de l'arc que lui faisait décrire sa mère.
>
> (Toni Morrison.)

De l'incarnation du trauma à la reconstruction

L'infanticide commis par une mère, scindée entre son amour pour ses enfants et la terreur de l'esclavage, glace le sang des lecteurs qui osent s'aventurer dans le sombre roman de Toni Morrison, paru en 1987. Les spectateurs de la magistrale version cinématographique de Jonathan Demme réalisée en 1998 en ont aussi pour leur compte. L'horreur absolue, pour échapper à l'enfer absolu. Cet électrochoc est sûrement nécessaire afin de nous faire ressentir dans notre chair (est-ce seulement possible ?) la tragédie de l'esclavage aux États-Unis et ailleurs, d'éprouver le traumatisme vécu, mais aussi hérité, inscrit dans l'ADN des victimes… comme des bourreaux. Pour ne pas oublier. Le roman redonne corps aux martyrs du passé, les ressuscite comme autant de Beloved fantomatiques et de Sethe annihilées, d'enfants et de parents broyés par l'infamie de la servitude. Il nous hante, mais nous permet également de nous frayer un chemin entre les mots et les images, au-delà du trauma.

Le roman s'ouvre sur l'évocation de la maison hantée par le fantôme de Beloved. La structure du récit qui suit n'est pas linéaire, les allers-retours dans le temps sont nombreux, et le souvenir de la vie en esclavage de Sethe est rapidement évoqué dès le premier chapitre. Une quinzaine d'années après les faits, elle retrouve Paul D. (dans le premier extrait proposé), à qui elle raconte son départ tragique de la ferme, la torture et le viol maternel suprême qu'elle subit juste avant de s'enfuir, quand les hommes la fouettent à lui éclater le dos et lui volent son lait. L'écriture est syncopée, disloquée par les répliques courtes et la répétition – à cinq reprises en moins de dix lignes – du rapt du lait maternel qui semble plus douloureusement perçu que le fouet. Comme un discours de la sidération portant les stigmates tangibles du traumatisme. La mère martyrisée semble revivre ici physiquement et mentalement l'épisode dans une boucle temporelle dont elle ne peut sortir, qui peut faire office de scène inaugurale, à l'origine de sa scission intérieure. La forme la plus barbare de l'esclavage l'atteint dans son identité maternelle, elle crée la faille qui va rendre possible l'impensable, l'infanticide, pour éviter à ses enfants de vivre ce qu'elle a vécu.

Dans le deuxième extrait, la description du drame peut s'imposer comme une projection de la dislocation intérieure de Sethe sur ses enfants qu'elle tente de tuer, à l'arrivée des hommes qui la traquent. Elle fait figure d'anti-Médée qui assassine non pas pour se venger d'un tiers par orgueil, mais pour leur épargner la souffrance. Les corps sont comme démembrés, à travers l'image du bébé décrit par morceau, tenu par le talon, tête en bas, balancé… Les noms disparaissent et les protagonistes ne sont plus désignés que de façon indéfinie (« une négresse », « deux garçons », « un nourrisson ») dans une vision déshumanisée qui les prive de toute individualité. Comme la vie, le temps s'arrête. De façon très cinématographique, la scène semble écrite au ralenti, tournée en silence dans un climat de sidération. La mère est aveuglée par la peur et la rage, tandis que les témoins sont paralysés, jusqu'au surgissement quasi animal du « vieux boy nègre, feulant », comme un chat, qui interrompt l'arrêt sur image pour sauver l'enfant. Point de cris ni de larmes sous l'effet du choc qui marque tout le monde au fer rouge et redouble le trauma de Sethe. Seul le sang coule et va bientôt se mêler au lait maternel. À la fin de l'épisode (peu après notre extrait), Sethe est sommée par sa belle-mère de nourrir le bébé sauvé. Elle approche de sa bouche un mamelon plein de sang, quand Baby Suggs (sa belle-mère) lui ordonne de se débarbouiller d'abord – comme pour séparer la mort de la vie –, mais trop tard : « Denver but le lait de sa mère avec le sang de sa sœur. » Un lien mortifère se tisse dès lors entre la mère, le nourrisson survivant et la petite fille défunte qui ne va pas tarder à réapparaître.

Si les fluides peuvent symboliser la vie qui palpite, ils sont toujours associés ici à la douleur et à la mort : les larmes, le sang versé, le lait volé ou corrompu par le sang. Il ne peut pousser sur le dos de Sethe qu'un arbre cicatriciel, laissé par les coups de fouet. Et c'est aussi dans l'eau sombre d'un ruisseau qu'émerge bientôt le fantôme de Beloved, au chapitre 5. Telle une anti-Vénus, elle sort du Styx tout habillée, comme une noyée. On la sent lutter pour revenir à un semblant de vie, comme un bébé aspirant douloureusement sa première bouffée d'air, ouvrant péniblement les yeux, un mort-vivant à la voix rauque. Elle porte au front et au cou les traces des blessures de sa vie passée et se meut comme un pantin désarticulé. La vie et la mort ne connaissent plus de frontières. On a pu voir en Beloved, revenue d'entre les morts, l'incarnation – ou la métabolisation – du traumatisme de Sethe et de Denver[2].

---

2. *Cf.* Janeen Selfridge, « Beloved : The Physical Embodiment of Psychological Trauma », *Midwest Journal of Undergraduate Research*, 2018.

C'est le retour effrayant du passé que l'on a toujours tu, des blessures non soignées. Elle tente d'usurper la place de Sethe, viole quasiment Paul D. à en tomber enceinte et l'évince, entraîne dans sa chute la maisonnée, avant d'être chassée, exorcisée par les femmes de la communauté. « La chose est partie », renvoyée dans le monde des morts. Tandis que Denver a su se préserver, Sethe est dévastée, en morceaux. Plus rien ne tient.

C'est là, à la toute fin du roman, que revient Paul D., en consolateur, en vrai thérapeute, car à plusieurs reprises dans le récit, il est décrit comme l'homme qui sait faire pleurer les femmes en leur permettant de se confier, d'évoquer leurs blessures et d'être elles-mêmes. L'eau du bain proposée est cette fois réparatrice, comme si la malédiction des fluides avait pris fin pour que renaissent la vie et l'identité restaurée de Sethe, rassemblée « par petits bouts. D'abord son visage, puis ses mains, ses cuisses, ses pieds, son dos. Et, pour finir, ses seins exténués ». Les morceaux tiendront, quoi qu'elle en dise. Et parce qu'elle parvient à dire enfin la souffrance d'avoir perdu sa fille, elle peut commencer à se libérer, pour retrouver ce qu'elle a de plus précieux. Elle-même, dans une altérité féconde.

De quoi finir la lecture sur une promesse d'apaisement et de reconstruction pour nous-mêmes, lecteurs. Mais avec bien des bleus à l'âme, inévitables dans cette nécessaire plongée au cœur de l'histoire tragique de l'esclavage. Aussi douloureuse soit-elle, elle est nécessaire, et Toni Morrison a d'ailleurs consacré toute son œuvre à la communauté noire américaine.

Elle a écrit sur elle et *pour* elle, a-t-elle bien souligné, en tant que femme et principalement du point de vue de personnages féminins conjuguant toutes les formes d'oppression et toutes les forces de libération[3]. « Au milieu du XIXe siècle, le mouvement abolitionniste a engendré les suffragettes ; au XXe siècle, le mouvement pour les droits civiques a engendré celui de la libération des femmes », note-t-elle[4]. Née en 1931 dans une famille modeste où on l'encourage à faire des études, elle connaît la ségrégation raciale avant les réformes des droits civiques des années 1960, et la permanence de nombreuses discriminations. Universitaire, puis éditrice, critique littéraire et romancière, elle donne une voix à ces victimes au carré, à ces femmes autrefois esclaves, dont l'émancipation intime et collective accompagne et inspire celle de toutes les autres. De toute communauté opprimée, comme de celle de l'oppresseur blanc lui-même, prisonnier de sa propre idéologie, dans une jungle métaphorique inquiétante décrite dans *Beloved* : « Les Blancs croyaient que quelles que fussent leurs manières, sous chaque peau sombre se cachait une jungle... Mais il ne s'agissait pas de la jungle que les Noirs avaient apportée de l'autre endroit, qui lui était vivable. C'était une jungle que les Blancs avaient plantée. Elle poussait. Elle s'étendait... jusqu'à envahir les Blancs qui l'avaient créée. » La libération devenant l'urgence de tous, les romans de Toni Morrison échappent au manichéisme

3. Analyse inspirée de Sophie Viguier-Vinson, « Toni Morrison : la psychologie de la survie », *Le Cercle Psy*, 27 février 2020.
4. Toni Morrison, « Femmes, race et mémoire », université de Queens, 8 mai 1989, publié dans *La Source de l'amour-propre. Essais choisis, discours et méditations*, Christian Bourgois, 2019.

et au cloisonnement par leur portée universelle, comme en témoigne d'ailleurs son succès planétaire, interethnique et indépendamment des genres.

Tout un chacun peut (ou devrait ?) se sentir concerné par le désespoir d'une mère préférant massacrer ses enfants que de les laisser vivre en esclavage dans *Beloved*. Mais aussi, dans d'autres romans de Toni Morrison, par l'histoire de cette jeune adolescente noire, violée par son père et qui se perd dans le rêve fou d'avoir les yeux de Shirley Temple dans *L'Œil le plus bleu* (1970). Par le meurtre passionnel d'une jeune femme par son amant jaloux toujours en quête d'une mère sauvage, dans le Harlem musical des années 1920 dépeint dans *Jazz* (1993). Ou encore par la rencontre originelle entre une esclave errante et des Blancs ahuris devant un être aussi noir, qu'ils scrutent comme l'Autre incarné, dans *Un don* (2008). Nous plongeons dans ces scènes de vie issues de faits divers relatés dans la presse de l'époque ou de la mémoire familiale de l'autrice. Nous avançons parmi les bribes d'un passé insoutenable tel qu'il a été vécu par des gens noirs ordinaires, forcés d'effectuer un difficile retour sur eux-mêmes pour survivre.

À travers l'histoire fragmentée de ces destinées, toujours rapportée comme une longue remontée des ténèbres par d'incessants allers-retours dans le temps, l'indicible finit par être dit afin de ne pas rester prisonnier de « l'effroyable des choses sans nom ». Il s'agit « d'un genre de récit où la vie semble venir se mouler, et qui surgit de façon saisissante dans certaines sortes de psychanalyses », explique Toni Morrison elle-même dans la préface de son essai *Jouer dans le noir* (1992), en faisant référence au texte de Marie Cardinal si bien titré *Les Mots pour le dire*. Le divan n'est pas loin. Et pour Annie-Paule Mielle de Prinsac, maître de conférences à l'université de Bourgogne et spécialiste de littérature afro-américaine, le procédé littéraire permet de « restituer la déchirure intérieure de personnages en quête d'eux-mêmes, à la recherche d'une identité qui leur échappe[5] ». Les dernières lignes de *Beloved* en proposent la meilleure illustration. Paul D., ami et amant, dit à Sethe, la mère de tous les extrêmes qui doit se reconstruire : « C'est toi ce que tu as de meilleur, Sethe. C'est toi. » « Moi, moi ? » répond-elle, apercevant enfin la possibilité d'être.

Point de place pour la grande histoire ici, qui ne fait qu'affleurer. « Les historiens ne peuvent s'exprimer qu'à travers l'aide des généralités et examiner les sources écrites [...] ils ont l'habitude de faire l'impasse sur la vie telle qu'elle a été vécue par les gens ordinaires », explique Toni Morrison (*Black Book*, 1988). Et pour elle, seule la fiction permet d'accéder à la vérité du vécu : « Histoire contre mémoire ; mémoire contre absence de mémoire. *Se remémorer* comme dans *se souvenir*, et *se rappeler*, comme dans *réassembler* les membres du corps, de la famille, de la population du passé par le biais de la mémoire. Et c'est cette lutte, la bataille rangée entre se souvenir et oublier, qui est devenue le mécanisme du récit. [...] La formation de l'intrigue provoque la tension du processus de mémoire, sa nature inévitable, les chances de libération qui résident à l'intérieur de ce processus[6]. »

5. Annie-Paule Mielle de Prinsac, *De l'un à l'autre. L'identité dans les romans de Toni Morrison*, Éditions universitaires de Dijon, 1999.
6. Toni Morrison, « Remémoration », archive personnelle, in *La Source de l'amour-propre*, *op. cit.*

Selon Claudine Raynaud, professeur d'études anglophones à l'université Paul-Valéry de Montpellier, tout part d'un flash, d'une métaphore : « Contrairement aux écrivains qui remontent de l'événement au souvenir en essayant de donner un sens à ce dernier, pour Toni Morrison, l'image est première. Elle surgit avant le souvenir et l'éclaire. » C'est l'essence même d'une « poétique de la survie[7] » qui s'offre aussi en lecture libératrice et réparatrice.

« Toi, vieille femme, qui as la chance d'être aveugle, tu sais parler la langue qui nous dit ce que seule la langue peut dire : comment voir sans image. Seule la langue nous protège de l'effroyable des choses sans nom. Seule la langue est méditation. » C'est par cette parabole que Toni Morrison a donné une dimension prophétique à son discours de Stockholm, lors de la réception de son prix Nobel en 1993 et qu'elle nous invite à cheminer dans son œuvre.

Diagnostic du psychiatre

L'ÉTAT DE STRESS POST-TRAUMATIQUE (ESPT) OU LES TROIS F

Selon le psychiatre clinicien que je suis, la marque du génie littéraire consiste à livrer une vérité clinique d'une justesse et d'une précision extrêmes, comme si elle avait été vécue par ceux qui ne l'ont pas nécessairement traversée. Par exemple, la description de l'alcoolisme et du *delirium tremens* par Émile Zola, de la maladie d'Alzheimer, des TOC,

7. Toni Morrison, *L'Esthétique de la survie*, Belin, 2007.

du trouble borderline, des troubles du comportement alimentaire dans *Ensemble, c'est tout* d'Anna Gavalda, de la schizophrénie dans *Vol au-dessus d'un nid de coucou* de Ken Kesey, pour n'en citer que quelques-uns. Ici, c'est l'état de stress post-traumatique dans sa forme clinique la plus extrême que dépeint Toni Morrison qui *a priori* n'en souffrait pas elle-même dans sa chair, n'ayant jamais été esclave, battue, torturée ou violée, mais qui était l'héritière d'un funeste roman familial.

Dans le cas d'un traumatisme « raisonnable » comme en subit tout un chacun – un échec scolaire, une contravention injuste, une paire de gifles –, il suffit en général de quelques jours émaillés de cauchemars et de reviviscences pour que s'installe une bonne et durable cicatrisation, et non pas un oubli comme tant de traumatisés le souhaiteraient. Quand le traumatisme est extraordinaire – viol, braquage, humiliation, arrestation, accident, que sais-je – ou répétitif, le cerveau se met en mode off au cours de l'événement ou quand le souvenir revient en force. Pour ne pas complètement perdre pied, la victime se dissocie : elle est littéralement « hors d'elle-même ». Combien de fois n'ai-je entendu dire : « Pendant qu'il me violait, je n'étais plus dans mon corps ; j'étais à l'autre bout de la pièce et je nous regardais… c'était comme un rêve ou plutôt un cauchemar où le monde qui m'entourait avait perdu tout sens, toute référence ; le temps n'existait plus. »

Dans la nature, en cas d'agression, la proie n'a que trois solutions, ce sont les trois F des éthologues anglo-saxons : *fight* (« combattre »), *flight* (« fuir ») *or freeze* (« se figer »).

Combattre, fuir ou faire le mort. Chez nous les humains, quand l'agression est inconcevable, du genre de celle qui frappe Sethe, l'état dissociatif fait basculer la victime plus ou moins durablement dans le monde de la psychose où son univers se disloque, où elle perd tous ses repères dans une sorte d'état confusionnel et recourt au premier des trois F. Elle devient extrêmement agressive contre ses quatre enfants et... contre elle-même.

Il n'est malheureusement pas rare de lire des faits divers où une mère saute dans le vide avec son bébé dans les bras. Les seules qui survivent expliquent que dans leur esprit dérangé, elles voulaient épargner à leur enfant un monde devenu tellement hostile que seule la fuite dans la mort leur permettait d'y échapper. C'est ce qu'il est convenu d'appeler un suicide altruiste. Terrible dénomination, mais surtout rationalisation. Dans ce type de situation clinique, il existe une lucidité morbide : la personne est persuadée de manière délirante qu'il n'existe aucune autre échappatoire que la mort. Dans ce texte, Sethe, totalement confuse et délirante au cours de son état dissociatif, perçoit le monde comme tellement hostile qu'elle ne voit plus qu'une solution, tuer ses quatre enfants. Cette omniprésence de la mort doit faire réfléchir au nom de l'héroïne, Sethe, qui n'est pas sans évoquer Seth, le dieu égyptien de la confusion, du désordre et de la perturbation, toujours affublé de concepts négatifs (autoritarisme, fureur, cruauté, crise, tumulte, désastre, souffrance, maladie, orage) ; c'est lui qui a assassiné, démembré, éparpillé le corps de son frère Osiris. En fin de compte, on peut considérer que Seth/Sethe est un assassin/infanticide !

À ma grande surprise, quand j'ai parlé de *Beloved* avec certaines femmes de mon entourage, elles m'ont répondu que si elles avaient été à la place de Sethe, menacées de retourner à la torture de l'esclavage et surtout de voir leurs enfants réduits à cette abominable condition, elles ne savaient pas ce qu'elles auraient fait. Mais quand je leur ai demandé : « Tu te vois en train d'égorger tes propres petits ? », toutes ont calé et fini par dire que non, elles ne se voyaient pas en train de perpétrer un tel acte.

Il est vrai que la condition des esclaves en Amérique du Nord est la pire que le monde ait connue dans toute l'histoire de l'humanité. Que ce soit à Rome (où l'esclave avait malgré tout un statut juridique et n'était pas entièrement soumis à l'arbitraire de son maître, et où il finissait souvent par être affranchi, voire intégré à la famille), en Europe durant la Renaissance, en Afrique noire ou au Moyen-Orient, nulle part les esclaves n'ont autant été réduits à l'état d'objets ou plutôt d'animaux d'élevage. Même quand il parlait de l'esclave comme d'un instrument aratoire humain, Caton l'Ancien n'oubliait pas le terme « humain ». Il suffit de lire *Mandingo* de Kyle Onstott pour se faire une idée de cet univers étonnamment édulcoré dans *Autant en emporte le vent*.

Sethe qui revit en boucle le vol de son lait en oublie presque les coups de fouet, le viol, toutes les violences physiques qu'elle a subies. Ses phrases sont courtes, confuses, répétitives. Sa confusion est totale. Elle est hors d'elle. Dissociée.

L'ordonnance

Alors, devant un tel ESPT qui risque de basculer complètement dans la psychose tant les états dissociatifs sont fréquents et répétitifs, je pense que je me verrais contraint de prescrire un médicament antipsychotique de type aripiprazole ou rispéridone, aussi brièvement que possible, du fait du risque considérable de passage à l'acte (infanticide ou suicide). Et si cela ne suffisait pas, peut-être serais-je contraint de l'hospitaliser sans son consentement. La survie des enfants avant tout !

Une prise en charge psychothérapique de type thérapie cognitive et comportementale incluant des séances d'EMDR s'avérerait ici indispensable, mais pas tout de suite. Cette technique quasi chirurgicale et particulièrement efficace est en effet très pénible puisque, pour le traiter, elle procède en réactivant le traumatisme. On comprend bien que ce type de procédure ne doit jamais être mis en place tant qu'il existe un risque de suicide. Pour Sethe, je pense qu'une hospitalisation aurait été nécessaire afin d'éviter tout passage à l'acte, qu'il aurait fallu attendre que sa dépression ait suffisamment régressé sous l'effet d'un antidépresseur IRS (inhibiteur de la recapture de la sérotonine) avant de lui proposer d'intégrer un groupe de femmes ayant également subi des violences notamment sexuelles (comme Les dissociées anonymes) tout en lui proposant des séances d'EMDR ou intégration neuroémotionnelle par les mouvements oculaires (*cf.* le chapitre consacré à *Peau d'Âne*).

Clairement, dans cette histoire, Paul D. a entrepris une thérapie de reconstruction, fragment par fragment, avec pour ingrédient principal l'amour, et assurément, ça marche, même si ce médicament-là n'est pas remboursé par la Sécurité sociale !

V

LES ADDICTIONS FATALES

Consommer jusqu'à se consumer : tel pourrait être le mécanisme de l'addiction, qu'il s'agisse d'alcool, de tabac, de cannabis, d'opiacés, de cocaïne, d'amphétamines, de jeux d'argent et de hasard, pour ne citer que les cas cliniquement reconnus. Bien d'autres comportements addictifs peuvent nous mettre aussi en danger, pour le plaisir du frisson mortifère associé : alimentaires, sexuels, consuméristes, etc. Comme des puits sans fond impossibles à combler. À observer fiévreusement chez nos héros de papier, dévorés par leurs compulsions.

CHAPITRE 15

Mécanique de la compulsion : bonheur de la kleptomanie chez Émile Zola

Au Bonheur des Dames *(1883)*

Alors que le grand magasin Au Bonheur des Dames célèbre son agrandissement prodigieux, les clientes se pressent lors de son inauguration, dans ce dernier chapitre. Elles s'enivrent, s'affolent, et se perdent pour certaines.

> Comme Mme Desforges cherchait Mme Guibal, elle s'exclama, en l'apercevant avec Mme Marty. Cette dernière, suivie de sa fille Valentine, était depuis deux heures emportée à travers les magasins, par une de ces crises de dépense, dont elle sortait brisée et confuse. Elle avait battu le rayon des meubles qu'une exposition de mobiliers blancs laqués changeait en vaste chambre de jeune fille, les rubans et les fichus dressant des colonnades blanches tendues de vélums blancs, la mercerie et la passementerie aux effilés blancs qui encadraient d'ingénieux trophées patiemment composés de cartes à boutons et de paquets d'aiguilles, la bonneterie où l'on s'étouffait cette année-là, pour voir un motif de décoration immense, le nom resplendissant du *Bonheur des Dames*, des lettres de trois mètres de haut, faites de chaussettes blanches, sur un fond de chaussettes rouges. Mais Mme Marty était surtout enfiévrée par les rayons

nouveaux ; on ne pouvait ouvrir un rayon sans qu'elle l'inaugurât ; elle s'y précipitait, achetait quand même. Et elle avait passé une heure aux modes, installées dans un salon neuf du premier étage, faisant vider les armoires, prenant les chapeaux sur les champignons de palissandre qui garnissaient deux tables, les essayant tous, à elle et à sa fille, les chapeaux blancs, les capotes blanches, les toques blanches. Puis, elle était redescendue à la cordonnerie, au fond d'une galerie du rez-de-chaussée, derrière les cravates, un comptoir ouvert de ce jour-là, dont elle avait bouleversé les vitrines, prise de désirs maladifs devant les mules de soie blanche garnies de cygne, les souliers et les bottines de satin blanc montés sur de grands talons Louis XV.

– Oh ! ma chère, bégayait-elle, vous ne vous doutez pas ! Ils ont un assortiment de capotes extraordinaire. J'en ai choisi une pour moi et une pour ma fille… Et les chaussures, hein ? Valentine.

– C'est inouï ! ajoutait la jeune fille, avec sa hardiesse de femme. Il y a des bottes à vingt francs cinquante, ah ! des bottes !

Un vendeur les suivait, traînant l'éternelle chaise, où s'entassait déjà tout un amoncellement d'articles.

[…]

L'écrasement, aux dentelles, croissait de minute en minute. La grande exposition de blanc y triomphait, dans ses blancheurs les plus délicates et les plus chères. C'était la tentation aiguë, le coup de folie du désir, qui détraquait toutes les femmes. On avait changé le rayon en une chapelle blanche. Des tulles, des guipures tombant de haut, faisaient un ciel blanc, un de ces voiles de nuages dont le fin réseau pâlit le soleil matinal. Autour des colonnes descendaient des volants de malines et de valenciennes, des jupes blanches de danseuse, déroulées en un frisson blanc, jusqu'à terre. Puis, de toutes parts, sur tous les comptoirs, le blanc neigeait, les blondes espagnoles légères comme un souffle, les applications de Bruxelles avec leurs fleurs larges sur les mailles fines, les points à l'aiguille et les points de Venise aux dessins plus lourds, les points d'Alençon et les dentelles de Bruges d'une richesse royale et comme religieuse. Il semblait que le dieu du chiffon eût là son tabernacle blanc.

Mme de Boves, après s'être longtemps promenée avec sa fille, rôdant devant les étalages, ayant le besoin sensuel d'enfoncer les mains dans les tissus, venait de se décider à se faire montrer du point d'Alençon par Deloche. D'abord, il avait sorti de l'imitation ; mais elle avait voulu voir de l'Alençon véritable, et elle ne se contentait pas des petites garnitures à trois cents francs le mètre, elle exigeait les hauts volants à mille, les mouchoirs et les éventails à sept et huit cents. Bientôt le comptoir fut couvert d'une fortune. Dans un coin du rayon, l'inspecteur Jouve, qui n'avait pas lâché Mme de Boves, malgré l'apparente flânerie de cette dernière, se tenait immobile au milieu des poussées, l'attitude indifférente, l'œil toujours sur elle.

– Et avez-vous des berthes en point à l'aiguille ? demanda la comtesse à Deloche. Faites voir, je vous prie.

Le commis, qu'elle tenait depuis vingt minutes, n'osait résister, tellement elle avait grand air, avec sa taille et sa voix de princesse. Cependant, il fut pris d'une hésitation, car on recommandait aux vendeurs de ne pas amonceler ainsi les dentelles précieuses, et il s'était laissé voler dix mètres de malines, la semaine précédente. Mais elle le troublait, il céda, abandonna un instant le tas de point d'Alençon, pour prendre derrière lui, dans une case, les berthes demandées.

– Regarde donc, maman, disait Blanche qui fouillait, à côté, un carton plein de petites valenciennes à bas prix, on pourrait prendre de ça pour les oreillers.

Mme de Boves ne répondait pas. Alors, la fille, en tournant sa face molle, vit sa mère, les mains au milieu des dentelles, en train de faire disparaître, dans la manche de son manteau, des volants de point d'Alençon. Elle ne parut pas surprise, elle s'avançait pour la cacher d'un mouvement instinctif, lorsque Jouve, brusquement, se dressa entre elles. Il se penchait, il murmurait à l'oreille de la comtesse, d'une voix polie :

– Madame, veuillez me suivre.

[...]

Depuis un an, Mme de Boves volait ainsi, ravagée d'un besoin furieux, irrésistible. Les crises empiraient, grandissaient, jusqu'à être une volupté nécessaire à son existence, emportant tous les raisonnements de prudence, se satisfaisant avec une jouissance d'autant plus âpre, qu'elle risquait, sous les yeux d'une foule, son nom, son orgueil, la haute situation de son mari. Maintenant que ce dernier lui laissait vider ses tiroirs, elle volait avec de l'argent plein sa poche, elle volait pour voler, comme on aime pour aimer, sous le coup de fouet du désir, dans le détraquement de la névrose que ses appétits de luxe inassouvis avaient développée en elle, autrefois, à travers l'énorme et brutale tentation des grands magasins.

(Émile Zola.)

De l'addiction à la perte

Un tourbillon ! On se laisse entraîner dans celui que dépeint Émile Zola, au fil des pages de son roman *Au Bonheur des Dames*, onzième volume de la série des *Rougon-Macquart*, paru en 1883. Le monde des premiers grands magasins parisiens surgit, s'anime et nous étourdit comme une séance de *fast shopping* enfiévrée, un jour de Black Friday. On y succombe davantage aujourd'hui devant nos écrans, mais ces clientes d'autrefois, en perdition, nous tendent un miroir étrangement fidèle. C'est nous ! Terrifiant… Cette proximité avec nos démons modernes peut être l'une des clés du succès non démenti de l'épopée commerciale qui analyse tous les ressorts du désir compulsif d'acheter, acheter, acheter… toujours plus, au risque de notre perte, aussi économique qu'environnementale. Analyse d'un vice, aurait-on dit hier, ou d'une addiction, préfère-t-on de nos jours, et du malaise jusqu'à l'écœurement.

Un véritable ballet ouvre le bal de la consommation dans le passage proposé, extrait du dernier chapitre de l'œuvre. C'est l'apothéose du roman, couronnant l'agrandissement exponentiel du magasin qui a dévoré le quartier, en tuant le petit commerce. Les dames Desforges, Guibal, Marty, de Boves et filles tournoient de rayon en rayon, comme « emportées » dans une ronde et mues par une puissance obscure. L'impression de vertige est accentuée par un mouvement descendant, marqué par le passage du premier étage au rez-de-chaussée, par les lettres de trois mètres de haut qui surplombent la scène, l'avalanche de tissus neigeux, les chutes de tissus « tombant de haut […] jusqu'à terre ». L'écrasement des matières et des corps qui se pressent crée un sentiment d'ensevelissement et d'étouffement sous « les chapeaux, les capotes, les toques », également souligné par un procédé d'accumulation.

Si la description des articles de mode et de confection est toujours précise et technique dans les détails, comme le veut le style naturaliste propre à Zola, le rythme, les masses et les couleurs rapprochent plutôt la composition globale d'un tableau impressionniste, exécuté dans un camaïeu de blanc.

Loin d'être une froide énumération, la jouissance de l'écriture explose à chaque ligne et l'auteur nous communique son plaisir manifeste par une poétique couturière et une érotique de la consommation. Il le prévoit dès la phase préparatoire, notant que son roman doit être « le poème de l'activité moderne. La joie de l'action, le plaisir de l'existence[1] ». Et un plaisir puissamment érotique : « On sent que Zola décrit cela comme la montée d'un plaisir intense, d'ordre sexuel. On est véritablement dans l'illustration d'une hystérie, d'une sorte d'accession à un orgasme collectif », décrit l'écrivain Paul Claudel, grand amateur de l'œuvre[2]. Tout est dit sur « le besoin sensuel d'enfoncer les mains dans les tissus » ainsi que sur l'effet électrisant qui « enfièvre » et trouble jusqu'au bégaiement. Les femmes exultent !

Mais il s'agit d'un « désir maladif », comme le souligne l'omniprésence du champ lexical du désordre mental, et cette « folie » qui « détraque », la fièvre, la « crise de dépense », jusqu'au « détraquement de la névrose » qui pousse Mme de Boves au vol. Elle « vol[e] pour voler, comme on aime pour aimer » ! Pour la philosophe Sophie Chassat, « Zola semble vouloir montrer que, face à la surabondance des biens exposés, les client(e)s sont comme Tantale devant les repas alléchants qui lui passent sous le nez sans qu'il puisse jamais les saisir : affamé(e)s, jamais rassasié(e)s, au supplice. Mais,

1. Émile Zola, *Au Bonheur des Dames*, dossier préparatoire, Bibliothèque nationale, nouvelles acquisitions françaises, manuscrit 10277, folio 30. Cité dans l'introduction de l'œuvre par Marie-Ange Fougère, Flammarion, coll. « Garnier-Flammarion », 2009.

2. Paul Claudel, interview réalisée par les éditions Flammarion, republiée *in* Émile Zola, *Au Bonheur des Dames*, *op. cit.*

contrairement au personnage tourmenté de la mythologie, il suffit dans la vraie vie, quand la tentation se fait trop forte, de tendre la main pour "consommer" l'objet de son désir. La compulsivité du vol à l'étalage n'est finalement qu'une manière de répondre à la compilation, obsédante par son excès, des produits de consommation qui s'étalent sans fin dans les rayons[3] ». Et sous l'effet d'une mécanique du désir qui tourne à vide et renforce l'angoisse de vacuité, la folie consommatoire pourrait tenter de répondre à l'impossible compensation d'un désir sexuel inassouvi, comme le suggère Marie-Ange Fougère, maître de conférences en littérature française à l'université de Bourgogne, dans sa présentation de l'œuvre : « Plus la sexualité de ces femmes est réduite, plus l'attirance exercée par le magasin est trouble. Mme Guibal utilise le Bonheur comme un lieu de rendez-vous galant ; aussi se contente-t-elle de donner "à ses yeux la joie des richesses entassées". Le mari de Mme Marty s'exténue à courir le cachet pour subvenir aux besoins de sa femme : plus il s'épuise, plus elle désire acheter. Mme de Boves est une femme trompée ; son péché à elle, ce sont les dentelles [...], et au flagrant délit d'adultère, topos littéraire au XIXe siècle, se substitue tout naturellement le flagrant délit de vol[4]. »

Le désir compulsif est ici décrit en termes cliniques, comme une véritable maladie conduisant à la perte, à la destruction, comparable à l'alcoolisme (terme datant seulement du milieu du XIXe siècle) dont les méfaits sont également décrits avec

3. Sophie Chassat, « La barbe ne fait pas le philosophe... la passion des étoffes, si ! L'hyphéphilie ou l'amour de l'étoffe », *Le Monde*, 23 septembre 2014.
4. Marie-Ange Fougère, « Introduction », *in* Émile Zola, *Au Bonheur des Dames*, *op. cit.*

précision par Zola dans *L'Assommoir*. En transposant le problème de la dépendance dans la consommation, le romancier se fait pionnier et il faut attendre 1990 pour que le concept moderne d'addiction (pouvant porter sur l'alcool, le jeu, le sexe, l'achat...) soit formellement posé en psychiatrie par Aviel Goodman. Dans l'intervalle, Zola a pu inspirer le psychiatre Gaëtan Gatian de Clérambault qui invente la notion d'hyphéphilie (amour de l'étoffe), théorisée dans son texte au titre emblématique, *Passion érotique des étoffes chez la femme*[5], rédigé en 1908. Il en a étudié les contours, auprès de patientes prises en flagrant délit de vols, comme Mme de Boves, et rapporte leurs propos : « Quand je peux prendre l'étoffe, je la froisse, cela me produit un serrement d'estomac particulier, ensuite, j'éprouve une espèce de jouissance qui m'arrête complètement la respiration ; je suis comme ivre, je ne peux plus me tenir. [...] La soie me donne un spasme étonnant et voluptueux. La soie, je ne peux pas la déchirer, cela fait trop... oh ! (mimique d'un frisson). [...] La soie a un froufrou, un cricri qui me fait jouir. » L'approche du psychiatre se veut parfois clinique : « L'étoffe semble agir par ses qualités intrinsèques (consistance, éclat, odeur, bruit), dont la plupart même sont secondaires auprès des qualités tactiles. [...] Le contact de l'étoffe avec une surface cutanée quelconque, avec frôlement et sans froissement, suffit à produire un orgasme. » Mais elle peut être aussi passionnée : « La fourrure appelle une caresse active sur son modelé : la soie caresse avec suavité uniforme un épiderme qui se sent surtout devenir passif ; puis elle révèle

5. Gaëtan Gatian de Clérambault, *Passion érotique des étoffes chez la femme*, Les Empêcheurs de penser en rond, 2002.

pour ainsi dire un nervosisme dans ses brisures et dans ses cris[6]. » Car lui-même est hyphéphilique, et auteur de quarante mille photographies mettant en scène des drapés sur le corps féminin, rappelle la philosophe Sophie Chassat[7]. Le film *Le Cri de la soie* d'Yvon Marciano (1996) s'en inspire pour mettre en scène les penchants irrépressibles d'une cliente qui s'évanouit de plaisir au contact de la soie et tisse bientôt une relation avec un psychiatre tout aussi fasciné.

Simple tendance ou vraie maladie, Zola a fait de la passion des étoffes et de l'appropriation compulsive jusqu'au vol un trait plutôt féminin dans son roman. Victimes de leur passion, les femmes sont surtout la proie d'une nouvelle logique capitaliste implacable dont les ressorts sont, à plusieurs reprises, explicitement démontrés et assumés par Mouret, entrepreneur et propriétaire de génie du Bonheur des Dames. Pour Paul Claudel, il ne fait pas de doute que « l'orgasme collectif [est] orchestré par le mâle, Mouret, qui d'ailleurs contemple souvent, d'une position dominante, cette pâmoison dont il est le créateur et dont il recueille la jouissance[8] ». La preuve, dans un passage du dernier chapitre, suivant notre extrait : « On commençait à sortir, le saccage des étoffes jonchait les comptoirs, l'or sonnait dans les caisses ; tandis que la clientèle, dépouillée, violée, s'en allait à moitié défaite, avec la volupté assouvie et la sourde honte d'un désir contenté au fond d'un hôtel louche. C'était lui qui les possédait de la sorte, qui les

6. Extraits cités par Sophie Chassat, « La barbe ne fait pas le philosophe… la passion des étoffes, si ! L'hyphéphilie ou l'amour de l'étoffe », *op. cit.*
7. *Ibid.*
8. Extrait d'une interview réalisée par les éditions Flammarion, republiée *in* Émile Zola, *Au Bonheur des Dames*, *op. cit.*

tenait à sa merci, par son entassement continu de marchandises, par la baisse des prix et ses rendus, sa galanterie et sa réclame. Il avait conquis les mères elles-mêmes, il régnait sur toutes avec la brutalité d'un despote, dont le caprice ruinait des ménages. Sa création apportait une religion nouvelle, les églises que désertait peu à peu la foi chancelante étaient remplacées par son bazar, dans les âmes inoccupées désormais. La femme venait passer chez lui les heures vides, les heures frissonnantes et inquiètes qu'elle vivait jadis au fond des chapelles : dépense nécessaire de passion nerveuse, lutte renaissante d'un dieu contre le mari, culte sans cesse renouvelé du corps, avec l'au-delà divin de la beauté. »

Le passage a été amené par une savante mise en scène dominée par le blanc virginal. Plus d'une quinzaine d'occurrences relatives à la blancheur reviennent dans les extraits sélectionnés, sans parler de la fille de Mme de Boves dénommée… Blanche, bien sûr, et si peu innocente, maquillant le vol de sa mère. L'exagération confine à la dérision, à la mascarade, au simulacre de pureté emblématique de cette « religion nouvelle » au service du « Dieu des chiffons ». Celui-ci a bien son tabernacle, mais quel enfer pour les dames… Le temple de la consommation est décidément diabolique. On passe ainsi de l'homme au tyran puis au Dieu, porté par une métaphysique de commerce. Un vrai sacrilège, mais qui force peut-être justement la tentation et le plaisir, avec « l'au-delà [diabolique] de la beauté ». Zola se moque sûrement, il critique peut-être le monstre à l'œuvre et donne une image avilie du désir féminin, mais qui ne boude pas son plaisir, de manière assez nouvelle et scandaleuse dans la grande littérature.

Et pourtant. On a tout de même pu voir dans ce texte un roman féministe, car les femmes n'y sont pas victimes seulement du mauvais tour que leur joue un mâle dominant pour s'enrichir à leurs dépens, mais d'un système économique asservissant. Car c'est une femme qui va triompher de la situation et venger ainsi toutes les autres : Denise. Provinciale orpheline et pauvre, arrivant de sa Normandie avec ses deux jeunes frères à charge, elle est subjuguée par le grand magasin où elle est vite embauchée. Elle est fascinée, tentée, sans jamais céder. Faute de moyens pour consommer, bien sûr. Mais elle ne cède pas non plus aux avances de Mouret qui s'amourache d'elle, la promeut, l'élève dans la hiérarchie du personnel, la poursuit comme une fille, puis comme une femme, et qui doit se résigner. Il attendra. Denise est ainsi le double inversé des clientes du magasin, pour mieux triompher. Et si elle n'a pas sa place dans la scène de débauche de froufrous, c'est sur elle que se termine le roman, appelée à devenir « toute-puissante ».

Finalement, pourquoi certains cèdent quand d'autres résistent à la tentation, à la pulsion répétée qui devient addiction ? Zola évoque un sens très sûr du bonheur pour expliquer la résistance et la réussite de Denise, à l'inverse de la dissolution des clientes compulsives. Seulement ? Comment passe-t-on également de la vision d'un vice à celle d'une maladie ?

Diagnostic du psychiatre

Décidément ce diable d'écrivain – je parle de Zola bien sûr – est sans aucun doute un des meilleurs cliniciens de tous les temps, et je n'en veux pour preuve que sa description incroyable de précision dans *L'Assommoir*, du *delirium tremens*, étiologie, signes cliniques détaillés, évolution, mécanismes physiopathologiques, pronostic et même traitement. On se croirait dans un cours d'internat, avec le génie en plus ! Dans ce texte, le grand Émile énumère à foison les symptômes de différentes addictions, achats compulsifs, kleptomanie, hyphéphilie, laquelle est une variante du fétichisme. Si la dernière a disparu des consultations comme des classifications, probablement du fait de la démocratisation des étoffes venues d'Extrême-Orient, les deux autres sont toujours d'actualité, notamment l'achat compulsif (oniomanie) qui a été incroyablement facilité par Internet et le commerce en ligne – à coups de Black Fridays, par exemple –, et par tant d'autres tentations virtuelles qui ont fini par reléguer les soldes au rang d'aimables braderies d'arrière-boutiques surannées. Dommage pour le psychiatre que je suis car au moins, ces deux périodes annuelles non seulement réglementaient, mais encadraient les périodes de tentations et surtout apprenaient aux acheteurs à différer leur pulsion. Nombre de client(e)s en effet repéraient tout au long de l'année l'objet de leur désir exposé dans les vitrines et étaient contraint(e)s d'attendre patiemment qu'il soit soldé en hiver ou en été. Or, par nature, la personne susceptible de sombrer dans l'addiction est incapable de patienter, à l'image de l'alcoolique ou du tabagique qui malgré ses efforts ne peut surseoir plus de quelques minutes avant d'assouvir son envie. Autrement dit, les soldes et surtout leur attente étaient paradoxalement un outil de lutte contre l'oniomanie. Presque un traitement !

Il faut comprendre que l'évolution des moyens de paiement devenus de plus en plus abstraits ou « symboliques » a joué un grand rôle dans ce phénomène : ce n'est pas tout à fait la même chose d'échanger dans un système de troc, de régler un achat avec des pièces sonnantes et trébuchantes, puis avec des billets de banque, des chèques, une carte de crédit et enfin avec son téléphone, voire bientôt avec la paume de sa main. À chaque étape on se rapproche d'une abstraction, d'une opération de plus en plus immatérielle et symbolique, déconnectant l'*argent* qui, comme son nom l'indique, est un métal précieux, de sa fonction, le paiement, devenu totalement virtuel. Les casinos l'ont compris depuis longtemps, eux qui ont remplacé les pièces et billets par des jetons, lesquels ne doivent surtout pas avoir l'apparence du fric, du pognon, de la mornifle, ou de ses divers équivalents : blé, oseille, artiche, braise, carbure, douille, foin, grisbi, pèze, trèfle, tune, flouse, fraîche, pépettes, picaillons, ferraille, mitraille, ronds, sous, etc. – ce concept étant un de ceux qui ont donné le plus de variantes argotiques. Le système bancaire, Internet, le monde virtuel, tout se conjugue pour que le consommateur ne se rende pas compte sur le coup – il faut attendre la fin du mois pour recevoir un relevé de compte – qu'il vient de débourser (sauf qu'il n'y a plus de bourses) une certaine somme ou plutôt une somme certaine.

Parmi toutes les *addictions sans substance*, comme celles au travail, au sexe, au jeu, à la nourriture (boulimie avec ou sans vomissements), à la privation de nourriture (anorexie), et autres, la kleptomanie est une des plus douloureuses. Elle peut mener au déshonneur, à la prison, à la perte de sa famille, de son travail, de sa maison… Une catastrophe.

De nombreux points d'ombre persistent quant à ces troubles qui restent bien mystérieux. Pourquoi, moi qui vous parle, puis-je déguster un côte-rôtie ou un condrieu[9] sans devenir alcoolique ou fumer un havane sans devenir tabagique, alors qu'il suffit à mon voisin de tirer une simple bouffée pour retomber dans son vice malgré une longue abstinence ? Existe-t-il une prédisposition génétique, une structure de personnalité, un conditionnement, un défaut de contrôle des pulsions ?

Probablement tout cela à la fois !

Deux modèles permettent de réfléchir à ces questions :

- Les benzodiazépines sont des produits très peu addictifs, et pourtant des millions de personnes de par le monde en sont dépendantes. Pourquoi ? Installez deux cupules au milieu d'une colonie de rats de laboratoire. L'une est remplie d'eau pure, l'autre d'eau additionnée de Valium, lequel n'a aucun goût. Au bout de plusieurs jours, vous constaterez que les rongeurs ne développent aucune préférence et consomment indifféremment l'un ou l'autre liquide pour s'abreuver. Rendez alcooliques ces mêmes rats avant de recommencer l'expérience et vous observerez qu'ils se mettent à préférer le tranquillisant. Conclusion, pour souffrir de ce type d'addiction, il faut être affecté de ce que chez l'humain on appelle une personnalité dépendante, ce qui permet de comprendre pourquoi un être humain particulier est une graine de toxicomane… ou pas !
- Un autre modèle est peut-être encore plus éclairant : il arrive de manière non exceptionnelle que des personnes des plus honorables ayant développé une maladie de Parkinson reçoivent un traitement spécifique (agoniste de

9. Je demande pardon à mes lecteurs qui ont la malchance de ne pas être lyonnais…

la dopamine) et se mettent à se ruiner au jeu, à s'exhiber devant les sorties d'écoles, à courir après les petites filles, à voler dans les supermarchés... Tout se passe comme si la structure de contrôle de nos comportements, à savoir le cortex préfrontal hyperdéveloppé chez l'être humain, ne jouait plus son rôle de gardien de la morale et laissait libre cours à une recherche effrénée de satisfaction du plaisir, lequel est sous la dépendance des circuits dopaminergiques de la récompense. Or, il s'avère que la maladie de Parkinson est due à une destruction progressive des noyaux gris du cerveau dédiés à la production de dopamine, ce qui permet de comprendre que ces patients sont tristes et n'ont plus aucune satisfaction ou presque dans leur vie devenue terne et sans attrait. Autrement dit, dans cette maladie, le cortex préfrontal, siège du surmoi, ce sourcilleux censeur cher aux psychanalystes, ne joue plus son rôle quand un agent extérieur, un de ces médicaments qui activent la dopamine, court-circuite les connexions entre le préfrontal et les structures plus archaïques de satisfaction des besoins, d'activation des pulsions, même si elles sont à l'origine de comportements déviants. Bref, il suffit d'une simple molécule pharmaceutique pour nous ramener au stade du chat de gouttière incapable de réprimer son envie de sauter sur une chatte en chaleur ou sur la table pour voler un plat de poisson qu'il sait pourtant interdit. Autrement dit, le surmoi est soluble dans l'alcool, la drogue ou... les agonistes de la dopamine !

L'ordonnance

Mme Desforges, Mme Guibal, Mme Marty souffrent de fièvre acheteuse, autrement dit d'un syndrome dit d'achats compulsifs, lesquels sont classés dans le chapitre « Troubles de la personnalité et du comportement » sous la rubrique « Troubles des habitudes et des impulsions », sans y être spécifiquement individualisés (F421 de la *CIM-10*). Mme de Boves et sa fille souffrent de kleptomanie (F632 de la *CIM-10*) et il nous est bien inutile de le savoir car malheureusement, il n'existe pas de recette magique pour traiter ces addictions. Je suis prêt à offrir des bons d'achat de 12 euros par semaine à valoir dans n'importe quel bureau de tabac à qui me fournira une telle recette.

On pourrait me reprocher mon pessimisme, à moi qui ne suis pas addictologue : en effet, je n'ai pas évoqué les thérapies cognitives et comportementales qui sont plutôt efficaces, du moins pour ceux qui y ont accès, ce qui ne va pas de soi. Le problème vient du fait que les structures publiques qui offrent ce type de soins sont souvent saturées et n'acceptent plus de nouveaux patients, que les structures privées sont chères et ne sont la plupart du temps pas prises en charge. Mais là, c'est un problème de politique sanitaire et je ne suis pas un spécialiste de politique sanitaire...

Restent les médicaments, car les labos ne sont jamais en panne d'imagination pour créer de nouveaux marchés. Le centre thérapeutique de Namur proclame fièrement que « les inhibiteurs sélectifs de la recapture de la sérotonine (ISRS), ainsi que d'autres antidépresseurs, ont montré leur efficacité dans le traitement des symptômes de la kleptomanie et sont utilisés en conjonction avec une thérapie cognitivo-comportementale ». Selon mon expérience, ce type d'étude est fondamentalement biaisé car il concerne les (très) rares (vrais) patients qui acceptent de suivre une psychothérapie prolongée et de prendre un traitement au long cours, ce qui est parfaitement contradictoire avec leur personnalité... à moins d'y être obligés.

CHAPITRE 16

Addiction au jeu et piège de la dépendance chez Stefan Zweig

Vingt-quatre heures de la vie d'une femme *(1927)*

Le texte de Stefan Zweig se compose d'une nouvelle dans une nouvelle. L'histoire initiale se situe au début du XXe siècle, dans le contexte estival d'une pension de famille dans le sud de la France, et s'ouvre sur le débat que suscite le départ d'une mère de famille avec un séducteur de passage. La plupart des pensionnaires condamnent ce coup de tête, sauf le narrateur et une « vieille dame anglaise aux cheveux blancs et pleine de distinction » qui raconte sa propre histoire. Au début de son veuvage, à la quarantaine, elle aurait pu aussi tout abandonner pour un jeune homme qu'elle a tenté de sauver d'une addiction au jeu, de la ruine, du suicide. Un rêve compromis…

> Alors je rouvris les yeux. Mais, horreur ! exactement comme avant, il était assis là en chair et en os, indéniablement… J'aurais reconnu ces mains-là parmi des millions d'autres… Non, je ne rêvais pas, c'était bien lui. Il n'était pas parti, comme il me l'avait juré ; l'insensé était resté ; il avait porté ici, au tapis vert, l'argent que je lui avais donné pour rentrer

chez lui et, oubliant tout dans sa passion, il était venu le jouer à cette table, tandis que mon cœur au désespoir se brisait pour lui.

[...]

Les mains, ces mains que cet après-midi encore, j'avais vu étreindre pour le plus sacré des serments le bois du prie-Dieu, elles agrippaient à présent de nouveau, en se crispant, l'argent qui était autour d'elles, comme des vampires luxurieux. Car il avait gagné, il devait avoir gagné une forte, très forte somme : devant lui brillait un amas confus de jetons, de louis d'or et de billets de banque, un pêle-mêle de choses placées n'importe comment, dans lesquelles les doigts, ses doigts nerveux et frémissants, s'allongeaient et se plongeaient avec volupté. Je les voyais tenir et plier en les caressant les divers billets, retourner et palper amoureusement les pièces de monnaie et ensuite, brusquement, en saisir une poignée et la jeter sur l'un des rectangles. Et aussitôt, les narines recommençaient à frémir par intervalles ; l'appel du croupier détournait du tas d'argent ses yeux brillants de cupidité, qui suivaient le mouvement furibond de la boule, et il était comme arraché à lui-même, tandis que ses coudes paraissaient littéralement cloués au tapis vert. La possession dont il était victime se manifestait d'une façon encore plus terrible et plus effrayante que la veille, car chacun de ses mouvements assassinait en moi l'image brillant comme sur un fond d'or, que j'avais emportée avec crédulité et qui m'habitait.

[...]

« Vous allez vous lever tout de suite ! lui murmurai-je tout bas, mais d'un ton d'autorité. Rappelez-vous le serment que vous avez fait aujourd'hui dans l'église, misérable parjure que vous êtes ! »

Il me regarda, touché et tout pâle. Ses yeux prirent soudain l'expression d'un chien battu. Ses lèvres tremblèrent.

Il sembla se rappeler brusquement tout le passé, et être saisi par une sorte d'horreur de lui-même.
« Oui... oui..., bégaya-t-il. Ô mon Dieu, mon Dieu... Oui... je viens, pardonnez-moi... »
Et déjà sa main rassemblait tout l'argent, rapidement d'abord, avec des mouvements larges et énergiques, mais ensuite avec une indolence de plus en plus grande, et comme s'il eût été retenu par une force contraire. Son regard était retombé sur le général russe, qui précisément était en train de miser.
« Un moment encore... fit-il en jetant très vite cinq pièces d'or sur le même rectangle. Rien que cette seule partie... Je vous jure qu'ensuite je m'en irai... Rien que cette seule partie... Rien que... »
Et de nouveau sa voix expira. La boule avait commencé à rouler, l'emportant dans son mouvement. De nouveau le possédé venait de m'échapper, il s'était échappé à lui-même, entraîné par la giration de la boule minuscule qui sautait et bondissait dans la cuvette polie.
Le croupier cria un numéro ; le râteau agrippa devant lui les cinq pièces d'or ; il avait perdu. Mais il ne se retourna pas. Il m'avait oubliée, ainsi que son serment, ainsi que la parole qu'il venait de me donner une minute auparavant. Déjà sa main avide plongeait en se crispant dans le tas d'argent diminué, et son regard ivre était entièrement accaparé par son vis-à-vis, porte-bonheur qui magnétisait sa volonté.
Ma patience était à bout. Je le secouai encore une fois, mais maintenant avec violence :
« Levez-vous immédiatement ! À l'instant même... vous avez dit que ce serait la dernière partie... »
Alors se produisit quelque chose d'inattendu. Il se retourna soudain ; cependant le visage qui me regardait n'était plus celui d'un homme humble et confus, mais celui d'un furieux,

ivre de colère, dont les yeux brûlaient et dont les lèvres frémissaient de rage.

« Fichez-moi la paix ! rugit-il, comme un tigre. Allez-vous-en ! Vous me portez malheur. Toujours, quand vous êtes là, je perds. Ç'a été le cas hier, et aujourd'hui encore. Allez-vous-en ! »

Je fus un moment comme sidérée. Mais ensuite devant sa folie, ma colère déborda elle aussi.

« Je vous porte malheur, moi ? l'apostrophai-je. Menteur, voleur, vous qui m'avez juré !... »

Mais je m'arrêtai là, car l'enragé bondit de sa place et me poussa en arrière, indifférent au tumulte qui s'élevait.

« Fichez-moi la paix, s'écria-t-il d'une voix forte, sans aucune retenue. Je ne suis pas sous votre tutelle... Voici, voici... voici votre argent, et il me jeta quelques billets de cent francs... Mais maintenant laissez-moi tranquille. »

Il avait crié cela très fort, comme un fou, indifférent à la présence des centaines de gens qui étaient autour de lui. Tout le monde regardait, chuchotait, insinuait des choses, riait, et même de la salle voisine s'approchaient de nombreux curieux. Il me semblait que l'on m'arrachait mes vêtements et que j'étais là toute nue devant ces gens pleins de curiosité.

(Stefan Zweig. Traduit de l'allemand par Olivier Bournac et Alzir Hella, Le Livre de Poche, 1992.)

L'impossible sauvetage

« Mais que fait ce jeune homme ? Il doit absolument s'arrêter et quitter la table pour ne pas gâcher sa vie ! » se dit-on devant ce joueur invétéré. Évidemment ! Comme sa sauveuse, on aimerait empêcher sa chute. « Mais que fait-elle ? À quoi bon ?

Elle va se perdre pour rien ! » pense-t-on d'un autre côté, en la voyant, impuissante… et si amoureuse.

Point de raison, c'est le choc des passions. Celui ou celle qui n'a jamais connu le feu de l'addiction, annihilant toute volonté, peine sûrement à comprendre le joueur de l'histoire. Et qui n'a jamais aimé un homme, une femme, un enfant rongé par la dépendance imagine mal que l'on ne puisse tout tenter pour l'être cher qui se perd, comme le fait la belle Anglaise. La nouvelle de Stefan Zweig se lit ainsi dans la fébrilité et l'angoisse. Publiée en 1927, à l'heure où la psychiatrie ne s'était pas encore emparée formellement de la dépendance aux jeux d'argent, elle conserve toute sa modernité par la finesse d'une mise en scène en miroir et la description des tensions intérieures.

« Non, je ne rêve pas », se dit la narratrice. Elle vit un véritable cauchemar. Alors qu'elle avait fait promettre devant Dieu à son jeune amant de fuir cette ville de perdition et de rentrer chez lui, alors qu'elle aurait aussi aimé partir avec lui, au risque de tout perdre à son tour en se déshonorant, elle le retrouve à une table de jeu. Misérable et monstrueux. L'homme aux mains sublimes, incarnant plus tôt un idéal de beauté et de fraîcheur, apparaît soudain sous les traits d'un vampire profanateur. Il semble rêver devant son tas d'or, il est totalement hypnotisé, avant d'être saisi par une vision cauchemardesque de lui-même.

C'est la deuxième fois, dans la nouvelle, que la narratrice dépeint l'homme sous l'emprise mortifère de la pulsion du jeu. Elle l'a déjà décrit, à l'occasion de leur première rencontre au casino, évoquant d'abord ses mains : « Et je vis là (vraiment, j'en fus effrayée) deux mains comme je n'en avais encore jamais vu, une main droite et une main gauche qui étaient accrochées l'une à l'autre comme des animaux en train de se mordre et qui s'affrontaient d'une manière si farouche et si convulsive que les articulations des phalanges craquaient avec le bruit sec d'une noix que l'on casse. C'était des mains d'une beauté très rare, extraordinairement longues, extraordinairement minces, et pourtant traversées de muscles très rigides – des mains très blanches, avec au bout des ongles pâles… » Les mains quasi squelettiques évoquent la mort qui sature ces quelques lignes avec la féminité d'une Parque, mais aussi le plaisir sous le double signe d'Éros et Thanatos, exerçant une effrayante séduction, comme le souligne la narratrice : « Je n'ai jamais vu des mains si éloquentes, où chaque muscle était comme une bouche et où la passion s'exprimait, tangible, presque par tous les pores. » La jeune femme est pour le moins « fascinée », « hypnotisée » elle aussi, reconnaît-elle. Comme si la fièvre du jeune homme l'avait contaminée, réveillant ses désirs. Mais c'est un autre rôle qu'elle va tenter d'endosser pour arracher l'homme au jeu et à la mort.

Elle secoue donc son protégé qui s'éveille à son tour de sa torpeur cupide, il se voit tel qu'il est et se trouve « saisi par une horreur de lui-même ». Comme ensommeillé, il balbutie, il est confus. D'abord penaud, tel un enfant pris en faute, il devient brusquement bestial, dans le retournement de sa personnalité en son contraire. Une belle comparaison déshumanisante se dessine aussi en filigrane, entre lui et la boule du jeu qui roule, saute et bondit, dont le « mouvement furibond » est décrit à deux reprises à quelques paragraphes d'intervalle. Avalé par le jeu, il n'est plus qu'un pion baladé par le croupier. Qui est-il donc ? Celui qui rêve d'or, celui qui se repent, celui qui se révolte pour persister dans sa passion destructrice du jeu, comme un drogué privé de sa dose ?

Il apparaît tour à tour sous ses trois facettes et semble pour le moins clivé, à l'image de ses deux mains décrites plus haut, étrangères l'une à l'autre, telles deux bêtes sauvages qui s'affrontent en lui. Il est donc malade, comme le souligne la répétition des expressions caractérisant le trouble psychique : « insensé », « nerveux », « possession », « possédé », « échappé de lui-même », « comme un fou », « sa folie ». Tel semble être le point de vue presque clinique de la narratrice. En médecin de l'âme, en quête du facteur déclencheur, elle n'a pas manqué de retracer également au préalable l'origine de l'addiction du jeune homme, initié par son oncle aux courses. Elle est sensible à l'errance de cet « enfant perdu » qui pourrait avoir l'âge de son fils aîné. Il est loin de chez lui, loin de lui-même. Elle se fait donc à la fois soignante, maternante… mais aussi amante, d'abord malgré elle. Si elle semble incarner l'autorité et la raison, elle est aussi troublée elle-même. La sensualité de la description de la scène du joueur, palpant son butin comme il caresserait un corps féminin, traduit d'ailleurs la force de son propre désir fou, décalé, malsain peut-être. Autre parallèle entre les deux protagonistes : l'or dans toute son ambiguïté. Le jeune homme idéalisé est métamorphosé en figure de médaille dans son imaginaire, comme le laisse entendre l'évocation de « l'image brillant comme sur un fond d'or ». Médaille pieuse protectrice… ou louis d'or tentateur ? Les deux peut-être, en référence à l'ambivalence des sentiments et des intentions de la femme mûre, mère et désirante en même temps.

Repoussée par son jeune amant dans sa folie, elle est aussi rattrapée par le principe de réalité que lui impose sa condition sociale. Le surgissement du regard des autres (des centaines !) rompt le charme maléfique de la scène. Une lumière crue éclaire soudain la femme dévastée, trahie, dont les sentiments sont mis à nu. On jase, on imagine tout, elle aime effectivement cet homme qui pourrait être son fils. Et elle part. Elle n'a pas d'autre choix, sans doute, mais c'est tout de même sa force. La fin de la nouvelle souligne sa difficile reconstruction, pour renaître après la mort de l'abandon, au-delà de la honte destructrice et par un difficile sevrage sentimental, le récit passionné de l'aventure montrant combien le souvenir reste brûlant.

Peu de textes traduisent, aussi clairement, l'interdépendance entre la personne souffrant d'addiction et les proches aidants, aimants, souvent pris dans un lien affectif destructeur. Celui-ci s'inscrit aussi dans le sillage d'autres œuvres consacrées à la folie du jeu, comme *Le Joueur* de Fiodor Dostoïevski, paru en 1866. Stefan Zweig est un grand lecteur de l'auteur russe, il lui a déjà consacré une importante étude[1], et sa propre nouvelle *Vingt-quatre heures de la vie d'une femme* pourrait faire écho à certaines scènes du *Joueur*. En les prolongeant et en exposant tout ce que le jeu comprend de refoulé, signale l'universitaire Juliette Vion-Dury, professeur de littérature comparée à l'université Sorbonne Paris-Nord. Chez Dostoïevski, une grand-mère

1. Stefan Zweig, *Trois maîtres : Balzac, Dickens, Dostoïevski* [1920], Le Livre de Poche, 1995.

bourrue s'inquiète pour un jeune joueur effréné : « Dis-lui, fit-elle, brusquement agitée, et elle me poussait du coude, dis-lui d'abandonner, de prendre son argent au plus vite et de s'en aller. [...] Comme c'est fâcheux ! Il est perdu, cet homme ; eh bien, c'est sans doute qu'il l'aura voulu », s'exclame-t-elle[2]. Chez Zweig, c'est une femme désirante qui tente de sauver le jeune homme. Cela n'a pas échappé à Sigmund Freud, dans sa préface à une édition des *Frères Karamazov* (1928), en faisant une double analyse du jeu chez les deux auteurs : « Le psychanalyste associe la pratique du jeu à celle des "jeux de mains", ainsi qu'au fantasme d'initiation sexuelle du fils par la mère », rappelle Juliette Vion-Dury[3]. La dimension masturbatoire et initiatique du jeu n'est pourtant pas le seul ressort de ces œuvres, comme des suivantes.

Ce ne sera pas la dernière fois que Stefan Zweig mettra en scène le rapport passionnel et maladif au jeu. Sa dernière nouvelle, *Le Joueur d'échecs*, achevée juste avant sa mort en 1942, évoque la rencontre, sur un paquebot, du champion du monde d'échecs avec un inconnu surdoué qui raconte la source de son talent au narrateur. D'origine autrichienne, il a été emprisonné par la Gestapo et a pu mentalement survivre à l'isolement, aux interrogatoires, en se représentant des parties d'échecs et en les jouant contre lui-même, au risque de sombrer dans la schizophrénie. Il est finalement relâché, passant pour fou, à la condition de quitter définitivement son pays, d'où son départ pour l'Amérique du Sud. Dans les trois œuvres

2. Fiodor Dostoïevski, *Le Joueur*, 1866.
3. Juliette Vion-Dury, « Jeu, création et liberté dans *Le Joueur* de Fiodor M. Dostoïevski et *Le Joueur d'échecs* de Stefan Zweig », *Droits*, 2016, 63, p. 113-126.

(celle de Dostoïevski et les deux de Zweig), les personnages sont tous loin de chez eux, en exil, consenti ou contraint. Ils sont perdus, dans tous les sens du terme, dans une « descente aux Enfers », note encore Juliette Vion-Dury, illustrée tantôt par le labyrinthe symbolisé par le quadrillage du jeu d'échecs, tantôt par le tapis vert rappelant l'eau trouble du Styx. Pour les personnages jouant jusqu'au point de non-retour, comme pour les auteurs, loin de leur pays, en particulier Stefan Zweig établi au Brésil afin de fuir le nazisme, à la fin de sa vie. Désespérant du monde en guerre, faisant échec à toutes ses valeurs humanistes, il se donne la mort peu après l'écriture de sa dernière nouvelle au titre emblématique.

Diagnostic du psychiatre

Il est des domaines où chacun se pense expert. Ainsi la diététique, parce que tout le monde mange, ou l'insomnie – qui n'a jamais passé une nuit blanche ? Et le jeu, ce (quasi) orgasme solitaire que nous avons tous éprouvé et qui consiste à prendre du plaisir sans le secours d'un(e) partenaire, par exemple en tétant un biberon (ou une cigarette), en se masturbant, en jouant de l'argent ou même sa vie pour les chercheurs de sensations. Car oui, personne, pas un humain, pas un animal, n'échappe à cette pulsion inhérente à la vie qu'est le plaisir solitaire. D'ailleurs, le problème ne vient pas de la jouissance, mais de la dépendance à certaines jouissances.

L'objet de la dépendance pose en effet question, car s'il en est qui ne posent pas problème, comme le fait que nous dépendions de l'air que nous respirons, de l'eau que nous buvons ou bien que l'on soit dans l'impossibilité de se passer de l'insuline quand on est diabétique, en revanche, dépendre de la nicotine au point de devoir sortir de chez soi à minuit le dimanche soir pour sillonner la ville à la recherche d'un bureau de tabac, de l'alcool au point de vider son flacon d'eau de Cologne, constitue la marque de la pathologie.

Pourtant, nous ne sommes pas tous égaux et la question de la personnalité est sans doute la plus importante. Dieu merci, l'immense majorité des gens ne tombent pas dans l'utilisation récréative et/ou trop prolongée des benzodiazépines après avoir passé une nuit sous Imovane ou une journée sous Xanax.

Nous avons tous joué avec des allumettes ou avec des billes dans la cour de récréation, cependant nous ne sommes pas tous des joueurs compulsifs[4].

Dans ce somptueux texte de Zweig, une femme manifestement dépendante de la passion qu'elle voue à un homme s'imagine que grâce à cet amour fou, elle pourra le débarrasser de sa dépendance au jeu. L'éternelle rivalité de l'hôpital et de la charité… D'un autre côté, le fantasme de la femme amoureuse du mauvais garçon est vieux comme le monde. Henri Désiré Landru une fois emprisonné a reçu plus de huit cents demandes en mariage et Nordahl Lelandais a trouvé l'amour en prison où il est devenu père malgré sa condamnation à perpétuité, sans parler de toutes les somptueuses créatures

4. Curieusement, l'on peut aussi bien « jouer » au Scrabble ou aux Lego qu'au casino ou au poker ; pourtant, l'« addiction au jeu » ne désigne jamais que les jeux d'argent. L'ambiguïté est parfois plus radicale, comme dans le cas des mots énantiosèmes, qui ont deux significations opposées l'une à l'autre : ainsi, le mot « hôte » désigne aussi bien celui qui reçoit que celui qui est reçu, et le verbe « louer » définit l'action du locataire comme celle du loueur.

qui sont tombées dans les rets de Serge Gainsbourg, drogué, alcoolique et pas vraiment Adonis. Non ! L'amour ne peut pas tout, et en particulier il ne peut pas soigner et encore moins guérir un joueur compulsif ni aucun toxicomane, que ce soit à des produits chimiques (drogues) ou à des comportements (travail, sexe, jeu, kleptomanie, boulimie-vomissements, etc.).

L'ordonnance

Dans tous ces cas, il s'avère indispensable de faire appel à de (vrais) experts, des professionnels, des addictologues qui maîtrisent des techniques éprouvées, que ce soit en milieu hospitalier ou extra-hospitalier. Parmi toutes les techniques possibles, les thérapies cognitives et comportementales sont sans conteste celles qui ont le mieux démontré leur efficacité, même si celle-ci reste malheureusement assez modeste, le plus important en la matière - et de loin - étant la persévérance du soigné comme du soignant ; car le temps est un grand médecin.

Anorexie-boulimie, l'addiction au carré ?

Se priver de tout. Maigrir, et maigrir encore pour être parfaite, légère, ne plus rien peser, s'envoler, s'évaporer... disparaître ? Et puis manger, manger, manger, revenir à la vie... ou à la mort ! Tel est le double lien mortifère à la nourriture, notamment mis en scène dans deux récits contemporains.

Robert des noms propres d'Amélie Nothomb, paru en 2002, retrace l'itinéraire de Plectrude, une jeune fille pas comme les autres, dont la mère s'est suicidée à sa naissance après avoir tué son père. Élevée par sa tante, elle est promise à un avenir de danseuse et devient « petit rat » de l'opéra, où elle subit l'injonction à la maigreur : « Les professeurs avaient tant diabolisé la nourriture qu'elle en paraissait alléchante, si médiocre fût-elle. Les enfants l'appréhendaient avec terreur, dégoûtées du désir qu'elle suscitait. Une bouchée avalée était une bouchée de trop », décrit le narrateur. La ballerine l'accepte car « la danse était la seule transcendance. Elle justifiait pleinement cette existence aride. Jouer avec sa santé n'avait aucune importance pourvu que l'on pût connaître cette sensation incroyable qui était celle de l'envol ». Elle fond alors jusqu'à déminéraliser son squelette, au point de se briser la jambe et de devoir renoncer à son rêve étoilé. Mais au lieu d'être aidée et consolée en revenant vivre en famille, elle est rejetée par sa mère adoptive (sa tante) qui vivait, à travers elle, son rêve déçu de danseuse, et lui signifie son dégoût de la voir reprendre quelques rondeurs. Le regard clinique du narrateur tombe : « Dire à une fille de 15 ans qu'elle est grosse, voire "un peu ronde", quand elle pèse quarante kilos, revient à lui interdire de grandir. Une fillette, face à un tel désastre, n'a que deux possibilités : la rechute dans l'anorexie ou la boulimie. » Elle échappe pourtant aux deux et retrouve seulement un poids normal. Sa féminité la rattrape enfin et elle a ses règles peu après, à 16 ans. Le récit pourrait être une belle illustration littéraire de la thèse lacanienne sur l'anorexie perçue comme une demande insatiable et décalée d'amour adressée à la mère. D'un amour ici déçu d'une mère qui ne l'aime pas pour elle-même. Ne rien manger serait plutôt « manger rien », c'est-à-dire le vide, le manque, pour Lacan, toujours attentif au langage. Le rejet maternel ne renforce pas l'anorexie et ne provoque pas non plus la boulimie dans l'histoire, la prise de conscience du lien toxique pouvant jouer comme antidote.

Autre traitement littéraire des troubles des conduites alimentaires (TCA) : celui d'Annie Ernaux, dans *Mémoire de fille* paru en 2016. Dans un récit à la fois biographique et sociologique, l'auteur revient sur la « fille de 1958 » qu'elle a été, issue d'un milieu modeste et sortant pour la première fois de sa Normandie natale pour être monitrice de colonie de vacances, l'été de ses 18 ans. Elle découvre l'amour, l'érotisme, ses déceptions, ses privations, l'attente de celui qui l'a si peu aimée et qu'elle espère éblouir un jour. Après s'être consolée en mangeant des pâtisseries, elle entreprend de maigrir, ce qui provoque son aménorrhée. Cette « volonté malheureuse [...], je l'exerce d'abord sur mon corps. Depuis la rentrée de janvier j'ai cessé de me nourrir au foyer d'autre chose que d'un bol de café au lait le matin, de la mince tranche de viande servie tous les midis... [...] Je vis l'orgueil d'une championne du jeûne, tout entière dans un combat contre la graisse... ». Mais elle craque. « La débâcle de la volonté est survenue un dimanche après-midi de mars dans l'épicerie aux volets fermés [de ses parents]. » « Je ne sais pas à quoi pense la fille qui perd pied d'un seul coup tout contrôle sur son désir, se jette - j'imagine - sur le fromage à la coupe, les madeleines au détail, les caramels. Peut-être à rien. C'est la première scène d'avidité où la conscience assiste, impuissante, à la frénésie des mains qui happent, enfournent, de la bouche qui mâche à peine, avale - au plaisir du corps devenu un gouffre sans fond. » La jeune femme va ainsi osciller plusieurs mois entre deux extrêmes alimentaires, avant de découvrir sa voie en fac de littérature et de retrouver un rapport normalisé à la nourriture et à son corps de femme.

L'auteur revient ainsi sur le désarroi de la jeune fille laissée à son trouble non diagnostiqué, seulement honteux. Elle doit attendre une vingtaine d'années pour tomber sur un manuel évoquant les maladies de la nutrition et comprendre « cette forme monstrueuse, désespérée, du vouloir vivre à tout prix, même celui du dégoût de soi et de la culpabilité : la boulimie. Difficile de dire aujourd'hui si cette connaissance m'aurait été d'un grand secours, si j'aurais pu être soignée - ou accepté de l'être - et comment. Qu'aurait fait la médecine contre un rêve ? » se demande-t-elle.

À la fin des années 1950, la psychiatrie et la psychanalyse s'étaient déjà penchées sur les TCA depuis bien longtemps, notamment avec les aliénistes du XIXe siècle, mais les explications n'avaient pas infusé la culture populaire de l'époque, comme elles se sont imposées depuis. La prise en charge aujourd'hui pluridisciplinaire des patients est aussi le fruit d'une meilleure connaissance de la pathologie et d'un diagnostic qui s'est affiné à partir des années 1970 - précisément quand Annie Ernaux découvre un ouvrage éclairant -, plaçant l'anorexie mentale aux côtés de la boulimie et de l'hyperphagie boulimique. Les thérapies contemporaines évaluent notamment l'impact de la société d'abondance après la Seconde Guerre mondiale et de l'injonction contradictoire : « mange parce que tu peux tout manger / ne mange pas pour rester mince ». « Et les femmes payent le prix de leur libération, de l'accès aux fonctions sociales initialement masculines par la maîtrise d'elles-mêmes, explique Alain Perroud[5]. Si ce n'est de leur sexualité directement, du moins de leur alimentation, ce qui les coupe du même coup de leur libido. » Les deux figures féminines des textes évoqués ne sont-elles pas coupées de leurs règles ?

L'apport récent des neurosciences a aussi permis de comprendre l'anorexie comme une authentique addiction, le jeûne sévère entraînant une sécrétion de bêta-endorphine cérébrale qui nécessite un véritable sevrage pour normaliser le comportement alimentaire - celui du corps devant se passer de ce puissant shoot de bien-être, ainsi que des excès inverses de nourriture quand le trouble est couplé à

5. Extrait de Sophie Viguier-Vinson, « Du miracle à la maladie mentale », *Le Cercle Psy*, octobre 2015. Alain Perroud, psychiatre au Centre de consultations nutrition et psychothérapie de Genève, est l'auteur de *Savoir traiter la boulimie avec les TCC*, Retz, 2010, et de *Faire face à l'anorexie, une démarche efficace*, Retz, 2009.

la boulimie ; celui de l'esprit également, qui doit se nourrir d'autres rêves et de sens, comme pour Annie Ernaux, se tournant très tôt vers l'écriture. Mais cette dernière a dû attendre cinquante ans pour revenir sur l'épisode de l'été 1958 et sur les troubles alimentaires associés, pour écrire sur « un trou inqualifiable », a-t-elle expliqué, combler une béance, un vide, dans l'immense toile biographique qu'elle a tissée de livre en livre, avant de recevoir son prix Nobel de littérature peu après, en 2022. Amélie Nothomb a, quant à elle, plusieurs fois abordé le thème de l'anorexie, dans *Robert des noms propres* que nous avons cité, ou plus récemment avec *Psychopompe* (2023) où elle revient sur sa propre histoire. Elle n'a pas caché le trouble alimentaire dont elle a souffert dans son adolescence, suite à une agression sexuelle, et qui aurait étrangement agi comme une « chimiothérapie » contre le traumatisme du viol, sans jamais faire la promotion de l'anorexie, trop consciente de ses dangers. Chez les deux auteurs, le lien contrarié – voire outragé – à la féminité et au corps a dû être lentement réparé, sublimé dans l'écriture, par des récits indiquant aux lecteurs des issues possibles.

VI

LES PSYCHOSES ET LEURS CRISES

Ça commence quand, la folie ? Pas la « folie douce » ni le « grain » ou le « coup de folie », mais celle qui ne permet plus de partager la même réalité que celle du plus grand nombre. La frontière est incertaine. Dès le milieu du XIXe siècle, des psychiatres allemands lui ont préféré le terme « psychose » – au moment même où Dostoïevski écrivait *Le Double* –, pour bientôt distinguer les troubles névrotiques des troubles psychotiques, les seconds désignant une altération profonde de la conscience et du rapport à la réalité. La notion ne cessera de s'affiner pour différencier la psychose primaire et soudaine, sans lien apparent avec l'histoire de la personne, de la psychose secondaire liée aux antécédents de la personne. Quelle que soit son origine, des symptômes communs la caractérisent : délires, hallucinations, comportements désinhibés, désorganisation du discours, etc. Beaucoup sont remarquablement mis en scène dans bon nombre d'œuvres littéraires, offrant une lecture déroutante.

CHAPITRE 17

Syphilis, délire et schizophrénie : Guy de Maupassant, *Le Horla* et les errements de la psychiatrie

Le Horla *(1886)*

Tout allait bien pour le narrateur, un gentilhomme jouissant d'une belle demeure et d'une vie de loisirs, jusqu'au jour où il éprouva l'étrange sensation de se sentir épié, bientôt possédé par un être invisible… au point de perdre pied.

> 16 mai. – Je suis malade, décidément ! Je me portais si bien le mois dernier ! J'ai la fièvre, une fièvre atroce, ou plutôt un énervement fiévreux, qui rend mon âme aussi souffrante que mon corps. J'ai sans cesse cette sensation affreuse d'un danger menaçant, cette appréhension d'un malheur qui vient ou de la mort qui approche, ce pressentiment qui est sans doute l'atteinte d'un mal encore inconnu, germant dans le sang et dans la chair.
>
> […]
>
> 4 juillet. – Décidément, je suis repris. Mes cauchemars anciens reviennent. Cette nuit, j'ai senti quelqu'un accroupi sur moi, et qui, sa bouche sur la mienne, buvait ma vie entre mes lèvres. Oui, il la puisait dans ma gorge, comme aurait fait une sangsue. Puis il s'est levé, repu, et moi je me suis réveillé, tellement meurtri, brisé, anéanti, que je

ne pouvais plus remuer. Si cela continue encore quelques jours, je repartirai certainement.

5 juillet. – Ai-je perdu la raison ? Ce qui s'est passé, ce que j'ai vu la nuit dernière est tellement étrange, que ma tête s'égare quand j'y songe !

Comme je le fais maintenant chaque soir, j'avais fermé ma porte à clef ; puis, ayant soif, je bus un demi-verre d'eau, et je remarquai par hasard que ma carafe était pleine jusqu'au bouchon de cristal.

Je me couchai ensuite et je tombai dans un de mes sommeils épouvantables, dont je fus tiré au bout de deux heures environ par une secousse plus affreuse encore.

Figurez-vous un homme qui dort, qu'on assassine, et qui se réveille avec un couteau dans le poumon, et qui râle, couvert de sang, et qui ne peut plus respirer, et qui va mourir, et qui ne comprend pas – voilà.

Ayant enfin reconquis ma raison, j'eus soif de nouveau ; j'allumai une bougie et j'allai vers la table où était posée ma carafe. Je la soulevai en la penchant sur mon verre ; rien ne coula. – Elle était vide ! Elle était vide complètement ! D'abord, je n'y compris rien ; puis, tout à coup, je ressentis une émotion si terrible, que je dus m'asseoir, ou plutôt, que je tombai sur une chaise ! puis, je me redressai d'un saut pour regarder autour de moi ! puis je me rassis, éperdu d'étonnement et de peur, devant le cristal transparent ! Je le contemplais avec des yeux fixes, cherchant à deviner. Mes mains tremblaient ! On avait donc bu cette eau ? Qui ? Moi ? moi, sans doute ? Ce ne pouvait être que moi ? Alors, j'étais somnambule, je vivais, sans le savoir, de cette double vie mystérieuse qui fait douter s'il y a deux êtres en nous, ou si un être étranger, inconnaissable et invisible, anime, par moments, quand notre âme est engourdie, notre corps captif qui obéit à cet autre, comme à nous-mêmes, plus qu'à nous-mêmes.

Ah ! qui comprendra mon angoisse abominable ? Qui comprendra l'émotion d'un homme, sain d'esprit, bien éveillé, plein de raison et qui regarde, épouvanté, à travers le verre d'une carafe, un peu d'eau disparue pendant qu'il a dormi ! Et je restai là jusqu'au jour, sans oser regagner mon lit.

6 juillet. – Je deviens fou. On a encore bu toute ma carafe cette nuit ; – ou plutôt, je l'ai bue !

Mais, est-ce moi ? Est-ce moi ? Qui serait-ce ? Qui ? Oh ! mon Dieu ! Je deviens fou ? Qui me sauvera ?

[…]

6 août. – Cette fois, je ne suis pas fou. J'ai vu… j'ai vu… j'ai vu !… Je ne puis plus douter… j'ai vu !… J'ai encore froid jusque dans les ongles… j'ai encore peur jusque dans les moelles… j'ai vu !…

Je me promenais à 2 heures, en plein soleil, dans mon parterre de rosiers… dans l'allée des rosiers d'automne qui commencent à fleurir.

Comme je m'arrêtais à regarder un géant des batailles, qui portait trois fleurs magnifiques, je vis, je vis distinctement, tout près de moi, la tige d'une de ces roses se plier, comme si une main invisible l'eût tordue, puis se casser comme si cette main l'eût cueillie ! Puis la fleur s'éleva, suivant la courbe qu'aurait décrite un bras en la portant vers une bouche, et elle resta suspendue dans l'air transparent, toute seule, immobile, effrayante tache rouge à trois pas de mes yeux.

Éperdu, je me jetai sur elle pour la saisir ! Je ne trouvai rien ; elle avait disparu. Alors je fus pris d'une colère furieuse contre moi-même ; car il n'est pas permis à un homme raisonnable et sérieux d'avoir de pareilles hallucinations.

Mais était-ce bien une hallucination ? Je me retournai pour chercher la tige, et je la retrouvai immédiatement sur l'arbuste, fraîchement brisée, entre les deux autres roses demeurées à la branche.

Alors, je rentrai chez moi l'âme bouleversée ; car je suis certain, maintenant, certain comme de l'alternance des jours et des nuits, qu'il existe près de moi un être invisible, qui se nourrit de lait et d'eau, qui peut toucher aux choses, les prendre et les changer de place, doué par conséquent d'une nature matérielle, bien qu'imperceptible pour nos sens, et qui habite comme moi, sous mon toit…

[…]

19 août. – À présent, je sais, je devine. Le règne de l'homme est fini.

Il est venu, Celui que redoutaient les premières terreurs des peuples naïfs, Celui qu'exorcisaient les prêtres inquiets, que les sorciers évoquaient par les nuits sombres, sans le voir apparaître encore, à qui les pressentiments des maîtres passagers du monde prêtèrent toutes les formes monstrueuses ou gracieuses des gnomes, des esprits, des génies, des fées, des farfadets. Après les grossières conceptions de l'épouvante primitive, des hommes plus perspicaces l'ont pressenti plus clairement. Mesmer l'avait deviné, et les médecins, depuis dix ans déjà, ont découvert, d'une façon précise, la nature de sa puissance avant qu'il l'eût exercée lui-même. Ils ont joué avec cette arme du Seigneur nouveau, la domination d'un mystérieux vouloir sur l'âme humaine devenue esclave. Ils ont appelé cela magnétisme, hypnotisme, suggestion… que sais-je ? Je les ai vus s'amuser comme des enfants imprudents avec cette horrible puissance ! Malheur à nous ! Malheur à l'homme ! Il est venu, le… le… comment se nomme-t-il… le… il me semble qu'il me crie son nom, et je ne l'entends pas… le… oui… il le crie… J'écoute… je ne peux pas… répète… le… Horla… J'ai entendu… le Horla… c'est lui… le Horla… il est venu !…

Le vertige de la psychose

Un fantôme, un vampire, une ombre, une présence... : ils hantent la littérature baroque au tournant du XVIIe siècle, les œuvres gothiques dès la fin du XVIIIe siècle, puis fantastiques à partir du siècle suivant, en se nourrissant des peurs populaires pour effrayer les lecteurs. Mission accomplie avec la nouvelle de Maupassant *Le Horla*, proposée ici dans la version de 1887, qui continue de faire trembler aujourd'hui. Peut-être moins par sa dimension fantomatique s'exprimant dans un contexte très ordinaire que par l'effroi devant une âme en peine, qui doute du réel, d'elle-même, et se perd. Et si une autre dimension existait ? Ou si nous étions fous nous-mêmes ?

Comme devant un film d'horreur, nous savons qu'il s'agit d'une fiction, d'une construction littéraire avant même de commencer la lecture. Et nous plongeons dès les premières lignes. Par quels moyens l'auteur nous piège-t-il ainsi ? Le principe du journal intime et l'emploi systématique du style direct assurent d'emblée l'identification au narrateur. Nous suivons les méandres de sa pensée, presque jour après jour, et subissons le choc des émotions. Nous nous projetons d'abord dans la vision paisible et réaliste du cadre de vie d'un gentilhomme qui décrit son pays, sa culture, son parler, ses odeurs, ses saveurs, son architecture, etc., dans l'incipit de la nouvelle. C'en est désarmant de tranquillité. Cette scène idyllique est illuminée par un beau soleil printanier (« Quelle journée admirable ! J'ai passé toute la matinée étendu sur l'herbe... ») et nous nous y projetons sans méfiance. Mais dès le deuxième écrit daté du 8 mai, juste avant notre extrait, une ombre assombrit le tableau. Alors que le narrateur se dit malade, touché par un mal tant physique que psychique (fiévreux et triste), il s'interroge sur une cause extérieure : « D'où viennent ces influences mystérieuses qui changent en découragement notre bonheur et notre confiance en détresse ? On dirait que l'air, l'air invisible, est chargé d'inconnaissables puissances, dont nous subissons les voisinages mystérieux. » Le surgissement du monde invisible provoque, dès lors, une inquiétante étrangeté. C'est le point de bascule vers la dimension fantastique qui envahit bientôt le récit. Inquiétant ? Trop tard, nous sommes pris.

La figure du vampire, typique de la littérature gothique, s'impose dès le début du récit pour inquiéter, à travers l'évocation du premier cauchemar. Et si la scène d'épouvante est bien annoncée comme un mauvais rêve, le point de vue est toutefois troublé, le narrateur la rapporte davantage comme un fait vécu dans une demi-conscience. En dormant, il dit avoir perçu et senti l'écrasement de cet autre, le vidant de sa vie. Que croire ? Même doute dans le deuxième cauchemar évoqué. Il est bien question de « sommeil épouvantable », mais le dormeur dit en être sorti (« secoué ») pour vivre son assassinat. Et comme par un effet de dissociation, il décrit « l'homme qui dort, qu'on assassine » et s'y voit à la fois. Comme s'il était lui-même et un autre en même temps, l'emploi du « on » indéfini faisant autant référence au « il » qu'au « je ». Où donc placer le curseur entre le réel et le surnaturel ? S'agit-il de la vision d'un fou qui divague ou d'un homme raisonnable qu'une force obscure attaque ? La tension entre ces deux logiques est propre au genre fantastique et distille constamment le doute chez le narrateur… comme chez le lecteur. Elle enfle, à mesure que le trouble grandit.

L'envahissement du mal s'exprime ainsi par la dégradation progressive de l'état physique et mental du narrateur. Il est d'abord simplement fiévreux, puis malade, et se voit ensuite vraiment fou. Mais peut-être pas ! On ne sait. Parfois fluide, parfois syncopé, le style épouse l'évolution de ses états intérieurs. Les nombreuses répétitions (« j'ai vu… j'ai vu », « Moi… moi »), les phrases courtes ainsi que la multiplication de la conjonction de coordination « et », des points de suspension, d'exclamation et d'interrogation illustrent le trouble et nous entraînent dans une lecture haletante.

Tantôt, l'auteur du journal intime lutte contre la peur de sombrer dans la folie, de rêver ce qu'il perçoit, avec une certaine objectivité médicale, en se montrant averti du savoir neuf des aliénistes de l'époque, mais en tombant dans le paradoxe de l'impossible autodiagnostic : « Certes, je me croirais fou, absolument fou, si je n'étais conscient, si je ne connaissais parfaitement mon état […]. Je ne serais donc, en somme, qu'un halluciné raisonnant. Un trouble se serait produit dans mon cerveau, un de ces troubles qu'essaient de noter et de préciser aujourd'hui les physiologistes, et ce trouble aurait déterminé dans mon esprit, dans l'ordre et la logique de mes idées, une crevasse profonde », note-t-il le 7 août, à un stade avancé de son journal et de sa maladie. L'emploi du conditionnel laisse planer des doutes sur sa raison, mais des « doutes précis, absolus », dit-il paradoxalement par cette construction oxymorique. Et cet « halluciné raisonnant », c'est bien lui !

Tantôt, le narrateur bataille contre la crainte de « l'Invisible ». S'il s'imagine un moment victime d'hallucinations, devant la carafe qui se vide toute seule la nuit, il tente ensuite de prouver la réalité de l'être invisible qui boit son eau et son lait, par des expériences méthodiques, répétées, quasi scientifiques. Il convoque aussi la science, en faisant référence à la *Revue du monde scientifique* rapportant une épidémie de folie au Brésil, qui lui permet de faire le lien avec un voilier également brésilien, aperçu depuis sa demeure sur le fleuve, juste avant les événements. C'est donc cela, un être venu d'ailleurs aurait débarqué dans sa vie dans tous les sens du terme. Il le rapporte dans un grand état de confusion mentale, et plus il fournit de justifications, plus il semble halluciner, pris dans un enfer mental.

Le narrateur se montre ainsi divisé, dédoublé, hésitant toujours entre deux explications : l'effet d'un sommeil somnambulique exposant à une « double vie mystérieuse qui fait douter s'il y a deux êtres en nous » et la présence réelle d'un être invisible perturbateur. Le trouble progressant, la deuxième option finit donc par l'emporter. Le double est bien cet autre, le Horla – hors et là, venu d'ailleurs et en soi –, ennemi de l'humanité à abattre. Il s'est imposé par une dynamique d'absorption et de remplacement du sujet, buvant sa vie, jusqu'à dissoudre son image dans le reflet d'un miroir. Le narrateur tente de supprimer l'intrus, en l'enfermant dans sa maison qu'il incendie, et semble à peine regretter de faire brûler vifs ses domestiques en même temps, se trouvant lui-même coupé de toute compassion, de toute « humanité ». Et ne pouvant le piéger extérieurement, il ne lui reste plus qu'à l'éliminer intérieurement, à se tuer, comme la fin de la nouvelle le laisse craindre. « Alors... alors... il va donc falloir que je me tue moi ! »

Et le lecteur, où en est-il ? Si le narrateur est double, est autre, si nous l'avons suivi dans les méandres de sa pensée troublée, que reste-t-il de nos repères ? Comme souvent, la pointe de la nouvelle laisse perplexe, inquiet. Pour nous rassurer avant d'éteindre la lumière, nous pouvons toujours vérifier qu'il n'y a pas de monstre caché sous le lit ou dans un placard. Mais en nous...

La folie mise en abîme

Et si ce narrateur « halluciné raisonnant » n'était autre que l'auteur, Maupassant lui-même, par une belle mise en abîme ? Il est toujours hasardeux de faire une comparaison entre les personnages d'une œuvre littéraire, un narrateur et l'auteur même du texte. À la limite, qu'importe, seul le texte compte. Et pourtant. « Maupassant écrit *Le Horla* en 1887, année de l'internement de son frère Hervé. Il est à ce moment-là lui-même atteint de la syphilis et de paralysie générale. Il souffre alors de troubles importants de l'identité qui se traduisent notamment par l'impression de se voir à l'extérieur de lui-même ou encore d'être étranger à la personne qu'il voit dans le miroir. Son état psychique se dégradera vraiment pendant les deux dernières années de sa vie[1] », jusqu'à sa mort en 1893,

1. Johann Jung, « Du paradoxe identitaire au double transitionnel : *Le Horla* de Guy de Maupassant », *Revue française de psychanalyse*, 2010, 74, p. 507-519.

rapporte Johann Jung, maître de conférences en psychologie et psychopathologie cliniques à l'université Lyon-II. Avant d'être à son tour interné, il se passionne pour le monde aliéniste et suit les cours de Charcot, à la Pitié-Salpêtrière, à Paris. Des « fous », Maupassant en a vu. Il se drogue aussi et cherche dans l'éther une « lucidité supérieure » qui lui apporte, certes, une fécondité littéraire, mais sûrement bien des hallucinations. Pendant ce temps, sa maladie se développe et comme dans sa nouvelle, le médecin lui prescrit des douches et du bromure… qui n'apportent pas de soulagement. Son texte de 1887 pourrait être le témoin de la progression de son mal, en s'imposant comme le troisième volet d'un triptyque consacré à la folie et au thème du double.

Le premier volet correspondrait à la nouvelle *Un fou*, publiée en 1884[2], où le narrateur est témoin des pouvoirs parakinésiques d'un ami se disant possédé par un autre être enfermé en lui, qui manipule les êtres vivants et déplace les objets. Le deuxième volet du triptyque renvoie à une première version moins connue du *Horla*, publiée en 1886[3]. Bien des faits sont communs aux deux nouvelles éponymes, mais dans le texte initial, trois niveaux de discours sont enchâssés, comme pour mieux objectiver le récit. Une voix narrative en retrait du récit pose d'abord le décor et décrit un petit groupe de personnages composé d'un médecin aliéniste (le docteur Marrande), de trois confrères ainsi que de son ami et patient venu exposer son expérience terrifiante. La conclusion du docteur Marrande

2. Guy de Maupassant, *Un fou*, nouvelle publiée la première fois dans *Le Figaro*, 1er septembre 1884.

3. Guy de Maupassant, *Lettre d'un fou*, publié dans *Gil Blas*, 26 octobre 1986.

sème le trouble : « Je ne sais si cet homme est fou ou si nous le sommes tous les deux…, ou si… si notre successeur est réellement arrivé. »

Dans la deuxième version du *Horla* – troisième volet du triptyque –, les témoins disparaissent et seul le point de vue intérieur du narrateur subsiste, comme on l'a vu, pouvant ainsi exprimer sans distance son trouble, ses terreurs, ses doutes, et finalement la certitude d'une réalité cachée mettant en danger l'humanité.

Le même fil rouge relie ainsi les trois textes – traitant tous de folie mais à des degrés différents et avec de moins en moins de distance – et permettrait de suivre l'évolution du mal chez l'auteur lui-même. Pour autant, Maupassant ne reste-t-il pas totalement maître de son écriture – et donc de son esprit ? –, pour mettre en scène aussi magistralement la maladie mentale, en rendant compte à la perfection du chaos intérieur, paradoxalement ?

Diagnostic du psychiatre

C'est triste à dire mais je suis certain que si cet homme était venu me consulter aujourd'hui, je me serais bel et bien trompé ! Les épisodes de dissociation, de dédoublement, les hallucinations visuelles et cénesthésiques, l'angoisse psychotique, l'automatisme mental final où le héros acquiert la certitude d'être téléguidé, de ne plus être le maître de ses pensées et de ses actions, tout aurait concouru à me faire poser sans barguigner le diagnostic de schizophrénie, et à coup sûr je lui aurais prescrit un neuroleptique à bonne dose afin d'éradiquer le délire de possession, les hallucinations, la persécution et... j'aurais fait totalement fausse route.

Les fous furieux, comme le personnage du *Horla*, sont les patients qui ont embarqué la psychiatrie, l'ont fourvoyée, devrais-je dire, dans une théorisation nobélisée puis dans des soins confinant parfois au sadisme.

Mais replaçons l'histoire dans son contexte. La psychiatrie a, tout au long des millénaires, oscillé entre deux approches théoriques :

- Les maladies mentales ont une origine organique, biologique : depuis Hippocrate jusqu'à Egas Moniz en passant par von Meduna ou Delay et Deniker, la conviction était que tout trouble était d'origine somatique et localisable. La médecine occidentale est née dans les amphithéâtres d'anatomie. Cette approche est de nouveau en train de triompher avec l'avènement de l'imagerie fonctionnelle... une et universelle !
- Les maladies mentales ont une origine immatérielle, surnaturelle, psychologique : depuis saint Augustin jusqu'à Freud en passant par Torquemada et son Inquisition, l'idée est que l'être humain est le jouet de forces inconnues qui le dépassent, que ce soit le Diable, les esprits chamaniques ou l'inconscient.

Guy de Maupassant était un homme du XIXe siècle, le siècle du positivisme, du triomphe de la science censée tout expliquer, tout résoudre. Le siècle aussi du triomphe de la vérole ! On sait aujourd'hui que l'auteur du *Horla* souffrait d'une paralysie générale, une méningo-encéphalite due à la neurosyphilis, affection aujourd'hui disparue (je n'en ai jamais vu et je n'en verrai probablement jamais !) et dont la principale manifestation était un grand délire hallucinatoire en général mégalomaniaque. Par un de ces tours dont le destin a le secret, c'est à partir de 1887, année de parution de la seconde version du *Horla*, que Julius Wagner-Jauregg commence à s'intéresser aux effets de la fièvre sur les psychoses. Et il est vrai que tout psychiatre a pu constater que les épisodes fébriles entraînent parfois une disparition transitoire du délire. Par conséquent, le neuropsychiatre autrichien commence à chercher activement un moyen pas trop agressif de provoquer de la fièvre chez ses patients et il a une idée comme seuls les psychiatres peuvent en concevoir : la malariathérapie. En 1917, il inocule le paludisme (fièvre tierce bénigne contrôlée par la quinine) à neuf militaires syphilitiques en prélevant le sang d'un patient souffrant de paludisme. Et cela marche. En effet, les patients impaludés souffraient de paralysie générale, donc d'un délire d'origine infectieuse, dû à la syphilis. Or les microbes sont généralement tués ou du moins affaiblis par l'hyperthermie, laquelle est un moyen de défense naturel de l'organisme. Sur les neuf cas, il obtient six rémissions dont trois durables. Du jamais-vu dans cette maladie inéluctablement mortelle. Cette découverte lui valut le prix Nobel en 1927. Sa technique de soins fut pratiquée jusqu'à l'avènement des antibiotiques en 1940 pour traiter la syphilis et ses complications délirantes.

C'était la première fois dans l'histoire du monde qu'une technique physique permettait de guérir une manifestation psychotique et cette découverte fit l'effet d'un coup de tonnerre. Enfin on avait découvert l'origine, quasiment le siège de la psychose ! Une révolution épistémologique car jusque-là on pensait que les maladies de l'âme étaient inaccessibles à la médecine. La folie et les aliénistes intégraient enfin la *vraie* médecine. La psychiatrie devenait respectable puisque enfin organique. Certains psychiatres allèrent même jusqu'à rechercher fébrilement – le cas de le dire – le schizocoque[4] !

Tout allait donc pour le mieux dans le meilleur des mondes asilaires, à ceci près que dès 1922 la malariathérapie fut proposée, imposée devrais-je dire, à toutes les sortes de psychoses : schizophrénie, oligophrénie (retard mental), psychoses affectives, chorée... À Paris et à Villejuif, on alla jusqu'à inoculer directement dans le lobe frontal un peu de sang impaludé, au prétexte que la technique devait être plus efficace quand on injectait le microbe au plus près de la zone concernée du cerveau. Et là, ça ne marchait plus du tout ! Selon la légende, des moustiques piquèrent les fous infectés, s'échappèrent, inoculèrent des gardiens d'asiles, ce qui était encore acceptable, mais aussi des médecins, et là, cela devenait inadmissible ! L'histoire ne dit pas combien de patients moururent au champ d'honneur de la malaria thérapeutique, mais ils doivent être un certain nombre.

4. Comme il y avait le streptocoque pour l'angine et le staphylocoque pour les boutons, il devait bien y avoir une bactérie pour la schizophrénie !

L'ordonnance

Autrement dit, si j'avais exercé du vivant de M. de Maupassant, j'aurais probablement posé un diagnostic correct, la neurosyphilis étant alors répandue, et peut-être, avec un peu de chance, l'aurais-je impaludé et guéri ! Mais si je l'avais rencontré de nos jours, j'aurais très probablement posé un diagnostic de schizophrénie, lui aurais prescrit un antipsychotique et... il serait mort... sauf si, encore avec un peu de chance, un confrère parasitologue l'avait croisé et guéri à coups d'antibiotiques !

Comme quoi l'humilité devrait toujours rester de mise dans l'esprit des psys, si bons pensent-ils être...

CHAPITRE 18

L'insoutenable différence : métamorphose, intolérance sociale et schizophrénie chez Kafka

La Métamorphose *(1915)*

Un matin, quand Gregor Samsa s'éveilla après des rêves agités, il se retrouva dans son lit transformé en une bête monstrueuse. Il gisait sur le dos qu'il sentait aussi dur qu'une carapace. Quand il releva un peu la tête, il vit un ventre bombé, brun, segmenté d'arceaux rigides, sur lequel tenait à peine la couverture prête à glisser. Ses nombreuses pattes, ridiculement grêles par rapport à sa corpulence, s'agitaient désespérément sous ses yeux.

« Qu'est-ce qui m'est arrivé ? » pensa-t-il. Il n'était plus dans un rêve. Il se trouvait dans sa chambre, une chambre d'être humain, juste un peu petite, un espace entouré de quatre murs qu'il connaissait bien.

[...]

Avec toute son énergie il se jetait sur le côté droit, il balançait et se retrouvait chaque fois sur le dos. Cent fois il essaya, fermant les yeux pour ne pas voir ses pattes gigoter. Il finit par renoncer lorsqu'il sentit monter dans son flanc une douleur sourde qu'il n'avait jamais ressentie.

« Ah, mon Dieu, pensa-t-il, quel métier difficile j'ai choisi ! Chaque jour en déplacement. Les tracas sont bien plus nombreux qu'en restant tranquillement sur son lieu de travail. Moi je dois m'occuper des voyages, des correspondances ferroviaires, avaler n'importe quand de mauvais repas, rencontrer toujours des interlocuteurs différents avec qui il est impossible d'avoir des relations cordiales. J'enverrais tout ça au diable ! »

Il sentit une légère démangeaison vers le haut de son abdomen. Il se traîna sur le dos vers le montant du lit afin de pouvoir mieux soulever la tête. Il trouva l'endroit de cette démangeaison qui était couvert de petits points blancs dont il ne sut que penser. Il voulut le toucher avec une patte mais il la retira aussitôt car à ce contact il fut parcouru de frissons.

[…]

Gregor était devenu beaucoup plus calme. Il est vrai qu'on ne comprenait plus ses paroles, même si lui les trouvait plus distinctes qu'avant, peut-être parce que son oreille s'était habituée. Cependant, il semblait clair désormais qu'il avait un problème et qu'il fallait l'aider. Les premières dispositions avaient été prises avec confiance et assurance et cela lui faisait du bien. Il se sentait de nouveau admis dans le cercle des humains et attendait, du médecin autant que du serrurier, sans vraiment les distinguer, des exploits surprenants.

Partie II :

Alors qu'il écoutait les paroles de sa mère, Gregor réalisa que l'absence de conversation directe avec les humains ainsi que la monotonie de sa vie familiale avaient dû lui brouiller l'esprit au cours de ces deux mois. Sinon comment expliquer pourquoi il avait voulu faire vider sa chambre ? Avait-il vraiment voulu que cette pièce douillettement garnie de meubles de famille fût transformée en un antre où il pouvait certes se déplacer facilement mais qui favorisait un oubli rapide et total de son passé d'être humain ? En réalité, il

était déjà tout près de l'oubli et il avait fallu la voix de sa mère pour provoquer chez lui cette brusque réaction.
Gregor ne mangeait maintenant presque plus rien. S'il passait près d'un repas préparé, il lui arrivait d'en prendre par jeu une bouchée qu'il gardait dans sa bouche pendant des heures et recrachait le plus souvent. Tout d'abord, il pensa que c'était la tristesse, causée par l'état de sa chambre, qui lui coupait l'appétit. Mais au contraire, il s'adapta très vite aux changements opérés dans la pièce. On s'était habitué à caser dans sa chambre toutes les choses dont on ne savait que faire et dont il y avait maintenant une grande quantité, car on avait loué une pièce de l'appartement à trois messieurs.
La sœur commença à jouer. Le père et la mère, d'un côté et de l'autre, suivaient attentivement les mouvements de ses mains. Gregor, attiré par la musique, s'était risqué à s'avancer un peu et avait passé la tête dans la salle de séjour. [...] Il rampa encore un peu, gardant bien la tête au ras du sol pour tenter de capter le regard de sa sœur. Comment pouvait-il être un animal s'il était à ce point ému par la musique ? Il lui semblait apercevoir la voie d'une nourriture inconnue qu'il désirait ardemment. Il avait décidé de s'avancer jusqu'à sa sœur, de tirer sur sa jupe pour l'inciter à venir dans sa chambre avec son violon, car personne ici ne méritait cette musique autant que lui prétendait la mériter.
[...]
« Mes chers parents, dit la sœur en frappant sur la table pour prendre la parole, cela ne peut plus durer. Si vous ne voulez pas admettre la vérité, moi je la vois. Je ne vais pas, devant ce monstre, prononcer le nom de mon frère, et je dis donc simplement ceci : nous devons chercher à nous en débarrasser. Nous avons tenté tout ce qui était humainement possible pour prendre soin de lui en gardant notre patience et je crois que personne ne peut rien nous reprocher. »
[...]

« S'il nous comprenait », dit le père semblant s'interroger ; pleurant encore, la sœur agita vivement la main pour montrer que ceci était impensable. « S'il nous comprenait, répéta le père en fermant les yeux comme pour intégrer la conviction de sa fille, alors nous pourrions nous mettre d'accord avec lui. Mais là....
– Il doit disparaître, s'écria la sœur, c'est le seul moyen, père. Il faut seulement que tu essaies de t'enlever de l'esprit l'idée que c'est Gregor. »
[...]
Il avait bien des douleurs dans tout le corps, mais il sentait qu'elles s'atténuaient et qu'elles finiraient par disparaître totalement. Il ne sentait déjà presque plus la pomme pourrie dans son dos ni la zone enflammée recouverte de poussière. Il repensa à sa famille avec émotion et amour. Sa conviction qu'il devait disparaître était encore plus ferme que celle de sa sœur. Il demeura dans ces pensées vides et paisibles jusqu'à ce que l'horloge du clocher sonnât la troisième heure du matin. Il vit encore la naissance du jour à travers la fenêtre. Puis sa tête d'elle-même s'affaissa tout à fait, et de ses narines s'échappa faiblement son dernier souffle.

(Franz Kafka. Traduction de Catherine Souviat-Tisserant.)

L'autre et les monstres

Se transformer en cafard géant ? Quelle abjection ! Franz Kafka a choisi l'animal le plus repoussant pour sa *Métamorphose* et propulse le lecteur dans une dimension fantastique dès les premières lignes de son récit, publié en 1912. Gregor apparaît transformé en insecte, s'agitant sur son lit, et aucun détail n'est épargné pour le décrire. C'est horrifique... mais finalement presque banal, sous la plume de l'auteur tchèque. Malgré la surprise, le dégoût peut-être, point d'inquiétante étrangeté. Le coup de théâtre de la métamorphose a déjà eu lieu avant le début de l'histoire. Alors d'où vient le malaise qui s'installe et grandit ?

Quel cauchemar ! Le mot n'est pourtant jamais prononcé, on ne parle que de rêves agités dont sort péniblement Gregor au petit matin. Et il ne rêve même pas, souligne bien le narrateur, qui décrit le corps de la bête avec une précision réaliste d'entomologiste (« bombé, brun [...] nombreuses pattes... ») ainsi que le cadre familier de la « chambre d'être humain » (comme si elle pouvait être autre...), avec ses « quatre murs qu'il connaissait bien ». Un détail peut semer d'emblée le trouble : la comparaison du « dos » avec une « carapace » (« aussi dur que... »). Mais est-ce alors un dos humain ou bien la véritable carapace d'un insecte ? Le personnage se voit-il *comme* un cafard, ou bien en est-il vraiment un ? La nuance pourrait être lourde de conséquences pour le sens du récit qui va suivre. Pour l'heure, l'humain et l'animal semblent encore mêlés, à l'image de l'attitude anthropomorphique de Gregor, « fermant les yeux pour ne pas voir ses pattes gigoter ». Si son corps a changé, son esprit reste intact, ce qui crée un décalage tragi-comique. Certes, il est surpris (« Qu'est-ce qui m'est arrivé ? ») et gêné. Mais pas horrifié, encore moins révolté par ce qui lui arrive, et se démène seulement comme il peut pour s'extraire de son lit, se lever, de façon gauche, presque comique. Il imagine encore pouvoir s'habiller et aller attraper son train tant bien que mal. Un corps d'insecte, ce n'est décidément pas pratique pour les activités humaines. Absurde ! On en rirait presque, si la situation n'était pas désespérée.

Contre toute attente, ce n'est pourtant pas la métamorphose qui est perçue comme une malédiction à ce stade, mais la vie professionnelle de Gregor, présentée sans transition et de manière incongrue dans le récit, juste après la découverte de son nouveau corps. Les pensées rapportées du jeune homme font état des désagréments pratiques et de la fatigue des voyages, mais surtout de l'isolement et de la pauvreté des « contacts humains » qu'implique la condition de représentant commercial. Gregor y reviendra plus loin dans le récit, afin d'évoquer plus en détail la contrainte hiérarchique et administrative exercée sur lui. Une dénonciation de l'enfer réglementaire et de la pression de toutes les formes de pouvoir, développée par l'auteur dans d'autres œuvres. Ici, il est aussi question d'une double emprise : à la fois professionnelle et paternelle. Le personnage est lié à la firme pour couvrir les dettes contractées par son père et travaille pour subvenir aux besoins de la famille en descente sociale. Il est ainsi prisonnier de la situation, coincé, écrasé, comme il s'en explique avec une lucidité et une sensibilité qui semblent en contradiction avec cette régression animale.

Alors que faire ? Fuir ! Ne pouvant moralement et socialement se soustraire à son devoir, il ne lui reste plus qu'à échapper à sa condition humaine, comme si une simple maladie ne suffisait pas. Le gérant de l'entreprise, qui vient le chercher chez lui, rappelle que les commerçants se doivent de faire passer les affaires avant les petits malaises. Il faut donc frapper fort pour en finir avec une situation intenable, et si le bon Dieu n'y peut rien (« Ah mon Dieu… »), il compte envoyer « tout ça au diable ». Ce qui est fait. Le coup de baguette maléfique a bien été donné, mais le prix du pacte est lourd, la fuite est impossible et le personnage se retrouve dans une impasse. Le corps, avec ses « arceaux rigides » évoquant les barreaux aux fenêtres, la chambre d'abord fermée à clé qu'il peine à ouvrir, l'appartement et le cercle familial lui-même s'avèrent être des lieux d'enfermement.

Si la métamorphose n'a pas déclenché la terreur attendue chez l'intéressé, elle la crée chez les autres. La mère s'inquiète d'abord de sa voix animale, perçue à travers la porte close, et demande à faire venir un médecin. C'est ensuite la stupeur quand l'insecte paraît, déclenchant « un de ces "oh" sonores, comme en produisent les mugissements du vent ». Déjà, un transfert de déshumanisation opère et la part animale bascule du côté des spectateurs privés de paroles et de pensées. En témoignent la fuite du gérant, l'effacement de la mère s'effondrant inanimée, perdant figure humaine (« son visage, s'affaissant sur sa poitrine, devenait totalement introuvable »), la menace muette du père serrant « les poings d'un air méchant ». Gregor recule donc dans sa chambre. En toile de fond, le long hôpital, noirâtre, comme une prison perçue depuis la fenêtre, est décrit dans le paragraphe qui suit, sans plus d'explications. Un clin d'œil à l'enfer de la maladie ? Mais de laquelle ? Et qui sera donc le plus malade, le moins humain dans cette histoire ? Le serrurier et le médecin, mis dans le même panier ironiquement, pour accomplir « des interventions spectaculaires et surprenantes », comme dans une scène de foire, ne viennent pas. L'inversion de la métamorphose n'a donc pas lieu et la situation s'enkyste.

Plus que de sa transformation, Gregor semble surtout souffrir de l'incompréhension de ses proches, à mesure que le temps passe. Il espère un temps retrouver le cercle de ses semblables, par l'aide qu'on annonce lui apporter… avant d'être rejeté. S'il ne peut communiquer, il comprend tout, rapporte le narrateur : « Personne ne réussissant à le comprendre, personne, même sa sœur, ne pouvait imaginer qu'il pût comprendre les autres. » Il est seul, enfermé dans son corps, et souffre de l'ostracisation de ses proches qui le relèguent dans sa chambre, bientôt métamorphosée, dépouillée de tout son mobilier et transformée en antre, en dépotoir. Il est prêt à être jeté, comme ne tarde pas à le recommander sa jeune sœur. Et à mesure que le monde se dégrade autour de lui, il poursuit sa transformation intérieure, au risque d'oublier « son passé d'être humain ». Devant se soustraire au regard des autres, il se cache un moment sous un drap qu'il arrange « en nature morte », emblématique de la chosification. L'image fait sens. Seule la voix de sa mère, qui ne s'adresse pourtant pas à lui, le ramène à sa condition première.

L'horreur, c'est donc les autres ! Ce sont eux les agents des métamorphoses, et Gregor pourrait être le plus humain de tous. Si lui-même est systématiquement désigné par son prénom par le narrateur, c'est moins vrai pour Grete, sa sœur et, d'une manière générale, les autres protagonistes sont évoqués de façon plus distanciée et dépersonnalisée (*la* sœur, *la* mère, *le* père, *M.* Samsa). Touché par la musique que joue sa sœur, il est le seul à témoigner d'une humaine sensibilité artistique. « Comment pouvait-il être un animal s'il était à ce point ému par la musique ? » se demande-t-on. Il est encore le seul à faire preuve d'une générosité sans limites, à aimer de façon inconditionnelle, jusqu'à pardonner au père qui a tant profité de son asservissement professionnel, feignant la ruine et la sénilité, alors qu'il jouissait de réserves d'argent et de ses capacités pour travailler. Gregor l'apprend au détour d'une conversation qu'il surprend et l'approuve, même si la situation suscite l'indignation du lecteur (« Il valait beaucoup mieux que M. Samsa eût agi comme il l'avait fait »). Il est humilié, blessé par son père qui le bombarde de pommes, pourchassé, affamé, mais espère néanmoins protéger sa sœur, bien que celle-ci le condamne à mort en incitant ses parents à se débarrasser de lui. Il est ainsi plus qu'humain et on a pu voir en lui une figure du juste, presque christique. Et quand il ne lui reste plus que sa vie à donner pour permettre à ses proches de retrouver une existence normale, il la donne. Plus que de faim, il meurt alors de tristesse, résigné. « Comme un rat ! » annonce la bonne triomphalement en découvrant le cadavre de l'insecte géant, redoublant ainsi l'animalité dont Gregor ne s'affranchit même pas dans la mort. L'humour noir fait mal.

Mais ce n'est pas la fin de l'histoire, une autre métamorphose a lieu. Celle de la puberté de sa sœur, que l'on découvre épanouie, prête à marier sous les regards étonnés et ravis des parents, lors de la première sortie familiale après la mort de Gregor. Grâce à sa mort ! De quoi nous rappeler toutes les métamorphoses ordinaires de la vie et le prix souvent insoutenable des métamorphoses extraordinaires. N'y aurait-il pas de place pour elles ?

Le récit de Kafka peut ainsi être une métaphore des changements, en marge des destins tracés, générant incompréhension des autres et dépréciation de soi en miroir, allant parfois jusqu'à la distorsion de son image. Ce corps d'insecte serait-il donc une image, voire le fruit d'une pure hallucination personnelle ? Impossible, il est bien perçu comme tel par les autres et la divagation collective semble exclue. Le narrateur externe décrit d'ailleurs les faits à froid, sur un mode objectif. Restent quelques failles, permettant de douter et d'y voir une métaphore. La comparaison initiale entre le dos et la carapace constitue une première piste. Autre indice : le quiproquo, lorsqu'à un autre endroit du texte la sœur effraie sa mère en rapportant que « Gregor a fait des siennes », ce que le père interprète comme « quelque voie de fait ». Le terme est pour le moins impropre pour évoquer les turpitudes d'un insecte et s'avère plus propre à décrire une inconduite humaine. Et s'il s'agissait d'un malade au comportement simplement décalé, d'un individu qui se prend et que l'on méprise *comme* un cafard ? Littéralement, le récit laisse peu de place à cette interprétation. Métaphoriquement ? Pourquoi pas. L'ombre de l'hôpital qui plane en arrière-plan permet d'y songer.

Que dire d'une société qui pousse à la dépression, à la folie, un travailleur modèle, et qui sacrifie un fils aimant, jette comme un déchet celui qui est différent ? N'est-elle pas folle elle-même, dysfonctionnelle, du moins selon nos critères contemporains, à l'heure de toutes les singularités revendiquées ? Et pourtant, le récent film de Thomas Cailley, *Le Règne animal* (2023), met précisément en scène une épidémie de métamorphoses animales que les pouvoirs publics tentent de maîtriser par la violence institutionnelle et physique. Nous n'aurions donc pas progressé collectivement. Mais ici, individuellement, un père aimant permet à sa femme et à son fils muté de vivre leur différence. Il y a une place pour le bonheur dans ce monde-là, pas dans celui de Franz Kafka. Au début du XXe siècle, la critique sociétale sous-jacente de l'auteur était avant-gardiste et le parallèle avec sa propre vie offre une clé de compréhension.

Il voit le jour en 1883 dans une famille de commerçants très éloignée du monde artistique. Il témoigne très tôt d'une attirance pour les lettres et se met à écrire dès 1897-1898, mais « dans le désespoir », note-t-il dans son journal, souffrant de l'incompréhension familiale. Diplômé en droit, conformément au désir paternel, il exerce dans des compagnies d'assurances où il périt d'ennui. Mais il écrit et reste totalement incompris de son père, avec lequel il est continuellement en conflit. Cette opposition est l'un des fils rouges qui traversent son œuvre, comme dans *La Métamorphose*, où le portrait peu flatteur du père sacrificateur pourrait être emblématique d'un certain complexe d'Isaac.

Franz Kafka fait donc figure d'être à part. Une position qui pourrait avoir nourri une prédisposition pour l'étrange, omniprésent dans ses écrits, qui en fait une œuvre avant-gardiste et toujours inclassable, forçant le renversement des points de vue entre moi et l'autre, l'humain et l'animal longtemps resté impensé. C'est donc également au sens premier du terme que l'on a pu lire l'histoire de Gregor Samsa, suggère la philosophe Léa Veinstein, et il faut attendre les travaux de Jacques Derrida pour vraiment saisir l'intérêt d'une lecture littérale et sa portée ontologique : « Il y aurait chez Kafka l'invitation à un renversement profond de la philosophie de l'animal (une métamorphose) en tant qu'il nous donnerait à penser l'existence d'une subjectivité et d'une langue animales. Il y a chez Kafka une langue animale, une conscience, un *logos* et un *je* animaux, qui nous permettraient sans doute de repenser la langue et la subjectivité. » Une expérience terriblement inconfortable, interrogeant non seulement les insuffisances humaines, mais notre nature même.

Diagnostic du psychiatre

BON SANG MAIS C'EST BIEN SÛR !

Tel est le cri intérieur qui m'échappa quand j'ai rencontré pour la première fois de ma vie de psychiatre une jeune femme qui souffrait de ce que l'on appelait alors une psychose puerpérale. J'avais réalisé que le film d'épouvante de Roman Polanski nommé *Rosemary's Baby* n'était rien d'autre que la description clinique minutieuse de ce que vivent les parturientes persuadées que leur enfant n'est pas d'elles, mais est une sorte d'être maléfique. Aussi étrange qu'étranger. Et terrifiant. Autrement dit, dans ce film, le niveau exotérique, une sombre histoire de possession satanique, dissimulait un niveau ésotérique psychiatrique, un récit séméiologique réservé à quelques initiés. C'est en relisant *La Métamorphose* de Kafka que le même cri sortit de ma plume enfiévrée. Évident ! Après avoir tant vu de jeunes gens en proie à une invasion schizophrénique, j'ai compris que Kafka, comme tout grand génie, avait écrit un roman à tiroirs, une sorte de poupée gigogne, le roman fantastique s'emboîtant dans un roman philosophique dénonçant l'absurdité d'un monde… kafkaïen, lequel s'emboîtait dans un roman sociologique dénonçant l'intolérance à l'autre, qui s'emboîtait lui-même dans un roman psychiatrique énumérant avec une incroyable précision ce que vivent les adolescents quand ils sont submergés par la psychose à son début.

Un des premiers symptômes d'invasion schizophrénique à apparaître est le signe du miroir : le jeune reste planté pendant des heures devant sa glace à l'affût du changement dont il se sent la proie. Le nez n'est plus tout à fait à la même place, un testicule est descendu, une tache de rousseur supplémentaire est apparue sous le sein gauche. Bref, son corps a subi une transformation étrange, absurde, et surtout terrifiante. Mais impossible d'exprimer cette peur viscérale qui l'envahit. La discordance schizophrénique fait que les sentiments éprouvés sont bizarrement énoncés. Un sourire mystérieux va étirer les lèvres de la jeune fille qui vient d'apprendre la mort de sa mère. Ambivalence, bizarrerie, impénétrabilité, détachement, tels sont les signes cardinaux de la discordance décrits en 1960 par Henri Ey et ils sont toujours d'actualité car si les classifications passent, la clinique reste.

« Qu'est-ce qui m'est arrivé ? », voilà tout ce que parvient à se dire Gregor. Pourtant, ami lecteur, imaginez-vous transformé en insecte répugnant ! Penseriez-vous comme le héros ? « Ah, mon Dieu, songea-t-il, quel métier fatigant j'ai choisi ! Jour après jour en tournée. » Là encore, la discordance est patente. Il se voit cloporte et la seule question qu'il trouve à se poser concerne son activité professionnelle, laquelle risque pourtant, à l'évidence, d'être affectée par sa nouvelle apparence ! Bizarrerie, impénétrabilité… Gregor a bel et bien sombré dans la folie ! Il ressent qu'il est devenu physiquement différent mais ce n'est pas pour autant qu'il se pose la question des mécanismes qui ont précipité ce qui devrait être ressenti comme une épouvantable catastrophe, un séisme. Il est morcelé, ses membres sont devenus d'innombrables pattes, cela le trouble, le dégoûte… mais sans plus ! Détachement…

Encore une fois imaginez qu'un de vos proches a été brusquement métamorphosé en monstre, comment réagiriez-vous ? Entre épouvante et fuite, incompréhension et stupéfaction, vous appelleriez au minimum Police secours… Ici, rien de tout cela : « Mais enfin, désormais, l'on commençait à croire qu'il n'était pas *tout à fait* dans son état normal, et l'on était prêt à l'aider. […] Il se sentait de nouveau inclus dans le cercle de ses semblables » (c'est moi qui souligne). Pour une fois, on se retrouve dans un monde un peu plus familier. La famille, le médecin ont compris le mal-être de Gregor et ont commencé à s'organiser, à l'assister et cela lui fait du bien. Il n'est pas un monstre mais un malade.

Comme toute famille de schizophrène, l'entourage de Gregor perçoit un changement et cherche à s'adapter, commence à tisser une sorte de réseau sanitaire qui soulage tout en terrifiant. Pourtant, la maladie suit son cours et, comme les autres schizophrènes, Gregor sombre dans l'incurie. Il se laisse aller, ne se lave probablement plus, ne s'habille plus correctement, « il ne mangeait à présent presque plus rien. C'est tout juste si, passant par hasard près du repas préparé, il en prenait par jeu une bouchée, la gardait dans sa bouche pendant des heures, puis généralement la recrachait ». La nourriture est devenue un corps étranger, un envahisseur qu'il est désormais dangereux de faire pénétrer par effraction dans un corps dont les limites ont été perdues. Dissoutes. C'est pour cette raison que souvent, les jeunes psychotiques sont terrifiés lorsqu'on veut les pénétrer avec une aiguille pour une prise de sang. L'effraction de la peau (fragile frontière entre le soi et le non-soi) et la perte de substance (le sang) leur sont insupportables.

Pourtant et heureusement, personne n'est complètement fou et il reste toujours des parties saines. Chez Gregor, c'est l'émotion musicale qui va persister et lui permettre de maintenir un semblant de communication avec ceux qui furent ses semblables, sa sœur en l'occurrence. Pour le thérapeute, il est important de repérer ces îlots de santé et de s'adresser préférentiellement à eux plutôt qu'aux parties malades. Mais cela ne va pas suffire. Gregor est tellement envahi par la psychose, tellement transformé par elle, ses attitudes sont devenues tellement étranges, étrangères qu'il n'est plus un semblable. Il n'est plus le fils, le frère que l'on avait connu et la famille a besoin de répit. « Nous avons tenté tout ce qui était humainement possible pour prendre soin de lui et le supporter avec patience ; je crois que personne ne peut nous faire le moindre reproche. » L'internement est devenu une évidence, avec son cortège de culpabilité. Gageons que la sœur aura signé un certificat de soins psychiatriques à la demande d'un tiers (SPDT) déclenchant une hospitalisation sous contrainte.

Mais Kafka sait le destin tragique de tant de jeunes psychotiques au moment où ils basculent dans l'horreur de leur démence et qui malheureusement préfèrent souvent la mort plutôt qu'une vie que, avec effroi, ils envisagent misérable. Et c'est là que Kafka nous livre la clé du roman et permet au lecteur d'ouvrir avec certitude le tiroir psychiatrique : « Puis, malgré lui, sa tête retomba tout à fait, et ses narines laissèrent s'échapper faiblement son dernier souffle. » En effet, les cloportes n'ont pas de narines, juste de simples orifices, des pseudo-trachées situées sur leur abdomen.

L'ordonnance

Alors que faire quand on est psychiatre et que l'on se trouve en face d'un jeune homme discordant en proie à un grand délire hallucinatoire de transformation corporelle, amené par une famille en détresse qui ne le reconnaît plus comme un des siens ?

- D'abord l'accueillir le plus chaleureusement possible, le rassurer.
- Ensuite l'intégrer dans un dispositif de soins dits de secteur, d'abord à l'hôpital, éventuellement sous contrainte s'il est dangereux et/ou hostile à toute prise en charge, puis à l'extérieur avec par exemple un hôpital de jour, un foyer, des visites à domicile.
- Enfin mettre en place un traitement médicamenteux, ici indispensable, éventuellement par injections retard tous les mois, tant ces personnes ont au début une faible confiance dans les autres, ne sont pas conscientes de leur maladie et ne voient pas l'utilité de prendre des comprimés. Et si tout se passe bien, les intégrer dans la société grâce à un emploi protégé.

Mais même si la psychiatrie a fait d'immenses progrès depuis l'époque où ce genre de patient était interné et restait à l'asile jusqu'à la fin de ses jours, il n'en reste pas moins que la vie d'un schizophrène n'est pas un chemin pavé de roses. Parmi mes patients, certains ont tout de même trouvé un équilibre satisfaisant.

CHAPITRE 19

L'identité éclatée : Goliadkine et son double chez Dostoïevski

Le Double *(1846)*

La scène se situe au début du roman, au chapitre V, peu après la déroute du héros, lors d'un bal chez son ancien protecteur, auquel il se rendait sans y avoir été invité et d'où il s'est fait mettre à la porte. Humilié, hagard, il erre dans les rues de Saint-Pétersbourg par une nuit glaciale et se perd.

> « Quel temps ! pensa M. Goliadkine. Diantre, ne risque-t-on pas l'inondation ? L'eau semble être montée trop vite. » À peine cette pensée eut-elle germé dans son esprit, qu'il aperçut, devant lui, un homme venant à sa rencontre ; un passant qui s'était probablement attardé, comme lui, suite à quelques impondérables, par hasard. Rien d'anormal à cela, ni d'extraordinaire, certainement, et cependant, pour une raison qui nous échappe, M. Goliadkine en fut troublé et prit même peur. Ce n'est pas qu'il redouta une mauvaise rencontre. « Mais qui sait... peut-être... se dit-il. Après tout, cet inconnu se trouve peut-être là par un pur hasard, mais vient sur moi en coupant ma route pour une raison importante. »
> [...]

« Eh quoi ? Qu'est-ce que cela ? » chuchota M. Goliadkine, avec un sourire méfiant, tandis qu'il tressaillit de tout son corps et qu'un frisson glacé parcourut son dos. Le passant avait disparu, on n'entendait même plus le bruit de ses pas et M. Goliadkine restait planté là, fixant la direction empruntée par l'inconnu. Peu à peu, il se ressaisit pourtant et pensa, dépité : « Mais qu'est-ce que cela ? Suis-je vraiment devenu fou ? » Il se retourna et poursuivit son chemin, pressant le pas de plus en plus, tâchant de faire le vide en lui. Il ferma alors les yeux. Soudain, dans le vent hurlant et le bruit assourdissant de la tempête, le son de pas qui se rapprochaient lui parvint à nouveau à l'oreille. Il tressaillit et ouvrit les yeux. Face à lui, à quelque vingt pas, une silhouette apparut à nouveau et s'avançait rapidement vers lui. L'homme paraissait pressé, il se hâtait, de manière saccadée. La distance entre eux diminuait rapidement. M. Goliadkine distinguait déjà les traits de ce compagnon de route attardé. Il cria de surprise et d'horreur. Ses jambes fléchirent. C'était le même passant, croisé dix minutes plus tôt, et qui surgissait brusquement à nouveau devant lui.

[...]

« Je vous prie de m'excuser, je me suis sûrement trompé », dit M. Goliadkine d'une voix tremblante. Sans un mot et dépité, l'inconnu se détourna et poursuivit rapidement son chemin, semblant soucieux de rattraper les secondes que M. Goliadkine lui avait fait perdre. Quant à ce dernier, il tremblait de toutes les parcelles de son corps ; ses genoux flanchaient, et il s'assit en gémissant sur une borne le long du trottoir. Il avait de quoi être bien troublé. Il lui semblait, en effet, reconnaître cet inconnu, désormais, mieux même, il lui semblait le remettre presque totalement. Il avait déjà vu cet homme auparavant, et même plusieurs fois, tout récemment. À quand cela remontait-il ? N'était-ce pas hier ? Mais qu'il l'eût déjà vu souvent importait peu. [...]

Mieux, M. Goliadkine connaissait parfaitement cet homme : il connaissait même son nom. Et pourtant, il n'eût voulu le nommer en aucun cas, ni reconnaître qu'il portait bien ce nom et ce prénom.

[…]

M. Goliadkine savait, sentait, était absolument sûr qu'un nouveau malheur allait arriver, quelque chose de néfaste, comme une nouvelle rencontre avec l'inconnu. Mais le plus étrange, c'est qu'il souhaitait cette rencontre, qu'il pensait être inévitable. Il eût voulu en finir au plus tôt, et que cette situation soit enfin éclaircie, peu importait comment, mais le plus rapidement possible.

[…]

Enfin, à l'angle de la rue d'Italie, il aperçut l'inconnu. Sauf que l'inconnu ne venait plus à sa rencontre, mais se hâtait dans la même direction que lui, le devançant de quelques mètres. Ils atteignirent la rue des Six Boutiques. M. Goliadkine était à bout de souffle. L'inconnu s'arrêta devant la maison où logeait M. Goliadkine. On entendit les bruits de la sonnette et presque aussitôt, le grincement métallique du verrou. La porte cochère s'ouvrit, l'inconnu se courba, s'engouffra dessous et disparut. Gagnant la porte presque en même temps, M. Goliadkine fila comme une flèche dans la cour. Sans écouter les grognements du portier, il se rua tout essoufflé dans la cour, et retrouva aussitôt l'intéressant compagnon qu'il avait un instant perdu de vue. L'inconnu se trouvait déjà près de l'escalier qui menait à l'appartement de M. Goliadkine. M. Goliadkine lui emboîta le pas ; l'escalier était sombre, humide et sale. À chaque palier les locataires avaient entassé des hardes et des ordures. Un étranger ne connaissant pas la configuration des lieux aurait erré une bonne demi-heure pour monter dans l'obscurité, en risquant de se casser les jambes à tous les tournants, et aurait pesté contre l'incommodité de l'escalier et les amis qui avaient eu la mauvaise idée d'habiter là. Mais le compagnon de M. Goliadkine devait être un habitué de la maison : il montait d'un pas assuré, sans peine, en toute connaissance du terrain. M. Goliadkine le rattrapa rapidement, frôlant même de son nez, à deux ou trois reprises, le pan de son manteau. Il en fut saisi. L'homme mystérieux s'arrêta net en face des portes de l'appartement de M. Goliadkine ; il frappa, et (contre toute attente, en d'autres circonstances) Petrouchka ouvrit aussitôt. Il ne s'était pas couché, il semblait attendre et suivit l'homme qui entrait, la bougie à la main. Hors de lui, M. Goliadkine bondit à l'intérieur de l'appartement, et sans prendre le temps d'enlever son manteau et son chapeau, il emprunta l'étroit couloir et s'arrêta pétrifié à la porte de sa chambre, comme frappé par la foudre. Tous les pressentiments se réalisaient ; tout ce qu'il avait anticipé, toutes ses craintes s'accomplissaient. Il ne respirait plus, sa tête tournait. L'inconnu était assis sur son propre lit et avait tout comme lui gardé son chapeau et son manteau. Il lui souriait, lui fit un clin d'œil et un signe amical de la tête. M. Goliadkine voulut crier, protester mais n'y parvint pas. Ses cheveux se dressaient sur sa tête. Il s'assit mécaniquement, inconscient de ce qu'il faisait, saisi d'effroi. Il y avait de quoi d'ailleurs. M. Goliadkine avait reconnu son compagnon nocturne. Ce compagnon nocturne n'était autre que lui-même, M. Goliadkine, un autre M. Goliadkine, absolument pareil à lui-même, en tout point son double.

(Fiodor Dostoïevski. Traduction adaptée par Sophie Viguier-Vinson.)

De la division à la duplication jusqu'au remplacement

Et si quelqu'un prenait ma place ? Si cet autre était moi ? Ou si « je » était un autre ? Et si l'autre n'était pas lui-même… ? Enfer… ! Ces questions vertigineuses sont fiévreusement mises en scène dans *Le Double*, le deuxième roman que publie Fiodor Dostoïevski en 1846. Boudé par le public en son temps, il a su convaincre depuis, et la critique lui a maintes fois rendu hommage. Comme Otto Rank ou André Green, de nombreux psychiatres et psychanalystes ont également disséqué cette œuvre considérée comme l'archétype du roman paranoïaque russe. Dévoilant les méandres d'un esprit torturé, elle inquiète toujours et a récemment été mise en scène au cinéma par le réalisateur britannique Richard Ayoade en 2013, et au théâtre par Ronan Rivière en 2019. On y plonge comme dans un miroir d'eau sans fond. Glacial !

Il fait froid, il pleut, il neige, c'est la tempête, sur la ville comme sous le crâne de notre héros, après l'humiliation subie chez son ancien protecteur, qui l'a mis à la porte. « Tous les éléments s'unissent contre M. Goliadkine, comme s'ils étaient d'accord avec ses ennemis, pour que sa journée, sa soirée et sa nuit soient complètes », souligne le narrateur pour décrire l'acharnement général contre M. Goliadkine, dont le nom signifie « nu » et « misérable » en russe. Le début du récit nous a déjà appris qu'il se soigne pour une maladie « nerveuse ». Il perd pied ici, ne cherchant « qu'une chose : fuir, se cacher, se fuir lui-même, se cacher de lui-même ». Suicidaire, il « désirait non seulement s'enfuir de lui-même, mais aussi s'anéantir complètement, ne plus exister, se changer en poussière » et n'est retenu que par… un garde-fou ! Seul son délire le détourne du geste fatal, quand, soudain, une angoisse le prend, à l'image de l'eau qui monte et d'un étau qui se resserre, comme en témoignent les marqueurs spatiaux dans l'extrait proposé. Ils permettent de suivre le personnage sur un pont ouvert aux quatre vents, à un carrefour, dans une rue plus étroite alors que la distance se réduit entre les deux protagonistes, dans un escalier sombre, vers le vestibule, l'étroit couloir, jusque dans la chambre… Le rythme s'accélère pour rattraper l'inconnu à la démarche saccadée. Goliadkine court après lui « comme une flèche », « bondit comme un fou » et présente tous les stigmates physiques de l'angoisse, étant pris de frisson, se trouvant « hors d'haleine ». Il est même tout à fait « hors de lui », sans voix, sa tête tourne, et de battre, son cœur est prêt à s'arrêter face à son Double.

La fébrilité du personnage contamine l'écriture, marquée par les répétitions (« reconnaître » à trois reprises, « connaissait », « connaissait parfaitement », « connaissait même son nom » dans un même paragraphe du chapitre), par les questions multiples, par les incises, illustrant une pensée qui se cherche et qui progresse péniblement, comme effrayée par ce qu'elle doit trouver. Chaotique, elle résiste, déchirée par la dénégation, tiraillant le héros qui sait et ne veut pas savoir, se fuit et se court après. Car c'est bien lui-même qu'il semble trouver à la fin.

Caractérisée par un dédoublement extraordinaire, dans un cadre nocturne spectaculaire, la dimension fantastique du récit habille finalement assez mal le propos véritable du livre, à savoir la folie montante du personnage. « Suis-je devenu fou ? » se demande-t-il dans un éclair de lucidité. Le texte sue le mal-être et la confusion. Il exprime un « *pressentiment délirant*, c'est-à-dire l'impression que le monde environnant et le moi changent, sans que le sujet puisse attribuer une signification précise à ce changement », analyse Catherine Géry, professeure de littérature russe à l'Inalco, dans un article consacré à l'étude du *Double*[1]. « Le pressentiment délirant s'accompagne d'une palette d'émotions (malaise, perplexité, inquiétude, effroi, sentiment d'infériorité et de menace, idée d'un complot ourdi par les ennemis, exaltation) et de conduites inadéquates qui provoquent des effets d'instabilité, voire de déréalisation », ajoute-t-elle. Précisément, ce que vit ici le personnage, « absolument sûr qu'un nouveau malheur allait arriver », sans bien savoir lequel, mais certain d'être déjà persécuté par les éléments, suivi et devancé tour à tour par un inconnu, un imposteur. Cette option va se confirmer. Suite à la rencontre avec un Double, on attendrait le récit de la confrontation et des explications. Mais les deux hommes en miroir restent muets – l'un pétrifié, l'autre moqueur – et l'auteur ménage, aussitôt après, une rupture dans la narration en attaquant le chapitre suivant par le réveil du héros, qui se retrouve seul dans sa chambre après une simple nuit de sommeil. Que s'est-il donc passé entre-temps ? Si Goliadkine est prêt, un instant, à « tout attribuer à un rêve,

1. Catherine Géry, « "Les" Goliadkine ou la duplicité du mal (à propos du *Double* de Dostoïevski) », *in* Natalia Leclerc et Anne Pinot (dir.), *« La révolution a été faite par les voluptueux ». La force du mal dans l'œuvre de Dostoïevski*, Hermann, 2019, p. 191-202.

à un dérangement momentané de son imagination, à l'obnubilation de son esprit », son corps endolori et son rhume ne lui permettent pas de douter des pérégrinations nocturnes de la veille. Il sait, « depuis longtemps déjà, que quelque chose se préparait là-bas, chez eux, que là-bas, chez eux, on avait d'autres visées ». Mais quoi ? Tout reste confus...

Coup de théâtre en arrivant au bureau : Goliadkine découvre que le Double, rencontré la veille, est assis face à lui. Il est conseiller titulaire comme lui... et porte le même nom. Il s'affole, s'informe, mais l'entourage ne s'en émeut pas, reconnaît simplement une certaine ressemblance avec lui et s'amuse de l'homonyme. Ou c'est un complot... ou le héros est fou et divisé, dissocié (plutôt que fantastiquement dupliqué). « Il finit par douter de sa propre existence », rapporte le narrateur juste après cette seconde confrontation. Si Goliadkine doute ponctuellement de ses perceptions, il s'enfonce progressivement dans son délire. Il se sent persécuté par son Double haï, aimé et envié à la fois, qui est lui-même en mieux – en plus libre, en plus séducteur : tout ce qu'il condamne moralement mais désire fondamentalement –, mais se sent aussi victime de l'entourage complice.

Plus le récit avance, plus son discours se brouille et se dédouble lui-même, marqué par la répétition, à tout bout de champ, de l'expression « ceci et cela ». Il reçoit (ou croit recevoir) une lettre de la fille de son protecteur Olsoufii, dont il est amoureux. Elle l'invite à l'enlever, à fuir ensemble, mais il perd la lettre (imaginaire ?) et se voit s'expliquer avec le père dans un songe enfiévré : « Votre Excellence, soyez mon protecteur et mon bienfaiteur, ceci et cela... je dirai comme ça, il y a ceci et cela, une conduite contraire aux lois..., ne décidez pas ma perte, je vous considère comme mon père [...] et aussi défendez-moi contre un scélérat, un homme perverti... Lui, c'est un autre, Votre Excellence, et moi aussi je suis un autre, il est à part, et moi aussi je suis à part[2]. » On s'y perd, et bien avant Arthur Rimbaud, « je est un autre ». La scène finale du roman est encore plus déroutante, où Goliadkine se retrouve à nouveau point de mire d'un bal donné par Olsoufii, comme un retour au point initial. Il est finalement emmené à l'asile par son médecin Rutenspitz, s'exprimant avec un accent germanique inhabituel, que Goliadkine soupçonne d'avoir été changé, remplacé par un autre. Encore un Double...

Quelle folie ! Pourquoi cette fascination pour le Double ? C'est d'abord un thème littéraire récurrent, hérité du personnage de Sosie (à l'origine du nom commun) mis en scène dès l'Antiquité par le dramaturge romain Plaute (*Amphitryon*, créée en 187 av. J.-C.). Il se nourrit aussi de la figure du *Doppelgänger*, copie souvent maléfique dans la mythologie germanique et nordique. On retrouve la thématique chez les frères Grimm (*Les Deux Frères*, 1812) ou chez Edgar Poe dans sa nouvelle *William Wilson* publiée en 1839 juste avant *Le Double*, où un adolescent se trouve confronté à son homonyme qui l'imite en tout, qu'il tue et s'avère être sa propre conscience. Maupassant en donnera une version plus psychotique à travers *Le Horla*, dans le sillage de Dostoïevski, décidément pionnier dans le traitement littéraire du problème psychiatrique.

---

2. Dans la traduction de Gustave Aucouturier (Gallimard, coll. « Folio classique », 1980), plus éclairante pour notre propos.

Et pour cause. Dostoïevski est fasciné par la maladie mentale et la jeune science aliéniste, au point de cohabiter un temps avec le docteur Riesenkampf à Saint-Pétersbourg. L'occasion de l'interroger longuement et de bâtir son imaginaire romanesque sur les bases de la clinique de son temps. Pour le psychiatre et psychanalyste André Green, « il y a sans doute plus de vérité dans ce *Double* que dans les traités de psychiatrie de son temps[3] », et l'auteur avant-gardiste devance les analyses de Freud sur le délire paranoïaque du président Schreber.

Les troubles psychiques font figure de fil rouge dans l'œuvre de Dostoïevski. Pour exprimer ses propres troubles ? Se retrouver et se perdre dans ses personnages ? Gide écrira de lui qu'il « ne s'est jamais cherché ; il s'est éperdument donné dans son œuvre. Il s'est perdu dans chacun des personnages de ses livres ; et c'est pourquoi dans chacun d'eux on le retrouve. [...] C'est en leur prêtant vie qu'il se trouve[4] ». Durant la rédaction du *Double*, Dostoïevski écrit d'ailleurs à son frère qu'il est « maintenant un vrai Goliadkine[5] ». Cette projection se vérifiera dans d'autres œuvres, et notamment dans *L'Idiot*. Si le lumineux prince Mychkine est bien épileptique comme lui, il fonctionne avec son double inversé, le sombre Rogogine. Les deux faces de l'auteur ? Ils se disputent la même femme, la belle et torturée Nastassia Philippovna, le premier pour la sauver du déshonneur, le second pour la posséder au risque de la tuer. Tous deux, délirants, frères dans la folie, finissent par

3. Extrait de la préface d'André Green pour l'édition de 1980, Gallimard.
4. André Gide, *Dostoïevski. Essais critiques*, Gallimard, coll. « Bibliothèque de la Pléiade », 1999, cité par Catherine Géry dans « "Les" Goliadkine ou la duplicité du mal (à propos du *Double* de Dostoïevski) », art. cit.
5. Fiodor Dostoïevski, lettre du 3 septembre 1845.

veiller son corps dans une scène finale tragique. La thématique du double reste bien présente, mais son traitement implicite, moins dérangeant, facilite le succès du roman-fleuve.

Si Catherine Géry voit dans *Le Double* une dimension archétypale, notamment « en figurant l'une des angoisses les plus profondes de l'homme moderne, à savoir celle de la coexistence de personnalités ou de comportements multiples au sein d'un même individu », elle situe aussi historiquement le roman dans un contexte de persécution sociale et politique, propre à la Russie de Nicolas Ier, cet « État policier coercitif [qui] a pu générer des comportements paranoïaques et des délires de persécution chez des sujets particulièrement réceptifs à la terreur mais qui dans le même temps participaient pleinement de la bonne marche et de la permanence du régime, ce qui est le cas du conseiller titulaire Goliadkine, fonctionnaire de neuvième rang[6] ».

Une critique du système qui préfigure celle de Kafka. Peu de temps après la publication de son roman, Dostoïevski fait d'ailleurs les frais de ce régime autoritaire, en étant arrêté en avril 1849 pour ses activités politiques. Après un simulacre d'exécution terrifiant, il est envoyé au bagne en Sibérie pendant quatre ans, ce qui fragilise son esprit déjà inquiet et génère les traumatismes marquant la suite de son œuvre. Œuvre dont la lecture nous pousse à préserver nos libertés.

6. Catherine Géry, « "Les" Goliadkine ou la duplicité du mal (à propos du *Double* de Dostoïevski) », art. cit.

Diagnostic du psychiatre

Quand un(e) adolescent(e) ou un(e) jeune homme (femme) commence à se planter devant son miroir, reste figé(e) pendant des heures, comme captivé(e) par son reflet, les psychiatres s'inquiètent. Comme nous l'avons vu, ce comportement appelé « signe du miroir » est un des signes typiques d'une invasion schizophrénique. Les rares fois où ils acceptent de s'exprimer sur ce qu'ils font, tant est grande leur défiance, ces jeunes gens expliquent qu'ils ont le sentiment qu'« on » les a transformés ; le miroir est devenu déformant. Ce délire de transformation corporelle est classique et terrifiant pour eux. Parfois il s'agit même d'une certitude d'être entièrement morcelé. Dispersé dans le cosmos. Le film *Répulsion* de Polanski avec Catherine Deneuve illustre de manière particulièrement terrifiante ce vécu psychotique.

Goliadkine souffre à l'évidence d'une psychose, mais la schizophrénie n'est pas évidente, car en général ces personnes sont froides, détachées, ambivalentes, ce qui n'est pas son cas. Il se pourrait que l'on se trouve devant un cas de trouble dissociatif de l'identité. Ce syndrome aussi rare que controversé est très à la mode outre-Atlantique, mais moins populaire en Europe. J'avoue moi-même douter quelque peu de son existence même si un ou deux de mes patients semblaient bel et bien en souffrir.

Pour évoquer un tel diagnostic, il faut selon Wikipédia pouvoir affirmer « la présence d'états de personnalité distincts avec altération significative de la mémoire, de la perception, des affects, de la cognition et possiblement du fonctionnement sensori-moteur ». Ainsi, le patient souffrant d'un TDI peut brusquement se mettre à parler avec une voix de petite fille ou de vieillard. Le roman de Stevenson, *L'Étrange Cas du Dr Jekyll et de Mr Hyde*, ou le film *Psychose*, d'Alfred Hitchcock, en sont d'inquiétantes illustrations. Dans la magistrale mise en scène de Hitchcock, le héros Anthony Perkins incarne à la fois un jeune homme, sa propre mère et un meurtrier. Il peut y avoir ainsi dédoublement, détriplement de la personnalité, une de mes patientes m'affirmait avoir comptabilisé dix-sept de ce qu'elle nommait ses *alter*. Le problème est l'utilisation de ce phénomène par les avocats américains, les fameux *lawyers*, qui se sont emparés du concept pour innocenter leurs clients. « Ce n'est pas lui qui a commis ce crime mais son avatar n° 11 ! », ce qui est un peu facile, on en conviendra. Toujours est-il que les très officielles classifications internationales *CIM-11* et *DSM-5* ont bel et bien répertorié le TDI.

Les patients TDI sont-ils psychotiques ? Là aussi la question reste controversée.

La question du double et de ses conséquences psychiatriques, autrement dit le dédoublement de la personnalité, remonte à l'Antiquité, donc à la mythologie. Narcisse, fils de la nymphe bleue Liriopé, jamais ne devint vieux, car suivant la prédiction de Tirésias, « il ne pourrait atteindre un âge avancé que s'il ne se connaissait pas ». Il s'agit sans doute de la meilleure métaphore de l'émergence de l'humain en chacun de nous, les éthologues animaliers utilisant le test du miroir censé illustrer la conscience de soi chez différentes espèces[7].

7. Ce test consiste à peindre à son insu une marque sur la tête de l'animal, puis à le placer devant une surface réfléchissante et à l'observer ; si en constatant

Les singes supérieurs, les dauphins mais aussi peut-être les pieuvres, les chats, le labre nettoyeur (un petit poisson) le passent avec succès.

Mais parlons maintenant des humains et du stade du miroir cher à Jacques Lacan. L'*infans*[8] qui a entre 6 et 12 mois et qui, du fait d'une mauvaise coordination de ses gestes, maîtrise encore mal sa locomotion est dans les bras de sa mère, face à une glace. Il voit le reflet de sa mère, fait un geste, une grimace et découvre ce drôle de petit être dans les bras d'une dame qui est le double de qui ? De… Maman, bien sûr ! D'abord il ne comprend pas, jusqu'au moment où il comprend que c'est lui qui a le contrôle de cette image aperçue face à eux deux. Qu'il lève le bras ou qu'il sourie, il provoque la même chose chez l'Autre. Lorsqu'il comprend enfin que cet Autre, c'est lui, il contrôle d'un bref regard la réaction de Maman et, rassuré par son approbation souriante, il jubile d'être capable d'assumer son (autre) moi. C'est l'« assomption jubilatoire ». Pour les lacaniens, ce stade du miroir approuvé par la mère constitue la première étape de la constitution de chaque individu puisqu'il lui permet de visualiser, contrôler, en un mot unifier toutes les parties de son propre corps. C'est en 1936 que le grand Jacques a présenté sa théorie au congrès de Marienbad. Selon lui, ce stade est le moment décisif où le bébé constitue son image idéale. Dommage qu'il ait oublié de citer Narcisse, le fils de Liriopé… Il a aussi négligé les aspects

---

la tache dans son reflet, l'animal porte la main ou la nageoire ou le tentacule sur sa tête pour tenter de l'effacer, on considère qu'il a compris que c'est bien lui qu'il voit dans le miroir.

8. Selon Lacan, l'*infans* désigne le bébé qui n'a pas encore accès à la parole alors qu'en droit c'est un enfant qui n'a pas encore atteint l'âge de raison.

génétiques, biologiques, comportementaux, familiaux… mais je n'ai ni le temps, ni l'espace, ni le désir d'instruire le procès des idéologues quand ils se veulent chercheurs.

Bref, Narcisse est exceptionnellement beau… et orgueilleux ! Il repousse dédaigneusement tous ceux et celles qui tombent amoureux de lui. En particulier la nymphe Écho. Éconduite, elle en appelle aux dieux. Némésis l'entend et l'exauce. Un triste jour, alors qu'il s'abreuve à l'onde pure de la claire fontaine, Narcisse voit son reflet, son image spéculaire, dans l'eau. Il en tombe amoureux. Se désespère de ne pas parvenir à l'enlacer. Il dépérit. Écho toujours amoureuse le plaint et répète inlassablement « hélas, hélas, hélas… ». Narcisse meurt d'inanition. Une fois mort, il continue de s'admirer – et s'aimer – dans les eaux du Styx, le fleuve des Enfers. Là où il a rendu l'âme, les dieux l'ont remplacé par une jolie fleur blanche, le narcisse.

Dans une autre version, Narcisse avait une sœur jumelle qu'il aimait car elle était aussi belle que lui. Quand elle mourut, il alla tous les jours au bord de l'eau pour y contempler sa propre image, dans laquelle il revoyait sa sœur. Pour un psychiatre conventionnel, Narcisse pourrait souffrir de schizophrénie, car il est semblable à ses collègues en psychose qui peuvent rester des heures durant figés devant leur miroir à se contempler avec horreur – qu'est-ce qui ne va pas chez moi ? – et en même temps avec amour, et qui parfois en meurent.

De son point de vue, Fabrice Midal, le philosophe de la méditation, a raison de dénoncer l'interprétation occidentale du mythe, véritable trahison du texte d'Ovide[9]. La nécessité de

9. Fabrice Midal, *Narcisse n'est pas égoïste*, Flammarion, 2019.

s'aimer a été condamnée par la culture chrétienne. Oublieux du « aime ton prochain comme toi-même » de l'Évangile, le christianisme voudrait que nous vivions dans une vallée de larmes ; il convient de souffrir pour gagner son Paradis… pour cela il faut jeûner, se macérer, porter le cilice, voire s'auto-flageller. Le personnage de Narcisse nous invite au contraire à prendre le temps de regarder à l'intérieur de nous pour chercher, à travers la beauté, le sens profond de notre existence. Mais malheureusement, le double de Goliadkine est charmant et le devient même de plus en plus, renvoyant par contraste notre héros à sa propre médiocrité. Comme un schizophrène, ce changement qu'il perçoit en lui l'horrifie de plus en plus et le mène à la tragédie.

L'ordonnance

Alors, Goliadkine est-il schizophrène ? Souffre-t-il d'un TDI ? J'avoue être perplexe tant son tableau est atypique. Mais comme je suis avant tout pragmatique et au fond très basique, j'aurais tendance à pencher pour la première hypothèse, car dans ce cas je pourrais lui prescrire un médicament antipsychotique et l'observer. S'il va mieux, c'est qu'en effet, il est schizophrène. Si rien ne bouge ou même si son état empire, peut-être souffre-t-il d'un TDI, et je l'orienterais vers un traitement par thérapie cognitive et comportementale, avec hélas un résultat aléatoire. Reste l'hypothèse - faible - d'un syndrome post-traumatique, plausible vu tout ce qu'il a subi… mais c'est une autre histoire.

Conclusion

Goliadkine dédoublé ; Gregor métamorphosé ; Bardamu traumatisé ; Lady Macbeth déréglée ; le Joueur enfiévré ; Sethe terrassée ; les frères Trask déchirés…

Ils vont bien mal, nos héros, comme parfois leurs créateurs, pour le moins perturbés, en quête de psychothérapeutes, psychiatres, psychologues, psychanalystes, neurologues. Tellement mal, pour la plupart, que nous, lecteurs – frères et sœurs de leur souffrance à des degrés divers –, aimerions tant panser leur douleur, la leur expliquer, les soulager, leur ouvrir les yeux… Les leurs comme ceux d'un ami, d'un parent, d'un enfant potentiellement touché par des troubles comparables et qu'il est toujours si difficile d'aider. Tel était l'objet de notre double démarche littéraire et clinique. Modestement. Car bien sûr, il ne suffit pas de lire pour guérir – évidemment –, mais cela peut aider à se projeter au-delà des tourments mis en scène, « au bout de la nuit ». Parce qu'un auteur en a fait autre chose que des tourments. Un moment d'humanité et de beauté à partager.

Tout n'est pas si sombre et certains personnages s'en sortent fort bien. Ils s'accommodent étrangement de leurs bizarreries, de leurs fêlures ou de leurs mésaventures, tel Orlando vivant son changement de sexe avec la grâce de l'évidence, et même Don Quichotte, tellement exalté par son délire chevaleresque. Ou Montaigne (la propre matière de son livre) éveillé à l'art de mourir et de philosopher, au détour d'une chute de cheval. Ils trouvent leur chemin dans les méandres de l'esprit et des situations les plus improbables. Parfois même au-delà d'une souffrance immense, comme celle de Caleb Trask, fils mal-aimé dans *À l'est d'Éden* de Steinbeck, transfigurant le mal et sa jalousie maladive à l'égard de son frère, pour trouver la lumière et avancer vers la seule vie possible. Ou encore celle de Sethe, mère martyre dans *Beloved* de Toni Morrison, victime des horreurs de l'esclavage, qui entrevoit la possibilité de la reconstruction. Autant de belles leçons sur les forces de la psyché qui permettent d'espérer et de se mettre en chemin.

À chacun de s'emparer de toutes les pistes thérapeutiques, implicites ou explicites, pour soi-même ou pour un proche que l'on reconnaît entre les lignes. La probabilité est grande de s'y retrouver, la maladie mentale et les troubles psychiques touchant près d'un cinquième de la population, d'après les données de l'OMS, soit 13 millions de Français. 25 % d'entre eux se sont eux-mêmes déclarés déprimés pendant plusieurs semaines au cours de la dernière année[1], en particulier les jeunes, qui montrent, plus que les autres, des signes de fragilité exacerbée, d'après les dernières enquêtes de Santé publique France. Il était décidément temps de faire de la santé mentale la grande cause nationale de l'année 2025 !

1. « Le monde en chiffres – la santé mentale des Français », Ipsos, 2024 (en ligne sur le site de l'Ipsos).

La dépression, les addictions, la schizophrénie, la bipolarité, le trouble borderline, etc., pourraient ainsi ne jamais être loin. Certes, les crises sociétales à répétition de ces cinq dernières années ont pu augmenter l'incidence de certains maux de l'âme, mais ils ne sont pas nouveaux. En témoigne l'abondance des illustrations littéraires depuis l'Antiquité, laissant penser que la littérature appartient au patrimoine médical de l'humanité. Inversement, la souffrance psychique, la maladie mentale, est au cœur de notre patrimoine littéraire. Alors qu'elle est restée si longtemps taboue, retranchée de la prétendue « normalité » dans la société, elle éclate de toutes parts dans les chefs-d'œuvre de la littérature qui ont une visibilité maximale. Plus que tolérée, elle y est magnifiée, sublimée. Paradoxal !

Il ne reste plus qu'à lire pour en juger, de préférence en dépassant les extraits proposés ici et en s'emparant des œuvres intégrales. D'abord, pour le simple bonheur de savourer leur beauté en grand format. Ensuite, parce que le temps long de la lecture et la perception globale des textes sont indispensables à l'imprégnation, à l'incorporation de tout ce qu'ils portent en eux. Cette démarche exigeante est nécessaire à la dynamique cathartique, en nous permettant à la fois d'adhérer au propos et de nous en libérer. Les forces contraires qui sont à l'œuvre dans la trame littéraire s'en chargent, entre séduction et ironie, sublime et ridicule, plaisir et mal-être, surnaturel et naturel, raison et déraison, construction et déstructuration… Ainsi, on se laisse prendre par le délire de toute-puissance de la marquise de Merteuil dans *Les Liaisons dangereuses*, tout en mesurant finalement sa charge autodestructrice. On éprouve la force de la compulsion des acheteuses enfiévrées du *Bonheur des Dames* de Zola ou du joueur incorrigible de Zweig, tout en percevant un écœurement vaccinatoire contre un désir mortifère qui tourne à vide. Plus ou moins, certes, mais l'expérience littéraire fait de nous des individus avertis, conscients de nos failles, mieux armés aussi. Plus libres, peut-être. Sûrement !

Table

DEUXIÈME PARTIE

La personnalité et ses troubles

TROISIÈME PARTIE

Les complexes (dé)structurants

QUATRIÈME PARTIE

Les traumas qui paralysent

CINQUIÈME PARTIE

Les addictions fatales

SIXIÈME PARTIE

Les psychoses et leurs crises

OUVRAGES DE PATRICK LEMOINE
CHEZ ODILE JACOB

À quoi servent les symptômes ?, 2024.

Pour une nouvelle psychiatrie. Propositions (dir. avec Boris Cyrulnik), 2023.

La Santé psychique des génies. Génies du bien, génies du mal, 2022.

Docteur, j'ai mal à mon sommeil. Pour dormir naturellement, 2021.

La Santé psychique de ceux qui ont fait le monde, 2019.

Histoire de la folie avant la psychiatrie (dir. avec Boris Cyrulnik), 2018.

La Folle Histoire des idées folles en psychiatrie (dir. avec Boris Cyrulnik), 2016.

Le Mystère du nocebo, 2011.

Droit d'asiles (roman), 1998 (prix du Roman historique Rosine Perrier et prix spécial du jury des Psys d'or 1998).

Le Mystère du placebo, 1996.

OUVRAGES DE SOPHIE VIGIER-VINSON

Mandela et Gandhi. La sagesse peut-elle changer le monde ? (avec Éric Vinson), Albin Michel, 2018.

Jaurès le prophète. Mystique et politique d'un combattant républicain (avec Éric Vinson), Albin Michel, 2014.

Cet ouvrage a été composé
en ITC Galliard et en Whitney
par Nord Compo
à Villeneuve-d'Ascq (Nord).

Achevé d'imprimer par Dupliprint
à Domont (95) en mai 2025
N° d'impression : 2025042357
N° d'édition : 4150-1196-X
Dépôt légal : mai 2025

Imprimé en France